놀이에서 **디지털게임**까지

게임의 이론

놀이에서 **디지털게임**까지

게임의 이론

이동연

신현우

강신규

나보라

박근서

양기민

윤태진

이경혁

이정엽

임태훈

천정환

홍현영

문화과학사

목차

서문 _이동연 • 7

게임의 가치를 이해하는 몇 가지 쟁점들 _ 이동연 • 15

1부 게임이란 무엇인가 _ 게임의 인식론적 이해

1 게임의 역사 _ 나보라 • 51

2 게임 담론의 지형 _ 윤태진 • 83

3 게임의 매체성 _ 이경혁 • 111

2부 게임 텍스트/플레이

4 게임과 문학 _ 천정환 • 139

5 게임 플레이(경험) _ 이정엽 • 169

6 놀이 _ 양기민 • 197

7 게임의 탈주 _ 박근서 • 225

3부 게임 문화

8 게임 공동체와 팬덤 문화_홍현영 · 257

9 e스포츠_ 강신규 · 285

4부 게임과 사회

10 게임과 테크놀로지_신현우 · 317

11 게이미피케이션 사회_ 임태훈 · 349

한국에서 게임 문화연구 환경은 여전히 척박하다. 특히나 글로벌 게임시장에서 4위(2018년 기준)에 자리한 한국 게임산업의 규모나 과몰입과 청소년보호로 대변되는 게임의 사회적 논란을 고려할 때 더더욱 그렇다. 게임과 관련된 연구나 담론들은 주로 산업진흥정책이나 폭력성 게임의 과몰입 심각성을 진단하는 임상연구가 주를 이룬다. 진흥 담론과 규제 담론은 마치 동전의 양면과도 같아서 게임의 사회적 위상을 산업경제와 청소년 보호로 이항 대립시켜 게임의 문화적 가치와 의미를 소멸시켜버린다. 게임 규제 완화의 근거는 늘 게임산업의 발전이고, 산업발전의 견제 근거는 항상 청소년보호이다. 게임의 경제적 가치와 청소년의 보호논리를 넘어서는 게임의 근원적인 가치, 즉 게임의 놀이의 가치를 인문학적·문화연구적 관점에서 조명한 논문이나 단행본은 극소수이다.

2000년대 후반 이후 게임의 문화연구가 절실히 필요하다는 인식이 조금이나마 생겨난 것은 역설적으로 '게임셧다운제'나 '게임중독법' 이슈가 사회적 논란이 되면서부터이다. 게임이 여기저기서 지탄의 대상이 되니, 도대체 게임이 동시대 대중문화의 수많은 콘텐츠 가운데 이토록 압도적으로 사회악 취급을 받는 이유가 무엇인지 분석할 필요가 생겨난 것이다. 이른바 게임중독과 폭력성의 부정적 담론에 대응하는 논리 차원에서였다. 그 과정에서 게임이 동시대 대중문화의 중요한 텍스트로서 어떤 가치가 있는지에 대한 연구의 필요성도 제기되었다. 대중의 가장 일상적인 놀이 콘텐츠로서 우리가 그동안 간과했던 게임의 문화적·교육적·미학적 가치는 무엇인지, 게임이 대중문화의 형성과 발전의 역사에서 어떤 기술적 진화를 거쳤고, 어떤 문화적 취향을 형성했는지에 대한 연구들이 평소 게임을 즐기는 인문학자들이나 문화연구자들을 중심으로 개진되었다. 그러나 소수 연구자들 중심의 게임 문화연구는 미국이나 유럽의 게임 연구 규모와 수준에 비해 여전히 열악한 상황이고, 게임업계나 문화콘텐츠산업 정책을 주도하는 정부기관에서도 게임의 인문학적·사회문화적 연구에 대한 지원은 매우 부족한 실정이다.

이 책도 이러한 배경 하에서 나왔다. 새 정부가 들어서고 국회에서 게임산업정책 관련 토론회에 참석한 필자는 기조발제에서 게임산업이 각종 규제 정책에 발이 묶여 교착 상태에 있을 때, 중국 게임시장에 밀려 산업적 위기가 가시화될 때 오히려 게임의 문화적·사회적 가치에 대한 체계적 연구를 통해 게임의 위상을 높여야 한다고 역설했다. 아울러 이러한 노력을 위해 게임산업계나 정부가 한 일이 무엇인지에 대해 강력히 문제제기를 했다. 국회 토론회를 마치고 얼마 뒤 넥슨에서 연락이 왔고, 그동안 게임업계가 규제 담론 이슈의 대응에만 몰두하고 게임의 인문학적 기초연구 지원에는 소홀했던 점을 반성하면서 게임 문화연구를 위한 지원을 약속했다.

이 책은 넥슨의 지원으로 준비하는 세 권의 책 가운데 첫 번째 책으로 대학의 인문 교양수업이나 관련 전공학과의 수업에서 좋은 텍스트로 사용될 수 있게 게임을 인문학 또는 문화연구의 관점에서 조명했다. 이 책은 크게 서문과 4부로 구성되었다. 서문은 게임의 가치를 이해하기 위한 사회적 쟁점을 다룬 글로서 게임의 폭력성을 우려한 담론들의 문제점을 비판적으로 분석하고, 게임의 인문학적·예술미학적 가치에 대해 언급했다.

1부에서는 게임을 이해하고 인식하기 위해 우리가 알아야 할 중요한 연구 주제들을 다루고 있다. 게임의 역사, 담론, 매체에 대한 글들은 놀이 콘텐츠를 넘어 하나의 인문학적 텍스트로서 게임의 가치와 위상을 잘 설명해주고 있다. 게임은 "기계식mechanical 시대에서부터 전자식electronic 비디오게임의 시대, 그리고 오늘날에 이르는 온라인게임의 시대로 이어지면서 역동적인 발전 과정을 거쳐왔"고, 이러한 게임의 역사는 "다양한 사회적·문화적·경제적 요인들 간의 상호작용 속에서 게임이 대중적인 오락으로서 고유한 속성"을 오랫동안 견지했음을 보여준다. 게임에 대한 미디어의 반응은 오랫동안 부정적인 시각을 굳게 지켜왔다. "미디어는 게임이 부정적인 사건·사고의 원인이라는 시각에서 크게 벗어난 적이 없으며, 나아가 적극적으로 게임 '규제' 정책을 촉구해왔다." 게임의 매체 특성은 디지털기술의 발전과 깊이 연관되어 있다. "디지털기술은 방대한 분량의 데이터 처리를 가능케 하는 시대를 열었고, 이는 산업적 측면뿐 아니라 유희적 측면에서도 새로운 방식의 가능성을 불러왔다. 디지털게임은 이제 더 이상 특정 마니아의 전유물이 아니며, 디지털 네트워크 사회에서 사람들 사이에 존재하는 매체로서의 기능을 명확히 수행한다."

2부에서는 게임 텍스트의 내부를 조명해보는 글로 구성했다. 게임은 하나의 텍스트이며, 그 안에 문학적 서사와 영상디자인, 사운드 미학이 존재한다. 그중에서 게임 텍스트를 구성하는 요소로서 서사는 매우 중요하다. "'텍스트로서의 게임'은 상당 부분 문학적이며 문학과 친화성을 지닌다. 그러나 많은 종류의 게임에서 언어와 서사 같은 요소는 명백히 부차적이고 단순하여 문학과 거리가 멀다. 따라서 게임과 문학 그 자체 또 양자 사이의 관계를 쉽게 일반화하지 않는 것이 중요하다." 게임을 즐긴다는 것은 게임 안에 존재하는 다양한 이야기를 경험하는 것이다. 게임에 몰입하게 만드는 것은 게임의 존재 이유이다. "대부분의 게임은 사용자의 재미를 위해 디자인되고 재미있는 게임은 몰입을 유발한다." "게임을 하면서 느낄 수 있는 다양한 감정과 상황인 '재미', '몰입'"을 부정적인 시각에서 '중독' 현상으로 몰아가는 것에 대한 논리적 대응이 필요하다. 게임의 놀이의 속성에 대한 연구는 게임의 원리에 대한 분석이며, 이 연구는 게임과몰입에 대한 규제론자들의 일방적 비난에 대응할 수 있는 근거를 마련해준다. "놀이에 대한 이론적 학습을 통해 놀이란 무엇인가, 나아가서 게임에서 놀이란 무엇인가를 성찰, 해석하는 한편, 현재 우리 사회에서 놀이가 가진 가능성"을 탐색하는 것은 게임의 원리를 이해하는 데 필수적이다. 우리 시대의 게임은 하나의 기계장치로 고정된 텍스트에 갇혀 있지 않고 매우 개방적이다. "게임의 전형적인 형태는 주어진 규칙에 따라 경쟁하고 그 결과에 따라 승패를 결정하는 놀이"지만, "모든 게임이 이런 형태는 아니고, 최근의 게임들은 오히려 이런 전형성을 벗어나는 것"에 대한 새로운 탐구가 필요하다.

3부는 게임이 하나의 문화의 장으로 확대되는 것에 대한 분석을 시도했다. 그중에서 게임이 거대한 온라인 공동체를 형성하는 팬덤 문화와 게임이 하나의 스포츠 이벤트로 재생산되는 현상에 대한 분석이 중요하다. "게임 내 공동체가 어떤 가능성을 담보로 하고 있으며, 유의미한 사건은 무엇이었는지", "공동체 이전에 플레이어들의 집단을 가능케 하는 팬덤의 힘과 특징, 커뮤니티 담론을 기반으로 발생한 문제적 상황들"이 무엇인지를 조망하는 것은 온라인게임의 시대에 게임 유저들의 문화적 성향을 이해하는 단초를 제공해준다. 게임을 하는 것도 재미있지만, 게임 하는 것을 관전하는 것도 재미있다. 화려한 게임 플레이 테크닉을 보는 것은 실제 선수들의 환상적 플레이만큼이나 짜릿하다. e스포츠가 활성화되는 것도 아마 이런 이유에서일 것이다. 그래서 "e스포츠가 무엇이며 어떤 특성을 지니는지", "e스포츠가 지금까지 그려온 궤적을 살펴고 그 과정에서 누적돼온 한계와 가능성"을 살피는 한편, "e스포츠가 우리 사회에서 지니는 의미와 필요성을 모색"하는 것은 유의미하다.

마지막 4부는 게임의 사회적 위상과 효과에 대한 글로 구성했다. 게임은 단순히 개인의 놀이의 대상일 뿐 아니라 기술문화의 대상, 노동의 대상, 상품의 대상이 되었다. 놀이는 그러한 다른 대상과의 관계 속에서 존재한다. 그런 점에서 게임의 사회적 위상을 이해하려면 "게임이 놀이-기술-노동의 구성물이 되어가면서 발생하는 역사적 변화를 놀이의 기계화, 놀이의 노동화, 사회적 공장화"라는 관점에서 분석할 필요가 있다. 게임이 대중의 중요한 놀이 콘텐츠로 부상하자 다른 대중문화 콘텐츠들도 게임처럼 만들어지고 소비되는 경향을 보인다. 이러한 현상을 통상 '게이미피케이션'이라고 한다. 그러나 게이미피케이션은 게임 그 자체는 아니다. 이것은 문화자본의 논리이고 '통치성의 문제'이다. 따라서 "게이미피케이션을 게임문화의 비판적 자기성찰의 이슈로 제시하는 동시에 게이머의 비판적 자기성찰의 도구로 문학을 선용할 방법"에 대한 고민은 게임의 본래 가치와 의미를 무엇과 연관 지어야 하는지를 알려준다.

이 책은 게임을 인문학적으로 이해하는 데 필요한 쟁점들을 중심으로 구성했다. 또한 글의 기본 취지와 내용에 대한 정보를 쉽게 전달하기 위해 간략한 요약과 키워드, 생각해볼 문제, 참고자료를 글마다 담아서 대학의 교양교재로 사용할 수 있게 준비했다. 게임에 대한 인문학적 접근의 중요성을 대중에게 이해시키기 위해서는 글의 수준 높은 완결성도 중요하지만, 무엇보다도 그 취지를 독자들에게 쉽고 친절하게 전달하는 것이 중요하다. 이 책은 그런 취지와 목적에서 만들어진 만큼 좀 더 많은 대중 독자들과 만날 수 있기를 기대해본다.

마지막으로 이 책의 필자로 참여해 함께 좋은 원고를 써주신 선생님들과, 짧은 기간이었음에도 불구하고 멋진 책을 만들어주신 문화과학사 관계자 분들에게 진심으로 감사드린다. 이 책을 함께 기획한 인문학협동조합, 그리고 출간까지 많은 관심과 후원을 아끼지 않으신 넥슨과 게임문화재단에도 깊이 감사드린다.

2019. 2.
저자들을 대표하여 이동연

게임의 가치를 이해하는 몇 가지 쟁점들[1]

이동연

주요 개념 및 용어 : 게임의 가치, 게임의 편견, 미적 가치로서의 게임, 게임의 라이프스타일

게임의 가치에 대한 논쟁은 게임인문학에서 오랫동안 논의한 토픽이다. 게임을 긍정적으로 생각하는 사람들은 게임이 단순히 시간을 소비하는 무의미한 오락물이 아니라 이용자를 즐겁게 하고 서로 협동심을 기르게 한다고 말한다. 또한 게임 콘텐츠는 사운드, 이미지, 텍스트가 함께 융합된 미적 가치를 지닌다고 말한다. 반면 게임을 부정적으로 생각하는 사람들은 게임을 하는 것은 시간 낭비이고, 폭력적인 행위를 반복하는 것이며, 뇌를 망치게 한다고 말한다. 이 글은 게임의 가치에 대한 논쟁을 소개하고 게임의 사회적·미적·미래적 가치를 논의하고자 한다.

---

1. 들어가며 : 게임의 가치 논쟁

게임은 폭력적인가?

2018년 3월 8일, 미국 백악관은 공식 유튜브 채널을 통해 "비디오

---

[1] 이 글은 필자가 2017년 3월부터 1년간 엔씨소프트 블로그에 연재한 "게임과 사회"의 원고 가운데 일부를 수정하여 완성했음을 밝혀둔다.

게임 내 폭력성"이라는 제목의 동영상을 올렸다. 〈콜 오브 듀티 : 모던 워페어 2〉, 〈울펜슈타인 : 더 뉴 오더〉, 〈데드 바이 데이라이트〉 등에서 나오는 잔인한 장면을 편집한 이 동영상은 모두 17세 이상 이용가인 M^{mature} 등급 게임들이다. 목이 잘려 나가고, 사지가 찢기고, 선혈이 낭자한 하드코어 게임의 가장 폭력적인 장면이 편집되다 보니 동영상의 수위는 잔인하기 이를 데 없다. 이 동영상이 백악관 공식 유튜브에 게시된 것도 충격적이지만, 17세 이상 이용 가능한 게임물에서 가장 잔인하게 플레이된 것만 편집된 동영상을 누구나 볼 수 있게 한 것은 더 충격적이다. 게임의 폭력성을 미국 사회에 확실히 알린다는 취지는 이해할 수 있으나, 이 동영상만 보면 비디오게임은 미국 사회에서 벌어지는 모든 폭력적 사건의 주범이다.

트럼프 대통령은 동영상을 올리기 전인 2월 22일 백악관에서 열린 학생들의 안전을 위한 간담회에서 비디오게임의 심각성을 토로했다. 이 자리는 지난 2월 14일 플로리다 주의 한 고등학교에서 일어난 총기난사 사건으로 17명이 목숨을 잃은 데 대한 대책으로 마련된 것이었다. 트럼프 대통령은 작심한 듯 비디오게임이 너무 폭력적이어서 청소년들의 사고에 큰 영향을 미친다고 거듭 말했다. 그리고 교사들이 만일 총기로 무장했으면 이런 사건은 일어나지 않았을 것이라는 말도 덧붙였다. 그의 말대로라면 플로리다 주 더글라스 고등학교 총기사건의 주원인은 폭력적인 비디오게임이고, 그러한 사건을 방지하기 위한 대안은 교사의 총기소지인 셈이다.

비디오게임을 비난하고 총기소지의 확대를 제안한 트럼프의 발언과 이후 게임의 폭력성을 고발한 동영상이 큰 파장을 몰고 오자 국제게임개발자협회는 게임과 총기 사고는 관련성이 없다는 내용의 성명서를 발표했다. 동영상이 올려진 3월 8일에는 미국 엔터테인먼트 소프트웨어ESA 협회장 마이클 갤러거 등 게임업계 관계자들이 백악관을 예방해 트럼프 대통령과 설전을 벌였다. 트럼프는 대통령이 되기 전부터 비디오게임의 폭력성이 사회에 만연한 실제 폭력을 조장한다는 발언을 했고, 총기소지를 더 강화하는 정책에 지지를 보내왔다. 트럼프의 이러한 사고는 미국 백인 주류사회의 보수적 가치관을 대변하는 것으로 비디오게임을 사회적 희생양으로 몰아가려는 위기관리 전략을 보여준다.

오바마 : 게임은 창의적 교육의 원천

트럼프 대통령과는 달리 오바마 전 대통령은 창의적 교육에서 게임이 차지하는 역할을 강조했다. 2013년 2월 초 재선에 성공한 오바마는 2기 행정부의 집권계획을 발표하는 화상토론회에서 수학과 과학, IT 기술을 학교에서 제대로 교육하는 환경을 조성하겠다고 발표한 바 있다. 오바마는 특히 이 자리에서 고등학교 교육과정에 컴퓨터 프로그래밍을 강화하는 이른바 '코딩 교육'을 도입하겠다고 언급하면서 컴퓨터와 인터넷을 활용해 게임을 디자인하는 교육 프로그램을 적극 권장하겠다고 말했다.

그는 "컴퓨터와 인터넷이 널리 보급된 현재, 아이들은 그것에 매료되어 있다. 따라서 그들이 단순히 콘텐츠를 소모하는 것이 아니라 컴퓨터를 이용해 실제로 뭔가를 만드는 방법을 반드시 알려줘야 한다"고 언급했다. 그는 이어서 "마크 저커버그(페이스북 공동창업자)는 게임에 대한 흥미를 바탕으로 스스로 프로그래밍을 독학했다"며 "많은 젊은이들이 고등학교에서 '자신의 게임을 디자인할 수 있는 방법'을 배울 기회를 얻고 싶을 것으로 예상한다. 하지만 이 작업을 위해서는 수학이나 과학적 지식이 필요하고 그래픽디자인 등에 대한 이력이 필요하다. 대학과정 이전에 고등학교에 이런 프로그램을 도입하기 위한 준비를 시작할 때다"고 말했다. 학교 정규교육에 게임 제작 수업을 편성할 필요가 있다는 점을 강조한 것이다.

놀랍게도 오바마의 이 언급은 2012년 12월 14일 코네티컷 주 뉴타운 샌디훅에 있는 샌디훅 초등학교에서 총기난사 사건이 발생하고 얼마 지나지 않은 시점에서 나왔다. 이것은 애덤 랜자라는 청년이 어머니를 총으로 살해한 뒤 어머니가 자원봉사자로 일하던 학교에 들어가 총기를 난사해 초등학교 학생 20명, 교직원 6명을 죽이고 자신도 자살한 초유의 사건이다. 이를 계기로 총기의 개인소지에 대해 국민적 여론이 들끓었고, 연방수사국에서는 범인이 평소 총격과 관련된 비디오게임에 빠져 있었는지에 대해 조사하기도 했다. 실제로 랜자의 형이 증언한 내용을 인용해 그가 평소에 즐겨 했던 게임 리스트가 공개되기도 했다. 샌디훅 사건 역시 반사회적 총기 사건의 원인이 폭력적인 비디오게임인가, 아니면 실제 사회 폭력의 만연에 따른 공동체 사회의 무관심인가 하는 논쟁을 불러왔다. 그리고 오마바는 트럼프와는 달리 적어도 사회적 폭력의 원인을 비디오게임에 전가하지는 않았다.

게임은 정말 사회폭력의 주범인가?

비디오게임의 폭력성에 대한 트럼프 행정부의 입장에 국제게임 개발자협회가 반박한 성명서에는 다음의 7가지 내용이 담겨 있다.

1. 게임과 총기 범죄에 대해 솔직히 이야기해보자. 우리는 더 이상 희생양이 되지 않을 것이다. 어떤 연구결과를 보아도 게임 플레이와 총기 범죄의 연관성을 입증하지 못했다.
2. 대법원은 브라운 사건(Brown v. Entertainment Merchants Association) 판결에서 비디오게임이 보호받아야 할 '표현의 자유' 영역이라고 밝혔다.
3. '게이머'를 불만이 많은 10대 소년으로 스테레오타입화 하는 것은 잘못된 것이다. 미국의 150만 명 이상의 게이머 가운데 41%가 여성이다. 35세 이상 여성 게이머가 10대 소년 게이머보다 많다.
4. 미국은 전 세계 다른 나라와 마찬가지로 동일한 게임을 즐기지만 총기 범죄는 미국만의 특이한 문제다.
5. 게이머는 다양한 삶을 사는 다양한 구성원들이다. 게임을 하는 사람들은 남녀노소를 불문한다. 그 안에는 선생님도 있고, 학생도 있고, 부모도 있고, 자녀도 있다.
6. 우리는 준법정신을 지키는 시민으로서 사건에 대한 철저한 배경 조사, 범프 스탁과 대용량 탄창 금지, 총기 구매 최소연령의 21세 규제를 지지하며, 미국인 대다수가 이 내용에 동의한다.
7. 이성적이고 합리적인 총기 제한을 거부하거나 심지어는 고려

하는 사람들을 위해 비디오게임(어떤 형태의 미디어)을 희생양으로 삼으려는 행위를 많은 미국인이 원하며 바람직하다고 생각한다는 식의 거짓에 속아 넘어가지 않을 것이다.

협회의 이런 발언은 물론 게임산업계의 이익 논리를 대변한다고 볼 수 있지만, 미국 사회에서 반복되는 총기사건의 심층적인 원인과 그 책임을 미디어에 전가하려는 전형적인 주류 보수 정치사회를 겨냥한 것이라 할 수 있다. 심지어 이들은 사실과 통계를 왜곡하며 사건의 일부분만을 부각시켜 자신들의 사회적 책임을 행위자가 즐겨 하는 문화적 표현물에 떠넘기고 있다는 판단이다. 트럼프 같은 백인 주류 정치인들은 총기산업계와 긴밀히 연결되어 있고, 사회적 폭력으로 인해 이익을 보는 기업들의 경제논리를 옹호해왔다.

중요한 것은 반사회적 폭력의 근본 원인이 무엇인가를 성찰하는 데 있다. 물론 폭력적 표현이 강한 게임물이 사회에 만연한 폭력 현상과 무관하다고 볼 수는 없다. 그러나 실제 사회적 폭력과 폭력의 표현 및 재현을 동일하게 보아서는 안 된다. 사회적 갈등과 폭력의 실제 요인은 교육, 정치, 경제, 노동, 이주, 생태, 안전 등 다양한 데서 찾을 수 있다. 게임은 어떤 면에서 그러한 폭력적 사회 현실을 반영하는 문화적 표현물이다. 게임이 폭력적이어서 사회가 폭력적이라기보다는 사회가 폭력적이어서 게임도 폭력적이라는 이해가 우선되어야 하지 않을까?

게임은 어떤 사회문화적 가치를 지닐 수 있을까?

비디오게임의 폭력성을 고발한 트럼프 행정부의 도발적 조치와 게임과몰입을 정신질병의 한 유형으로 편입하려는 WHO의 계획이 게임에 대한 부정적 인식을 심어주는 결과를 가져올 수 있지만, 다른 한편으로는 게임의 사회문화적 가치와 의미를 제고하는 계기를 마련해주었다. 그동안 한국의 게임 담론과 정책에는 기업의 이윤을 중시하는 '산업육성론'과 게임을 악으로 규정하는 '게임규제론'만 존재했다. 게임의 사회문화적 가치에 대한 담론은 기업도 정부도 중요하게 생각지 않는다. 이제는 게임 기업들도 너무 경제적 가치만 강조해서는 안 된다.

게임은 전 세대가 즐기며, 청소년이 가장 많이 즐긴다는 가설은 가설에 불과하다. 그러나 게임이 청소년 세대에게 미치는 영향은 지대하므로 게임의 가치를 생각할 때 청소년들을 먼저 고려할 수밖에 없다. 게임이 청소년들에게 전적으로 해로운가의 문제는 주관적으로 판단할 것이 아니라 체계적이고 장기적인 연구를 통해서 검증할 사안이다. 청소년들의 게임과몰입이 한국보다 일찍 사회 문제로 대두된 미국에서는 게임의 과몰입이 또래문화와 학교문화에 미치는 영향을 장기적으로 연구해 그 대책을 세우고자 했다. 또한 게임이 가족문화와 학교교육에 무조건 해만 끼치는 것이 아니라 청소년들의 또래문화에 긍정적인 영향을 미치는 부분에 대해서도 연구할 필요가 있다. 게임을 통한 창의적 상상, 감각적인 사고력, 또래문화의 협동심, 놀이의 즐거움과 같은 긍정적 가치를 제고할 필요가 있다.

게임의 사회문화적 가치 확산은 단기적 사업만으로는 이루어질 수 없다. 게임문화에 대한 다양하고 장기적인 연구와 담론 확산을 통해 게임의 문화적 의미를 알리는 다각적인 노력이 필요하다. 더불어 게임의 창의적 요소들을 리터러시 교육과 접목시키는 프로그램을 다양하게 개발하는 것이 중요하다. 청소년 게임기획 창작 워크숍과 게임문화 예술교육 등의 사업들은 앞으로 게임의 창의적 가치를 확산시키는 데 기여할 것이다.

마지막으로 게임문화의 가치 확산을 위해 게임 기업들의 사회적 책임이 무엇보다 중요하다는 점을 지적한다. 게임문화재단의 사업 가운데 문화적 가치를 확산시키는 사업을 더 많이 확대해야 하며, 게임 기업들의 사회공헌 사업 가운데 청소년과 학부모를 대상으로 게임의 놀이적 의미를 긍정적으로 알리는 다양한 사업이 기획되어야 한다.

2. 게임의 사회적 편견에 저항하기

사실 부모들이 게임을 더 많이 한다

주말에 늦잠을 잔 중학교 2학년 아들에게 엄마가 이렇게 말한다. "너는 공부는 안 하고 매일 게임만 하니?" 항상 듣는 잔소리에 아들은 속으로 이렇게 말한다. '자기가 더 많이 하면서.'

아들이 새벽까지 잠을 안 잔 것은 맞다. 그런데 게임 때문이 아니라 친구들과 카톡 하고 웹툰과 '짤방'을 보며 노느라 안 잔 것이다. 부모들은 왜 아들이 잠을 안 자고 게임만 하는 걸로 생각할까? 아마도 부모가 요즘 청소년들의 라이프스타일을 모르거나, 아니면 자기가 새벽까지 게임을 하기 때문일 것이다.

청소년들은 정말 어른들보다 게임을 많이 할까? 한국콘텐츠진흥원이 발간한 2015년《대한민국 게임백서》에 따르면, 모바일게임 이용자 비율이 가장 높은 세대는 30대로 23.7%를 차지했고 10대는 16.3%에 불과하다. 또한 청소년 자녀를 둔 40대 부모들의 이용자 비율은 22.1%로 10대보다 훨씬 높다. 모바일게임 평균 이용시간을 보면 10대는 주중 69분, 주말 90분인 반면 30대는 주중 86분, 주말 103분이다. 또한 40대 부모 세대는 주중 71분, 주말 90분이다. 즉, 부모가 자녀보다 게임을 더 많이 한다.

이 통계 결과에 동의하지 못하는 부모들이 혹시 이렇게 말할지 모르겠다. "모바일게임은 그렇다 해도 온라인게임은 청소년들이 더 많이 할걸요? 애들이 PC방에 더 많이 가니까." 그런데 같은 조사의 통계를 보니 10대들의 일일 온라인게임 평균 시간은 80분, 주말 135분인 데 비해 30대는 주중 93분, 주말 146분이고 40대는 주중 97분, 주말 137분을 한다. 즉, 온라인게임도 부모들이 더 많이 한다. 이 통계만 보면 10대들이 게임을 가장 많이 한다는 부모들의 생각은 틀렸다.

이런 통계를 들이대면 부모들은 약간 당황하면서 이렇게 말한다. "아이들이 게임으로 돈을 얼마나 많이 쓰는데요." 그런데 정말 그럴까? 앞의 백서에 나온 온라인게임의 월 구입비용을 살펴보았다. 청소년들이 한 달에 게임으로 가장 많이 쓰는 비용은 1~2만 원인 반면 30대와 40대는 2~5만 원대가 가장 많았다. 5만 원 이상을 쓴 경우도 10대가 13.4%인 데 비해 40대는 22.2%로 나타났다. 아이템 현금거래도 10대는 1회에 5만 원 이상을 사용한 경우가 0%인 데 반해 부모 세대는 19.6%나 된다. 결국 부모들이 자녀들보다 게임 이용시간도 길고 돈도 더 많이 쓰는 것으로 나타났다.

[표 1] 연령별 모바일게임 이용시간

구분		주중	주말
전체		75	94
성별	남자	75	92
	여자	76	97
연령	만 10~18세	69	90
	만 19~29세	80	105
	만 30~39세	86	103
	만 40~49세	71	90
	만 50~59세	66	76

부모의 잔소리, 억울한 청소년, 만만한 게 게임

이 통계로만 보면 청소년들은 억울하다. 청소년들은 부모들로부터 왜 이런 대우를 받을까? 가장 큰 이유는 부모들이 자녀들의 사생활에 대해 습관적으로 잔소리를 하고 싶어 하기 때문이다. 아이들에게 잔소리를 하려면 일단 뭔가 건수가 있어야 하는데 만만한 게 게임이다. "너는 공부는 안 하고, 맨날 게임만 하냐"는 말은 부모들이 자녀들에게 가장 습관적으로 하는 잔소리다. 그래도 간혹 자기 방에서 책 한 줄 읽고 거실에 나온 자녀들에게조차 부모들은 어김없이 "너 또 게임했지" 하고 말한다. 이런 소리를 들으면 자녀들은 정말 짜증이 난다. 차라리 억울하지나 않게 게임을 할 걸 그랬다는 생각까지 하면서 그다음부터는 부모들의 잔소리에 아예 귀를 닫는다.

부모들은 아들이 공부 못하는 이유, 딸이 게으른 이유가 모두 게임 탓이라고 생각한다. 자녀들과 대화가 단절된 이유, 학업부진의 원인을 대개 게임 탓으로 돌린다. '게임만 없으면 우리 아들 공부 잘하고, 우리 가족 화목할 텐데' 간절한 주문을 외운다. 이른바 '게임원죄론'은 따지고 보면 부모들이 자녀를 위해 해야 하는 수평적 대화와 가족공동체의 책임을 다하지 못한 것을 은폐하기 위한 알리바이에 불과하다. 부모 자신의 문제를 자녀의 문제로 돌리려 하고, 그 책임을 전가하기 위해 게임을 거론한다. 게임은 부모에게 공공의 적으로 모든 책임을 전가하기에 안성맞춤이다.

게임을 하면 머리가 나빠지나?

부모들은 게임을 하면 아이들의 머리가 나빠지고 학업능력이 저하된다고 철석같이 믿고 있다. 이것을 과학적으로 과장한 이론이 바로 일본 모리 아키오 교수의 '게임뇌' 이론이다. 게임을 하면 두뇌 피질이 두꺼워지고 전두엽의 발달이 늦어진다는 것이다. 이 이론의 요지는 어릴 때 게임을 너무 많이 해서 이렇게 뇌가 굳어지면 평생을 간다는 것이다. 게임뇌 이론은 게임에 대한 공포 분위기를 만드는 데 크게 기여했다.

그런데 여성 뇌과학자 다프네 바벨리어Daphne Bavelier의 생각은 다르다. 그녀는 뇌가 활발하게 학습할 수 있는 다양한 방법에 대해 관심을 가지고 있는데, 그중 하나로 비디오게임을 든다. 바벨리어는 비디오게임이 뇌의 학습활동에 긍정적으로 기여하는 바가 많다고 본다. 대표적인 예로 비디오게임을 많이 하면 시력이 나빠진다는 생각은 편견에 불과하다고 말한다. 실제로 액션게임이나 슈팅게임을 하는 게임 이용자들을 대상으로 실험한 결과 시력이 동일한 경우 게임을 더 많이 하는 사람들이 덜 하는 사람보다 시력이 더 높다는 결과가 나왔다고 한다.

[그림 1] 다프네 바벨리어의 TED 강연 "비디오게임을 하는 당신의 두뇌".

게임을 많이 하는 사람들이 지닌 독특한 능력의 하나는 주변에 있는 물체를 추적하는 능력이다. 즉, 게임을 많이 하는 사람들은 여러 사물을 동시에 추적할 수 있는 능력이 있다. 운전을 할 때 주변의 사물을 동시에 잘 볼 수 있는 능력이 높아지는 것과 같은 이치다. 다프네 바벨리어는 우리 뇌의 네트워크에서 중요한 세 가지 부분이 주의력의 방향을 조절하는 '대뇌피질', 주의력을 유지해주는 '전두엽', 어디에 주의를 기울이고 조절하고 갈등을 해결하는지를 관장하는 '전측 대상회'인데, 이 세 부분이 액션게임을 하는 사람에게 훨씬 더 효율적이라는 것이 실험을 통해 입증되었다고 말한다.

모든 게 게임 탓이라는 부모의 편견

뇌과학자 다프네 바벨리어가 아무리 게임이 뇌에 좋은 영향을 미치는 부분이 있다고 설명해도 부모들은 믿지 않는다. 부모들은 여전히 사춘기 자녀들의 행동을 부정적으로 말할 때 게임을 예로 들고 싶어 한다. 자녀가 공부를 못하고, 산만하고, 말수가 적어지고, 머리가 나빠진 것은 모두 게임 탓이라고 본다. 아니, 그렇게 믿고 싶어 한다. 부모들은 게임의 긍정적 요소에 대해서는 아예 귀를 닫는다. 왜냐하면 자신의 생각과 의사를 정당화시킬 절대적 희생양이 필요하기 때문이다.

그런데 생애주기의 관점에서 보면 게임이 자녀들의 인생을 망치지는 않으리라는 것을 안다. 자신들이 청소년 시절에 그렇게 만화를 보고 게임을 했어도 결국 그 시기를 무리 없이 보냈기 때문이다. 물론 게임과몰입의 극단적 예가 없는 건 아니지만, 대부분의 청소년에게 게임은 생애주기의 관점에서 보면 수많은 놀이 콘텐츠 중하나다. 더욱이 이들에게 게임은 옛날처럼 강력한 놀이 콘텐츠도아니다. 사실 자녀에 대한 모든 선입견과 갈등의 원인은 부모 자신에게 있는 경우가 많다. 다만 부모는 그것을 인정하려 하지 않으며, 자신의 문제를 회피하거나 은폐하기 위해 게임을 걸고넘어진다.

너와 나의 연결고리, 게임

그러니 게임을 매개로 청소년들과 원만하게 대화하려면 부모들이 먼저 게임에 대한 편견을 버리고 발상을 전환해야 한다. 게임이 경우에 따라서는 뇌에도 좋고, 주의력을 집중시키는 데도 도움을 줄 수 있다는 예외적 생각이 필요한 것이다. 게임에 대한 편견은 게임 자체에 대한 것이라기보다는 사실 자녀에 대한 부모의 편견을 반영한다. 게임이 자녀를 바라보는 편견의 대상이 아니라 대화의 대상이 될 수 없을까? 요즘 대세인 힙합의 어느 가사처럼 게임이 공공의 적이 아니라 "너와 나의 연결고리"가 될 수 있지 않을까?

3. 게임의 미적 가치를 생각하기

게임은 예술이다

미국을 대표하는 스미소니언박물관은 2012년 3월부터 9월까지 〈비디오게임의 예술The Arts of Video Game〉이라는 주제로 전시회를 개최했다. 이 전시회를 소개한 웹사이트는 전시회의 취지를 다음과 같이 적고 있다.

현대사회 안에서 비디오게임은 가장 유행하고, 갈수록 표현력이 상승하는 매체이다. 최초의 홈 비디오게임이 도입된 이래 지난 40년 동안 게임의 장은 이례적일 정도로 예술적 재능을 뽐내왔다. 회화, 서사창작, 조각, 음악, 스토리텔링, 영화와 같은 전통적인 예술형식을 융합하여 비디오게임은 이전에는 예상할 수 없는 방법으로 예술가들이 관객들과 소통하고 그들이 몰입할 수 있게 해주었다. "비디오게임의 예술" 전시회는 놀라울 정도의 시각적 효과와 새로운 테크놀로지의 창의적 활용에 초점을 맞추어 예술적 매체로서

비디오게임의 지난 40년간의 진화를 탐구하게 하는 첫 번째 전시
회 중의 하나이다.

이 전시회는 무려 6개월간 지속되면서 총 80여 개의 유명 비디
오게임을 전시했다. 초기 비디오게임 개척자들과 다양한 예술가들
이 함께 논의하는 '게임페스트'를 3일간 개최한 것을 비롯해 '게이
머 심포니 오케스트라', '게임음악', '게임미술', '게임시연회' 등 다
양한 프로그램을 진행했다. 스미소니언이라는 미국 최고 권위의
박물관에서 열린 이 전시회는 게임이 예술이라는 것을 선언하는
순간이었다.

[그림 2] 스미소니언박물관에서 개최한 〈비디오게임의 예술〉 전시.

한국에서 게임은 예술의 지위를 획득하고 있는가? 아쉽게도 아
직 그런 분위기가 형성되지 못하고 있다. 게임은 경제를 위한 산업
진흥과 청소년 보호를 위한 규제의 대상으로 간주된다. 현재 '문화
예술진흥법'에는 문화예술의 범위가 "문학, 미술, 음악, 무용, 연극,
영화, 연예演藝, 국악, 사진, 건축, 어문語文, 출판 및 만화"로 정의되
어 있다. 만화는 문화예술 범주에 포함되어 있는 반면 게임은 포함

되어 있지 않다. 게임은 아직까지는 대중이 즐기는 단순한 놀이, 문화예술적 가치가 많지 않은 상업적 오락물로 간주되고 있다.

게임이 가장 상업적인 문화 콘텐츠인 것은 분명하다. 게임을 돈을 벌기 위한 IT 상품으로 생각하거나 그저 어두운 PC방에서 시간을 때우는 가치 없는 놀이로 간주하는 게 일반적인 견해인지 모르겠다. 그러나 게임의 스토리텔링, 게임 콘텐츠를 구성하는 요소들, 게임 플레이의 역동적 스타일은 현대 예술이 추구하는 새로운 특성들과 무관하지 않다. 더욱이 예술의 오랜 역사에서 게임의 놀이적 특성은 창작을 추동하는 중요한 원천이 되기도 했다. 게임은 예술의 지위를 얻을 수 없을까?

예술과 게임 놀이의 연관성

네덜란드의 역사가이자 문화학자인 요한 호이징하Johan Huizinga는 "놀이는 문화보다 오래되었다. 모든 놀이는 자발적 행위이며 인류의 역사와 더불어 언제나 함께해왔고 다양하게 발전했다. 인간은 생각하는 인간인 동시에 놀이하는 인간이었다"[1]고 말했다. 놀이는 인류의 역사와 함께 시작되었다 해도 과언이 아니다. 이를테면 체스는 전쟁을 놀이로 재현하는 행위이고, 주사위는 운명을 정하는 놀이이며, 가면은 변장하고 싶은 원초적 욕망의 놀이이다.

예술행위는 그 자체로 놀이이다. 폴 세잔의 〈카드놀이 하는 사람들〉은 놀이의 일상성을 그림으로 재현하고 있고, 현대 미술의

---

1) 요한 호이징하 저/이종인 역, 《호모 루덴스─놀이하는 인간》, 연암서가, 2010.

개념을 바꾸어놓은 마르셀 뒤샹Marcel Duchamp은 자신의 작품에서 체스게임이 중요한 모티브라고 고백했다. 또한 모빌 아트의 대가 알렉산더 칼더Alexander Calder는 여섯 살 아이들을 가장 귀중한 팬으로 생각했고, 미국의 현대화가 엘리자베스 머레이Elizabeth Murray는 어린이들이 예술과 함께 놀 수 있는 전시회를 많이 디자인하고자 했다.

예술로서 게임의 특성

그렇다면 게임에는 어떤 예술적 특성이 있을까? 먼저 언급할 것은 게임이 종합예술 장르라는 점이다. 게임은 사운드, 이미지, 텍스트가 융합한 콘텐츠다. 예를 들어 대표적인 MMORPG(대규모 다중 사용자 온라인 롤플레잉 게임) 게임인 〈리니지〉는 동명의 만화를 원작으로 하지만, 온라인 환경에서 펼쳐지는 〈리니지〉의 세계는 혁신적 사운드와 판타지를 자극하는 이미지 그리고 풍부한 서사를 바탕으로 만들어졌다. 대표적인 온라인 축구게임인 〈피파 온라인〉은 거의 실제 경기장과 선수들을 연상시킬 정도로 그래픽 기술이 뛰어나고, 〈서든어택〉과 같은 1인칭 슈팅게임이나 〈1942 : 퍼시픽 에어워〉 같은 전쟁 비행 시뮬레이션 게임도 영화의 한 장면처럼 선명하고 화려한 영상 이미지를 보여준다. 게임은 기술적으로나 내용적으로나 예술 장르의 세 가지 요소인 사운드, 이미지, 텍스트를 가장 선두에서 재현하고 있다.

두 번째 언급할 것은 게임에는 미디어 아트의 상호작용적 놀이의 속성이 있다는 점이다. 현대 미디어 아트의 경우에도 많은 예술

창작물이 게임 요소를 많이 차용하고 있다. 미디어 아트는 기본적으로 작가와 관객의 상호작용적 놀이에 기반한다. 예를 들어 MIT 미디어랩의 〈리빙 월living wall〉(2010)과 같이 센서를 활용한 작품은 관객의 움직임과 반응에 따라 작품이 살아 움직이고 변형된다. 오스트리아의 대표적인 미디어 아티스트인 크리스타 소머러Christa Sommerer는 〈정원수〉와 같은 작품에서 상호작용적 미디어 기술을 활용해 스크린에서 자동으로 생성되는 일종의 '인공 예술artificial life'을 보여주었다. 또한 사물놀이의 대가 김덕수는 홀로그램을 활용해 4명의 김덕수가 동시에 무대에서 연주하는 장면을 연출하고 사물놀이의 장단과 가락의 변화에 따라 꽃이 피고 지는 〈디지로그 사물놀이〉를 만들었다. 이러한 미디어 아트는 관객과의 상호작용적 놀이를 기반으로 한다.

한때 콘솔게임에서 유행했던 육성 시뮬레이션 게임도 게임 텍스트와 게임 유저 사이의 상호작용적 놀이에 기반하며, MMORPG 게임의 일종인 '동접'과 '공성전'은 게임 맵에서 벌어지는 '길드'와 '길드'의 상호작용적 놀이 전투에 기반한다. 온라인게임에서 유저가 게임 콘텐츠를 변형시키고 자신의 감각대로 전환시킬 수 있는 것은 게임과 같은 현대 예술의 가장 중요한 상호작용적 특성이라 할 수 있다.

마지막으로 언급할 것은 게임 플레이의 기술적 진보가 극장과 전시회라는 고전적인 틀을 벗어나려는 인간의 미적·감성적 욕망을 담고 있다는 점이다. 몇 년 전 지하철에서 〈애니팡〉을 하는 중년 여성을 만난 적이 있는데, 엄청난 플레이 속도로 판을 깨는 모습을 보고 '아, 저건 예술이다!' 하는 감탄이 절로 나왔다. 게임 유저의 신기한 '신공 플레이'를 보거나 게임 캐릭터의 생생한 디자인과 게임 맵에서 벌어지는 실시간 변형 행위들을 보면서 인간의 다양한 미적 욕망과 감각의 능력을 확인하게 된다.

물론 모든 게임이 온전히 예술로 인정받을 수 있다고 생각지는 않는다. 그러나 많은 게임은 이미 예술적 재현과 미적 감각, 상호작용, 자기변형, 융합기술이라는 미래 예술의 잠재성을 보유하고 있다. 게임의 사운드가 오케스트라로 연주되고, 게임 캐릭터들이 미술관에 전시되고, 게임 스토리텔링이 영화로 만들어지는 사례는 이제 더 이상 낯설지 않다. 그러므로 게임은 이미 충분히 예술의 지위를 갖추었다. 다만 우리 사회에서 게임을 예술로 바라보려는 인식의 교정이 필요할 뿐이다.

4. 인문학 텍스트로서 게임 읽기

요즘 인문학과 관련해 다양한 프로그램이 큰 인기를 얻고 있다. TV에서는 〈명견만리〉나 〈어쩌다 어른〉과 같은 인문학 강의가 열리고, 인문지식과 여행이 접목된 지식 예능프로그램 〈알쓸신잡〉이 시청자들에게 큰 사랑을 받았다. 동양고전을 적용해서 경영 철학의 기조로 삼으려는 대기업 CEO들의 인문학 애정은 서점가 인문학 흥행에 큰 영향을 미쳤다. 강신주, 최진석, 배철현 등 스타급 인문학 강사들이 인기를 얻고 있으며, 지역 도서관의 인문학 강좌 열풍은 인문학의 위기를 무색하게 할 만하다.

인문학을 낡은 경전으로만 생각하면 그 쓸모는 전공자에게만 해당할 것이다. 물론 인문학은 그 자체로도 충분히 학문적 가치와 의미를 지닌다. 그러나 '학문'의 틀을 넘어 사람의 글, 생각, 활동을 중시하는 인문학 요소들은 우리가 향유하는 다양한 문화 콘텐츠에 잠재되어 있다. 텍스트, 사운드, 이미지의 융합으로 구성된 게임 역시 그러한 인문학 요소들과 무관하지 않다. 아니, 게임의 문화적 가치를 언급하기 위해서는 무엇보다도 인문학적 분석이 필요하다.

대중적인 놀이 콘텐츠인 게임에서 인문학의 요소를 발견하는 일은 아직 낯설 수밖에 없다. "이제 게임까지 인문학으로 설명하려드나?" 하고 불편해할 수도 있다. 그러나 게임이라는 텍스트의 이야기 구조, 게임 배경이 되는 신화와 서사, 게임 플레이의 상호작용적 요소들, 게임 캐릭터와 플레이의 심리구조, 특정 게임이 우리 사회에 던지는 메시지는 게임이 인문학의 대상이라는 것을 알려준다. 이제 본격적으로 이 이야기를 해보자.

게임의 인류학적 코드

전 세계의 수많은 신화와 그림, 영화에서 발견되는 인류학적 코드는 인간과 문명의 역사적 차이를 규명하는 '탐색'과 '놀이'의 법칙으로 존재한다. 그것은 인간이 특정한 문명 또는 집단을 형성하는 원리와 규칙을 의미한다. 탐색과 여정, 종족 구별, 증여와 강탈, 에로스와 타나토스의 갈등, 성취와 욕망 등과 같은 인류학적 코드는 인간의 삶과 집단의 진화를 위한 규칙의 중요한 요소다. 인디언

원시부족 사이에서 행해진 '포틀래치potlatch'를 예로 들어보자. 이 것은 단순히 선의의 선물교환 예식이라기보다는 자기 가족과 부족 의 우월감을 과시하려는 일종의 대리전쟁 '게임'으로서 여기에는 '도전과 응수'라는 원리가 작용한다.

[그림 3] 사람들을 초대해 음식과 선물을 나누는 인디언 사회의 풍습, 포틀래치.

게임은 이러한 인류학적 코드와 밀접한 관련이 있을 뿐 아니라 그 자체로 인류학의 중요한 코드라 할 수 있다. 온라인게임에 등장 하는 부족들의 탄생과 투쟁, 종족들의 공통 라이프스타일, 집단들 의 커뮤니티 의식, 전투를 위한 예식, 탐색의 오디세이 그리고 상징 적 자산으로서 아이템 취득을 위한 경쟁은 여지없이 인류학적 코 드를 담고 있다. 또한 초창기 PC 시대에 가장 인기를 얻은 〈페르시 안 왕자〉와 같은 초기 롤플레잉 어드벤처 게임은 도전과 모험, 영 토 정복을 위한 '여정'이라는 인간의 원초적 욕망에 기초하고 있다. 〈피파 온라인〉과 같은 스포츠 게임은 경쟁과 승리의 욕망을, 〈스트 리트 파이터〉와 〈하드코어 짐〉 등 격투기 게임은 '맞짱'이라는 인 간의 원초적 욕망을, 〈서든어택〉과 〈배틀필드〉 같은 1인칭 슈팅 게 임은 전쟁에 대한 대리욕망을 표상하는 인류학적 코드를 함축하고 있다. 또한 〈고스톱〉과 〈포커〉 같은 웹보드 게임은 인류학의 오랜 토픽이라 할 수 있는 '내기'와 '놀이'의 원초적 욕망을 기초로 한다.

동서양을 넘나들며 오랫동안 행해진 주사위놀이, 변장술, 불꽃놀이, 장기, 바둑, 체스는 놀이의 형식인 동시에 인류학적 원형과 사건을 담고 있다. 오락적 성격이 강한 콘솔이나 온라인게임 안에도 이러한 인류학적 원형과 코드를 읽을 수 있는 여지가 얼마든지 있다. 예를 들어 〈와우wow〉나 〈리니지〉 같은 온라인게임의 배경이 되는 서사는 북유럽 신화에 바탕을 두고 있다. 〈와우〉 안에 존재하는 가상세계 '아제로스'의 흥망성쇠의 역사는 장구한 인류학적 서사를 지닌다. 부족의 유형과 스타일, 캐릭터의 행동 유형은 게임을 즐기기 위한 아이템 놀이의 수준을 넘어 문화인류학적으로 분석할 수 있는 기호적 구조를 가진다.

'하이퍼텍스트'로서 게임 서사

게임은 하나의 하이퍼텍스트이다. 전통적인 문학 텍스트text는 작가의 완결된 작품works으로 간주하지만, 특히 온라인게임에서 텍스트는 게임을 만든 작가와 그 게임을 즐기는 게이머 사이의 상호작용을 통해 만들어진 텍스트이다. 게임의 텍스트는 언제나 완결 상태일 수 없다. 게임의 텍스트를 완결시키는 주체는 게이머들이다. 〈오버워치〉를 하든 〈롤LOL〉을 하든 〈동물의 숲〉이나 〈리니지M〉을 하든 게이머의 플레이는 매번 텍스트를 새롭게 쓴다. 게임 안에 존재하는 '게임 맵'과 '캐릭터', '아이템'은 하나의 이야기 재료나 소재에 불과하다. 그것을 가지고 이야기를 만들어가는 것은 게이머의 역할이다.

　게임이 하이퍼텍스트라고 말할 수 있는 것은 그것이 게이머의 플레이에 따라 수백만, 수천만 개의 스토리를 만들 수 있기 때문이다. 게임의 플레이는 소설이나 시를 읽은 독자의 감상평과는 다르다. 그것은 게임 텍스트에 구체적으로 개입하고 플레이를 통해 미완의 텍스트를 이야기가 있는 텍스트로 완성한다. 게임은 수없이 많은 이야기를 생성할 수 있다. 그리고 그 이야기를 게이머가 만든다는 점에서 게임은 상호작용적인 하이퍼텍스트라 할 수 있다.

　프랑스 문화기호학자 롤랑 바르트Roland Barthes는 텍스트에는 두 가지 상반된 관점이 있다고 말한다. 하나는 '읽는 텍스트'이고 다른 하나는 '쓰는 텍스트'이다. 읽는 텍스트는 단순히 독자로서 소설이나 시에서 작가의 의도가 무엇인지를 읽는 것이고, 쓰는 텍스트는 독자가 작가의 의도와는 상관없이 자신의 욕망과 의지대로 텍스트를 즐기는 것을 말한다. 게임은 당연히 읽는 텍스트가 아니라 쓰는 텍스트이다. 그것은 창작자의 전유물이 아니라 향유자의 유희를 위한 것이다.

철학으로 게임 읽기

　철학자 루크 커디Luke Cuddy와 마이크로소프트 연구소의 연구원 존 노드링거John Nordlinger의 공저 《월드 오브 워크래프트와 철학》은 대표적인 MMORPG 게임인 〈와우〉를 하나의 철학 텍스트로 분석한다. 이 책은 〈와우〉에 등장하는 서사와 등장인물과 장소를 철학자의 관점으로 기술한다. 책의 목차도 〈와우〉를 바라보는 견습생 철학자에서 전문가 철학자, 장인 철학자, 마스터 철학자까지 〈와우〉라는 텍스트의 심층적 분석 과정으로 구성되어 있다. 이 책은 하나의 길드, 하나의 장소, 하나의 캐릭터를 모두 철학자의 눈으로 바라보면서 다음과 같은 철학적 질문을 던진다.

언제쯤 가상의 정체성은 실제가 되는가? 부패한 피가 고이는 전염병은 우리에게 미래의 공공보건의 파국을 경고하는가? 실제 삶이 게임 속 사건에 침공을 받을 때 어떤 위험이 있는가? 원시주의와 고도기술 사회가 결합된 아자로스의 세계에서 우리는 무엇을 배울 수 있을까?

대부분의 게임들은 게이머의 즐거움을 위해 존재한다. 그러나 몇몇 게임의 경우에는 철학적 탐구의 대상으로 볼 만한 것들도 있다. 사실 가상세계 안에 존재하는 게임은 게이머를 온라인 자아 online self로 변형시킨다. 아이디를 부여받은 온라인 자아는 가상세계의 게임 안에서 완벽하게 자아의 형태를 취한다. 온라인 자아들이 만나는 게임 속 길드의 세계는 우리가 실제 세계에서 조우하는 공동체 그룹보다 훨씬 더 강한 연대감을 지닌다. 온라인 자아와 게임 길드는 허구가 아니라 그 자체로 또 다른 자아, 또 다른 공동체를 형성한다. 자아와 공동체의 분열이 생기는 것이다. 온라인게임에서 자아는 철학적으로 보면 데카르트적인 근대 주체의 인식론에서 벗어나 '시선과 응시'가 분열된 자아로 존재한다.

게임인문학 연구가 필요하다

게임 텍스트 안에 인문학적 요소가 많은데도 게임을 인문학의 관점으로 연구하는 것은 여전히 낯설다. 게임 연구가 그동안 너무 중독 이슈나 콘텐츠 개발 쪽에 치우치다 보니 인문학의 관점으로 게임을 연구하는 것에 선뜻 동의하기가 어렵다. 그러다 보니 게임은 규제 담론과 진흥 담론의 양분법에 갇혀 게임의 인문학적 의미나 문화적 가치를 살펴볼 기회가 없었다.

상대적으로 영화는 인문적·미학적·역사적 분석이 많이 개진되었지만, 게임은 그러지 못했다. 영화산업이 청소년 보호와 음란물 시비, 폭력 묘사로 인해 위기를 맞았을 때 게임산업과는 달리 대중의 비난에서 자유로울 수 있었던 것은 연구자들이 적극적으로 영화의 인문적·문화적 가치를 이론적으로 변호했기 때문이다. 한국의 게임산업과 게임문화가 좀 더 성숙해지려면 무엇보다도 게임 텍스트와 그 문화 안에 내재한 인문적 요소 및 문화적 가치를 좀 더 깊이 있게 탐구해야 한다.

5. 게임은 미래에도 가치가 있는가?

영국의 유력 일간지 〈인디펜던트〉는 2016년 1월 23일자 인터넷 판 신문의 "다보스 2016 : 시장을 잊어라 - 4차 산업혁명이 여기에 있다"는 제목의 기사에서 우리의 삶을 변화시키는 4차 산업혁명의 새로운 기술을 인공지능, 로보틱스, 사물인터넷, 빅데이터, 모바일

통신서비스, 3D 프린터로 꼽았다. 1700년대 후반 수력과 증기 기술로 시작한 산업혁명은 19세기에는 전기의 발명에 따른 제조업 공장으로 2차 산업혁명을 일으켰고, 1970년대 이후 전자와 정보통신 기술이 3차 산업혁명을 주도했다. 4차 산업혁명은 이제 막 시작되어 인간의 물리적 개입 없이 초고속 정보와 로보틱스가 스스로 사회를 변화시키는 시대를 가능케 한다.

〔표 2〕 2016 다보스포럼에서 제시된 4차 산업혁명에 이르는 변화 다이어그램

차수	연도	정보
1차	1784	steam, water, mechanical production equipment
2차	1870	division of labor, electricity, mass production
3차	1969	electronics, IT, automated production
4차	?	cyber physical system

우리의 삶을 바꾸는 특이점의 순간

미국의 미래학자 레이 커즈와일Ray Kurzweil은 이러한 시대를 특이점singularity의 시대로 명명했다. 레이 커즈와일이 말하는 특이점은 기술이 인간을 초월하는 순간을 말한다. 이를테면 로봇이 인간을 배제하고 기술자동화의 주체가 되거나 인간을 대신해 군대의 주체가 되는 순간이다. 그러나 특이점이 궁극적으로 말하려 하는 것은 기술이나 로보틱스에 의한 인간의 소멸이 아니라 새로운 인간 환경의 탄생이다. "우리의 미래에 닥쳐올 특이점은 성적인 것에

서부터 영적인 것에 이르기까지 인간의 모든 생활 양상을 점점 빠르게 바꾸고 있다"[2]는 언급은 특이점을 기술결정론으로 보지 말 것을 강조한다.

특이점이란 무엇인가? 레이 커즈와일은 《특이점이 온다》에서 다음과 같이 설명한다.

특이점이란 무엇인가? 그것은 미래에 기술의 변화의 속도가 너무 빨라지고 그 영향이 매우 깊어서 인간의 생활이 되돌릴 수 없도록 변화되는 시기를 뜻한다. (…) 특이점이 임박했다는 판단의 기저에는 인간이 창조한 기술의 변화 속도가 가속되고 기술의 힘이 기하급수적으로 확대되고 있다는 인식이 깔려 있다.

레이 커즈와일은 특이점을 기술의 진보 그 자체로 보지 않고 기술의 진보에 따른 새로운 삶의 출현으로 간주한다. 그래서 그는 기술이 소설을 현실화해서 가상이 일상의 일부가 되는 것을 특이점의 징후로 생각한다. 기술은 마법과 구별되지 않아 마치 〈해리포터〉에 나오는 신기한 마법의 세계가 현실에서 가능해지는 시대가 열린다.

게임의 라이프스타일이 달라진다

그렇다면 4차 산업혁명과 특이점의 시대에 게임은 어떻게 달라질까? 가장 중요한 것은 게임의 라이프스타일이 변화할 것이라는

---

2) 레이 커즈와일 저/장시형·김명남 역, 《특이점이 온다》, 김영사, 2007.

예측이다. 대표적인 사례가 바로 〈포켓몬 고〉이다. 알다시피 〈포켓몬 고〉는 증강현실 기술과 이른바 '구글맵'으로 대변되는 위치 추적 장치를 이용해서 최고 인기 애니메이션 〈포켓몬〉의 캐릭터들을 포획하는 게임이다. 기술적으로는 높은 수준을 적용한 게임이 아니지만, 컴퓨터와 미디어 안에 갇힌 기존의 게임 상식을 뛰어넘는 발상의 전환을 이루어냈다. 말하자면 게임의 지형을 바꾼 것이다.

〈포켓몬 고〉라는 게임이 우리에게 준 가장 큰 충격적인 변화는 게임을 즐기는 라이프스타일의 변화이다. 기존 게임들은 실제현실과 가상현실을 구분하여 가상공간에서의 특이한 체험을 극대화하는 전략을 꾀했다. 〈서든어택〉 같은 1인칭 슈팅게임, 〈리니지〉와 〈와우〉 같은 온라인게임 등은 컴퓨터 스크린이라는 가상공간에서 생생한 현장감을 즐기게 하지만 그 자체가 현실공간은 아니다. 그런데 최근 인공지능과 유비쿼터스 기술이 급속도로 발전하면서 현실공간과 가상공간이 융합하는 현상, 더 정확히 말하면 가상공간이 실제현실 안으로 들어와 개인의 감각을 활성화시키고 놀이의 체험을 극대화하는 현상이 두드러졌다. 〈포켓몬 고〉는 이러한 현상의 매우 단순하고 초보적인 사례라 할 수 있다.

'서드라이프'를 즐기는 게임의 시대가 온다

나는 이러한 현상을 '서드라이프third life'라고 명명하고 싶다. 서드라이프는 말 그대로 제3의 삶의 시대가 왔다는 뜻이다. 현실공간에서 물리적인 삶을 사는 단계가 '퍼스트라이프'라 한다면 가상공간에서 잠시 흥미롭지만 허구에 불과한 체험을 하는 단계는 '세컨드라이프'라 할 수 있다. 미국에서 한때 큰 인기를 얻은 〈세컨드라이프〉라는 게임이 이에 해당된다. 실제현실과 구분되어 인터넷 가상공간에서 집을 짓고, 가상의 애인과 결혼하고, 가상의 직장을 다니는 게임에 심취한 사람들은 대체로 현실공간에서 불만족스러운 삶을 가상공간에서 보상받고 싶어 하는 심리를 보인다.

서드라이프의 시대는 가상공간이 제공하는 판타지나 허구적인 대리만족을 현실공간에서 체험하게 함으로써 가상현실이 곧 실제현실이 되는 삶을 가능하게 한다. 서드라이프는 현실공간과 가상공간의 연계-결합이 가능한 초현대 하이퍼 현실사회의 라이프스타일을 의미한다. 최근 유행하는 3D 프린터, 홀로그램, 증강현실을 활용한 기술혁신과 그 기술을 활용한 놀이 콘텐츠들은 라이프스타일의 문화 환경이 서드라이프로 이동하고 있다는 것을 보여주는 사례이다.

미래의 게임?

게임은 원래 특정한 미디어에 갇혀 있지 않다. 게임은 일상에서 내기의 형태로, 운동경기의 형태로, 언어 논쟁의 형태로 존재한다. 게임이 이른바 전자오락실 같은 아케이드 게임, 비디오 콘솔게임, 온라인 PC게임으로 보편화된 것은 게임의 역사를 보면 불과 얼마 안 된 일이다. 이는 전 세계의 게임 이용을 지배하는 플랫폼이 영원하지 않다는 것을 알려준다. 그렇다면 서드라이프 시대에 게임의 미래는 어떻게 바뀔 것인가? 다음 세 가지 유형이 중요할 듯싶다.

첫째, 4차 산업혁명에 따른 가상현실과 증강현실, 사물인터넷의 발전에 따른 인간의 라이프스타일과 테크노 문화의 생산과 소비 감각의 변화가 예상된다. 새로운 기술혁명에 따른 라이프스타일의 변화에 따라 가상현실 기술과 오감을 만족시키는 엔터테인먼트가 결합하는 '초감각지능산업virtual reality entertainment' 게임이 곧 도래할 것이다. VR 게임은 요즘도 상용화하고 있다. 몇 년 뒤에는 아마도 아케이드 게임의 판도를 확 바꾸어놓을 것이다. VR 게임은 입체적인 시공간을 보는 것에서 느끼고 만지는 것으로 진화할 것인데, 이 과정에서 VR 게임의 주인공이 나 자신이 될 수 있다. 나의 아이디 캐릭터와 아바타가 주인공이 아니라 바로 나 자신이 동화 속 〈이상한 나라의 앨리스〉의 주인공이 되는 것이다. 2014년 3월 페이스북이 대표적인 VR 업체인 오큘러스oculus를 인수하면서 SNS 커뮤니케이션에 가상현실의 기술을 도입했다. 페이스북의 이러한 시도로 가상현실의 구현은 VR 헤드셋에서 VR 플랫폼으로 이행했다.[3] 이는 가상현실 게임이 미디어 플랫폼으로 이동할 수 있다는 것을 예고한다.

둘째, 창의적 '유비쿼터스 헬스케어 게임ubiquitous health care game' 이 본격 도래할 것이다. 유비쿼터스 헬스케어는 스마트 기술 환경

[그림 4] GDC 2017에서 공개된 VR 게임 〈블레이드 & 소울 테이블 아레나〉.

이 인간의 신체에 직접 개입하는 것을 의미한다. 예를 들어 유비쿼터스 헬스케어 분야의 대표적 기업인 위딩스withings는 와이파이를 내장한 스마트 체중계를 통해 사용자의 체지방량, 근육량, 체질량 지수를 자동적으로 저장해 스마트폰 웹을 통해 서비스한다.[4] 유비쿼터스 헬스케어는 주로 건강을 위해 사용되지만 즐거운 놀이의 형태로 게임의 기술기반이 될 수 있다. 대표적인 것이 몸과 게임의 플랫폼이 하나가 되게 하는 것이다. 게임의 사운드, 이미지, 텍스트가 게임 이용자의 몸속으로 들어와 물리적 스크린 없이 홀로그램의 형태로 게임을 즐길 수 있다. 때로는 닌텐도 〈위wii〉처럼 게임과 건강을 동시에 추구하는 게임 콘텐츠가 몸속에 간단한 칩을 삽입함으로써 가능해질 수 있다.

셋째, 기술혁명이 문화 콘텐츠(산업)에 미치는 창조적 영향에 대한 전망과 예측이 중요하다. 특히 문화와 과학, 예술과 기술의 통섭通涉에 따른 새로운 콘텐츠의 창작 가능성에 주목할 필요가 있다. 이를 위해 '예술과 문화, 기술과 과학의 다양한 통섭acts : arts+culture+technology+science'에 대한 R&D 및 관련 응용산업 전망에 따른 엔터테인먼트의 변화와 이용자들의 기술 문화적 감각의 변화에 대한 분석과 전망이 필요하다. 즉, 새로운 기술 문화 혁명에 따라 기존의 문화 콘텐츠 영역이 어떤 변화를 일으키고, 새로운 문화 시간구조가 어떻게 지배적인 영역으로 부상하며, 이들이 이용자들의 기술 감각과 콘텐츠 관여에 어떤 영향을 미칠지에 대한 전망 연

---

3) 류한석, 《플랫폼, 시장의 지배자》, 코리아닷컴, 2016, p.322.
4) 같은 책, pp.279~280.

구가 필요하다. 이와 함께 서드라이프로 명명할 수 있는 문화현상들을 모바일, 게임, 메신저 커뮤니티, 대중음악, 영화, 웹툰, 미디어 아트 분야로 나누어 구체적으로 분석할 필요가 있다.

1. 게임의 가치에 대한 논쟁의 중요한 요지는 무엇인가?

2. 게임은 경제적 가치 외에 어떤 문화적 가치를 지니는가?

3. 게임 텍스트를 구성하는 사운드, 이미지, 이야기에는 어떤 예술적·미학적 가치가 있는가?

4. 게임을 즐기는 미래에 게임은 어떤 가치를 지닐 수 있을까?

참고자료

- 강신규 외, 《게임포비아》, 커뮤니케이션북스, 2013.
- 권장희, 《우리 아이 게임 절제력》, 마더북스, 2010.
- 나보라, 《게임의 역사》, 커뮤니케이션북스, 2016.
- 모리 아키오 저/이윤정 역, 《게임 뇌의 공포》, 사람과책, 2003.
- 마이클 쿠하 저/김정훈 역, 《중독에 빠진 뇌》, 해나무, 2014.
- 미셸 푸코 저/박홍규 역, 《감시와 처벌》, 강원대학교출판부, 1989.
- 박근서, 《게임하기》, 커뮤니케이션북스, 2009.
- 유원준, 《뉴미디어 아트와 게임 예술》, 커뮤니케이션북스, 2013.
- 이경혁, 《게임, 세상을 보는 또 하나의 창》, 로고폴리스, 2016.
- 이동연, 《게임의 문화 코드》, 이매진, 2010.
- 이동연, 《게임 이펙트》, 이매진, 2014.
- 이동연, "정부·조선 게임마녀사냥, 의도가 뭘까?", 〈프레시안〉, 2012. 2. 2.
- Ito Mizuko, "Living and Learning with New Media : Summary of Findings from the Digital Youth Project," The John D. and Catherine T. MacArthur Foundation *Reports on Digital Media and Learning*, November 2008.
- Julian McDougall, "What do we learn in Smethwick Village? : Computer games, media learning and discursive confusion," *Learning, Media and Technology*, Vol. 32, No. 2, June 2007, 121-133.
- Mitchell & Savill-Smith, "Computer games and education : a review of the literature," London, LSDA, 2004.
- Gillian 'GUS' Andrews, "Gameplay, Gender, and Socioeconomic Status in Two American High Schools," *E-Learning*, Vol. 5 No 2, 2008.
- Damiano Felini, "Media Education and Video Games : An Action-Research Project with Adolescents in an Out-of-school Educational Context," Online Submission, Paper presented at the International Conference on "Youth, Learning, and the Media" (Zhejiang University-People's Republic of China) (Hangzhou, China, March 27-28, 2008).
- Anthony Partington, "Game literacy, gaming cultures and media education," *English Teaching : Practice and Critique* Vol. 9, No. 1, May, 2010.

1부

게임이란 무엇인가

– 게임의 인식론적 이해

01

게임의 역사

나보라

주요 개념 및 용어 : 동전 투입식 오락산업, 대중오락, 아케이드, 콘솔, PC, 온라인, 게임문화

상업적 대중오락으로서 게임은 기계식 시대에서부터 전자식 비디오게임의 시대, 그리고 오늘날에 이르는 온라인게임의 시대로 이어지면서 역동적인 발전 과정을 거쳐왔다. 이 과정은 다양한 사회적·문화적·경제적 요인들 간의 상호작용 속에서 게임이 대중적인 오락으로서 고유한 속성을 모색해왔음을 보여준다. 이와 같은 게임의 역사적 발전 과정을 이해함으로써 우리는 오늘날 가장 대중화한 오락으로서 게임이 어떠한 가치를 지향해야 할 것인지를 고민할 수 있을 것이다.

1. 서론

게임은 소설이나 영화 등 다른 매체와 비교할 때 상대적으로 역사가 짧은 편이지만, 매우 역동적으로 변화해왔다. 전자화한 비디오게임의 출현은 20세기 후반 정보사회로의 거시적 변동이 막 시작되었을 무렵 서구 혁신가들의 유희적 해킹에 기원한다. 하지만 본격적인 산업화 과정은 19세기 후반부터 번성한 동전 투입식 오락산업의 연장선상에서 이루어졌다. 즉, 게임은 오락(놀이)인 동시에 기술이자 산업으로 발전해왔던 것이다. 이 장에서는 이와 같이 다층적인 게임의 역사를 살펴보고, 역사적 발전 과정의 의미를 고찰해볼 것이다.

2. 게임의 전사前史 : 대중오락산업과 동전 투입식 오락장치의 등장

18세기 산업혁명 이후 19세기부터 서구에서는 기계화 및 자동화가 사회 전반에 확산되면서 거시적인 변화가 사회 곳곳에서 진행되었다. 기계화한 공장들이 도시에 들어섰고, 많은 사람이 일자리를 찾아 도시로 이주했으며, 그에 따라 전통적인 마을 공동체가 해체되면서 근대화가 가속화했다. 이러한 거시적인 변동을 바탕으로 도시 노동자들이 사회 주요 계층으로 새롭게 부상했다.

19세기 후반부터는 도시 노동자들의 노동 조건이 개선되면서 주점에서 독주를 마시는 것 외에는 다른 오락을 즐기기 어려웠던 남성 노동자들은 물론 공장이나 사무실에서 일하던 여성 노동자들도 퇴근 후나 주말에 공원이나 댄스홀 같은 대중오락시설을 찾아다닐 수 있는 여건이 조성되었다. 이는 이전까지 유한계급에 한정돼 있던 오락산업이 크게 성장하는 계기가 되었고, 그 가운데에는 오늘날 게임산업의 기원이 되는 동전 투입식 오락산업도 있었다.

동전 투입식 오락산업이란 동전을 넣으면 간단한 오락거리를 제공하는 동전 투입식 오락장치coin-op amusement machine를 제조, 운영하는 산업 전반을 가리킨다. 원리상 자동판매기와 유사한 이 장치들은 1880년대 이후 서구 사회 전반에 빠르게 확산되는데, 유형상 크게 세 가지로 구분할 수 있다.

1) 감상용 기계 : 영상이나 음악 등을 감상할 수 있게 해주는 오락장치들. 초기 동전 투입식 오락기계의 주류였던 워킹머신[1], 포노그래프(축음기)와 키네토스코프kinetoscope 등의 음악·동영상 감상 기계들이 이에 해당한다. 매체적으로는 영화의 전신에 해당한다.

2) 동전 투입식 뽑기 장치trade stimulator : 동전을 투입하면 담배나 사탕 등의 작은 경품을 탈 수 있는 기회를 제공하는 오락장치. 경품 획득 여부가 완전히 운에 달려 있었기 때문에 '운의 게임 games of luck'으로 분류된다. 1892년 플레이 결과, 즉 승패에 따른 보상을 기계 안에 쌓여 있는 동전으로 자동 지급하는 방식의 슬롯 머신slot machine이 개발된 이후 사행성 오락장치로 전환되어갔다. 오늘날 '슬롯머신'이란 용어가 동전 투입식 도박 일반을 지칭하게 된 것은 바로 여기서 기인한다.

3) 2인용 경쟁식 오락장치 : 두 명의 플레이어가 서로 겨루는 방식의 오락장치. 이 장치에서는 플레이의 결과(승패)가 플레이어의 노력이나 기술에 달려 있다는 점에서 운의 게임과 상반되는 '기술의 게임games of skill'에 해당한다. 주로 풋볼이나 복싱, 테니스 등 스포츠를 주제로 제작되는 경우가 많았다.

---

1) 워킹머신working machine은 동전을 투입하면 증기기관차 등의 모형이 자동으로 움직이는 장치다.

이 밖에도 동전을 넣고 운세를 듣는 장치, 사람 모형의 손을 잡고 힘을 겨루는 장치, 본체에 달린 튜브로 폐활량을 측정하는 장치 등 다양한 동전 투입식 오락장치가 19세기 후반 서구의 도시를 중심으로 유행했다.

[그림 1] 왼쪽부터 핍쇼 방식의 동영상 감상 키네토스코프, 동전을 넣으면 돌아가는 카드릴의 조합에 따라 껌을 보상으로 받는 동전 투입식 뽑기 장치, 동전을 넣고 손잡이를 돌리면서 경주하는 경쟁식 오락장치. • 출처 : 구글 검색

처음에 이 장치들은 주로 철도역이나 호텔 로비, 유원지 등에 개별적으로 설치되었으나 1900년을 전후로 전용 오락공간이 출현한다. 1센트 동전(페니)만 있으면 즐길 수 있는 곳이라는 이름의 '페니 아케이드penny arcade'가 바로 그것으로, 이는 아케이드 플랫폼의 전신에 해당한다.

이러한 공간의 출현은 동전 투입식 오락장치에 대한 수요가 그만큼 증대했음을 의미한다. 특히 수요가 몰렸던 것은 키네토스코프나 뮤토스코프mutoscope 같은 핍쇼peep show 형식의 동영상 감상 기계였다. 이는 게임과 영화가 매체적으로 분화되기 전의 초기 양상을 보여주는데, 후에 영화사를 설립한 아돌프 주커Adolf Zukor(파라마운트 설립자)나 윌리엄 폭스William Fox(20세기 폭스 설립자)가 당시 대형 아케이드 운영업자였다는 사실도 영화와 게임이 융합돼 있던 초기의 양상을 잘 보여준다.

[그림 2] 1903년 아돌프 주커가 운영했던 대형 아케이드의 입구(왼쪽)와 다양한 동전 투입식 오락장치가 설치된 내부. •출처 : 구글 검색

1800년대 말 프랑스와 미국에서 영사식 영화 장치가 개발되고 1900년대 초 영사식 극장이 등장하면서 이전까지 아케이드 플랫폼에서 융합돼 있던 영화와 게임의 매체적 분화가 시작된다. 영사식 극장의 인기는 아케이드에서 가장 수익성이 좋았던 동영상 감상 기능이 영화관으로 이동함에 따라 동전 투입식 오락산업이 존폐 위기에 몰렸다는 것을 의미했다.

이러한 위기는 동전 투입식 오락산업의 중심에 수익성 높은 슬롯머신이 침투하는 상황으로 이어졌다. 하지만 슬롯머신의 확산은 사행성에 대한 사회적 우려를 야기했고, 결국 1910년대부터는 현금보상 방식의 슬롯머신에 대한 전면적 규제가 시작되었다. 뒤이어 1920년대부터는 금주법이 시행되면서 주점과 살롱 등 슬롯머신의 주요 아웃렛들이 폐업하는 등 동전 투입식 오락산업은 또다시 위기를 맞는다.

1970년대 〈퐁〉이 등장하기 전까지 아케이드의 중심이 되는 '핀볼'은 이러한 상황에서 부상했다. 사행성 규제로 위기에 몰린 동전 투입식 오락산업에서 기술의 게임인 핀볼이 대안으로 떠오른 것이다. 1933년 금주법이 폐지되면서 핀볼 영업은 본격적인 호황을 맞게 되고, 그에 따라 미국에서만 200여 개가 넘는 업체가 핀볼산업에 진출했다. 이러한 상황은 치열한 경쟁을 야기했고, 이로 인해 다시 현금보상 지급 기능을 갖춘 사행적 핀볼 장치들이 출현하기 시작한다.

본래 기술의 게임성을 인정받아 번성했던 핀볼은 이러한 상황으로 말미암아 1930년대 말부터 사실상 슬롯머신과 동일한 것으로 분류되기 시작한다. 뿐만 아니라 미국 범죄 집단인 마피아와의 연계성까지 의심받으면서 핀볼과 핀볼 아케이드는 사회적 비판과 논란의 대상으로 전락했다.

[그림 3] 1930년대 말부터 공공의 적이 된 핀볼. 사진은 핀볼 머신을 부수는 퍼포먼스를 하는 당시 뉴욕 시장 피오렐로 라구아디아의 모습.

1947년에는 핀볼 플레이어가 쇠공을 패들로 쳐낼 수 있게 하는 기능의 '플리퍼flipper' 장치가 개발되었다. 플리퍼는 공을 튕겨내는 기능의 범퍼bumper와 함께 사행화하고 있던 핀볼을 기술의 게임으로 다시 전환시키는 중요한 계기를 마련했고, 이후 핀볼에는 플리퍼-범퍼가 표준 양식으로 유지된다.

하지만 플리퍼-범퍼가 도입된 뒤에도 핀볼의 사행성에 대한 의혹은 사라지지 않았다. 여전히 사행적인 핀볼 장치들이 유통되기도 했지만, 무엇보다 사회적 낙인 효과가 지속되었기 때문이다. 그리하여 1930년대 전반에 걸쳐 전성기를 맞았던 핀볼은 사회적 논란과 규제 속에서 점차 위축되어갔다.

한편, 이와 같은 핀볼산업의 침체는 거시적 변화상에 따른 것이기도 했다. 전후 1950년대의 유례없는 경기 호황 속에서 미국인의 생활양식이 도시로부터 자동차 중심의 교외로 이동해가면서 대중 오락산업도 변화해간 것이다. 볼링장, 스케이트 링크, 백화점, 드라이브-인 시어터 등이 대중오락 공간으로서 새로 부상한 가운데 미국인의 생활 중심에 '가족'이 놓이면서 동전 투입식 오락산업의 중심도 어린이용 놀이기구로 옮겨갔다. 이와 함께 핀볼은 주류 대중문화 영역에서 청소년 하위문화 영역으로 옮겨갔다. 핀볼은 당시 부모들에게는 여전히 불건전한 오락의 대명사였다. 하지만 청소년들 사이에서는 핀볼이 기성세대로부터 유리된 자신들만의 세계에서 각자의 기술과 능력을 과시하며 또래집단의 일원으로서 인정받을 수 있는 기회를 주는 것이었다.

이상에서 살펴본 게임의 전사는 동전 투입식 오락장치들이 도시·산업화 이래 대중오락산업의 하나로서 발전해온 과정을 보여준다. 이것은 영화와의 매체적 분리 이후 동전 투입식 오락산업이 존폐의 기로에서 운의 게임과 기술의 게임을 중심으로 고유한 오락성을 확보하기 위한 분투의 과정이기도 했다. 수익성 측면에서 운의 게임에 기반한 사행성 오락장치가 월등하다는 점 때문에 업계에 위기가 닥칠 때마다 사행성 오락장치가 기승을 부렸고, 그로 인해 동전 투입식 오락산업에 대한 사회적 인식은 좀처럼 개선되기 어려웠다. 플리퍼가 등장한 것이 1947년인데 핀볼 영업의 합법화가 1976년에서야 이루어졌다는 사실은 사회적 낙인의 효과가 얼마나 강력하고 질겼는지를 보여준다. 이러한 사회적 낙인은 1970년대부터 시작되는 비디오게임 산업이 가장 주의해야 할 지점이기도 했다.

3. 비디오게임의 원형들

동전 투입식 오락산업이 비디오게임의 산업적 기반을 형성했다면 20세기 중반부터 출현하는 비디오게임의 원형들은 기술적·미학적 기원을 형성했다. 이러한 원형들이 대체로 1950~60년대에 출현한 이유는 이 시기가 제2차 세계대전 후 미디어와 커뮤니케이션 등 통신부문의 기술이 크게 발전하면서 서구 세계를 중심으로 통신기술 기반의 거시적 변동, 즉 정보사회로의 전환이 일어난 시점이었기 때문이다. 특히 미국은 그러한 변동의 중심에 놓여 있었던 만큼 게임의 역사에서 가장 중요한 원형들이 20세기 중반 미국에서 등장한다.

1) 테니스 포 투

브룩헤이븐 국립연구소는 전후 냉전체제를 맞아 핵물리학을 연구하는 엄중한 공공기관이었지만, 1년에 한 번씩 일반 관람객을 위한 공개 행사를 진행했다. 1958년, 연구소에 재직 중이던 핵물리학자 윌리엄 히긴보덤William Higinbotham은 방문객들을 위해 오실로스코프를 활용한 재미있는 장치를 만들어낸다. 버튼과 다이얼이 달린 전용 콘트롤러로 오실로스코프 화면의 공을 치게 디자인된 이 장치는 그해 행사에서 가장 많은 관중을 동원했다고 한다. 이것이 바로 〈테니스 포 투tennis for two〉였다.

[그림 4] 연구소 행사에 전시된 〈테니스 포 투〉(왼쪽)와 개발자 윌리엄 히긴보덤.

〈테니스 포 투〉는 히긴보덤과 연구소 관계자들이 모두 행사용 장치 이상의 의미를 두지 않았기 때문에 이듬해 전시를 끝으로 해체되었다. 하지만 명백히 오락용으로 만들어졌다는 점, 시각적 장치인 오실로스코프를 활용해 비디오를 오락기계에 추가했다는 점에서 게임사에서 중요한 의미를 지닌다. 〈테니스 포 투〉를 통해 비로소 비디오게임이 구현된 것이다.

2) 스페이스워!

1961년에는 매사추세츠 공과대학MIT에서 또 다른 비디오게임의 원형이 등장했다. 당시 이 대학에는 정부의 지원으로 PDP-1 메인프레임 컴퓨터가 설치되어 있었는데, 공상과학SF에 심취해 있던 대학원생 연구원들이 프로그래머 스티브 러셀Steve Russell을 중심으로 우주전쟁 게임 〈스페이스워!〉를 개발한 것이다. 〈스페이스워!〉에서 주목할 부분은 코드 소스가 공개되어 있어서 여러 사람의 협업으로 우주 천문도 배경이 깔리고 블랙홀이 삽입되는 등 다양한 시도가 이루어졌다는 점이다. 이 과정에서 사실성과 재미 간의 조화라는 게임 디자인의 중요한 원칙이 드러나기도 했다.

〈스페이스워!〉는 당시 고가의 컴퓨터를 보유한 연구소나 대기업 등 소수만이 접할 수 있었다는 한계를 지니지만, 아타리Atari의 창업자 놀란 부쉬넬[2]이 당시 재학 중이던 유타 대학에서 〈스페이스워!〉를 접한 경험을 기반으로 비디오게임의 산업화를 구상하게 되었다는 점에서 게임사적으로 중요한 의미가 있다.

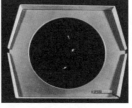

[그림 5] 〈스페이스워!〉를 시연하는 모습(왼쪽)과 게임 화면. • 출처 : http://museum.mit.edu

---

2) 놀란 부쉬넬Nolan Bushnel은 세계 최초의 비디오게임 회사 아타리Atari를 설립한 인물로, 유타 대학 재학 중에 〈스페이스워!〉를 처음 접한 뒤 줄곧 비디오게임의 산업화를 생각했다고 알려져 있다.

비디오게임의 원형들이 개발된 허긴보덤의 국립연구소나 러셀이 근무하던 MIT의 연구실 모두 냉전체제의 긴장 속에서 정부의 지원을 받으며 엄중하고 진지하게 업무를 수행하던 연구기관이라는 공통점이 있다. 그런데 그러한 원형들의 개발이 관련 연구나 프로젝트와는 무관한 일종의 일탈 행동에서 이루어졌다는 점 또한 공통적이다.

이와 같이 비디오게임의 원형들은 당시 엄중하고 진지한 용도로 한정되어왔던 기술들을 가볍고 유쾌한 오락으로 전유한 일종의 유희적 해킹[3]에서 비롯되었다. 이러한 사실은 레고, 퍼즐, 보드게임, 공상과학 등 당시 해커들이 공유한 문화적 취향이 여전히 남아 있는 오늘날의 비디오게임 문화에서도 확인된다.

한편, 이러한 공공적 기반 위에서 비디오게임 원형들이 상업적 용도가 아니라 유희적 해커들의 순수한 실험과 시도의 산물로 등장했다는 것과 그 문화적 특성을 계승했다는 점은 비디오게임이 산업화하는 과정에서 사행성으로의 회귀라는 기계식 오락시대의 고질적 문제로부터 벗어날 수 있는 바탕을 형성했다.

이는 또한 비디오게임의 고유한 '시각성'에 기반을 둔 것이기도 하다. 비디오게임을 플레이하려면 손잡이를 당기거나 버튼을 누르는 등의 물리적·촉각적인 제어를 하기에 앞서 화면상에서 벌어지는 상황을 보고 이해하는, 이른바 시각적 '해독decoding' 과정을 거

---

3) 오늘날 해킹은 불법적으로 타인의 데이터 등을 훔치는 도적질로 인식되지만, 초창기에는 프로그래밍이 가능한 시스템을 탐구하면서 성능의 개선을 즐기는 열정적 컴퓨터 전문가를 지칭했다. 이들은 시스템과 프로그래밍에 대한 실험과 시도 자체에 내재돼 있는 즐거움을 추구하는 집단이었다.

쳐야 한다. 이러한 해독 과정이 인간 플레이어의 개입을 요청하는 것이라는 점에서 비디오게임이 근본적으로 기술의 게임 지향성을 지닌다는 것을 알 수 있다.

4. 〈퐁〉과 초기 비디오게임 산업

1960년대에 우연히 〈스페이스워!〉를 접한 놀란 부쉬넬은 이를 핀볼과 같은 동전 투입식 오락산업과 연계해 사업화하는 방법을 구상하게 된다. 그리고 몇 번의 시행착오 끝에 출시된 〈퐁〉은 주점에 설치된 시제품이 단 며칠 만에 동전으로 가득 차는 바람에 고장이 날 만큼 좋은 반응을 얻었다. 시장에 정식 출시된 뒤에는 높은 수익성으로 기존의 동전 투입식 오락장치를 압도하면서 비디오게임의 산업화를 본격적으로 이끌었다.

〈퐁〉의 성공 이후 비디오게임 산업에 진출한 여러 업체들 가운데 아타리의 가장 강력한 경쟁자는 미드웨이Midway였다. 전통적인 동전 투입식 오락산업의 강자로서 1970년대 중반부터 비디오게임 산업에 진출한 미드웨이는 일본의 비디오 아케이드 기기들도 수입해서 유통시켰다.

이를 계기로 시작된 일본산 게임의 아케이드 시장 진출은 상당히 성공적이었는데, 이는 당시 일본 게임들이 여러모로 혁신적인 면이 많았기 때문이다. 예를 들어 아타리의 〈브레이크 아웃〉을 바탕으로 개발된 타이토Taito의 〈스페이스 인베이더〉는 상단의 적들이 능동적으로 공격을 해오는 쌍방향성을 도입함으로써 이전에 없던 역동적 플레이를 선보인 혁신적인 게임이었고, 이를 바탕으로 슈팅 장르의 기반을 형성했다. 또한 남코Namco의 〈팩맨〉은 공상과학이나 스포츠 게임 일색이었던 당시의 비디오 아케이드에서 '먹는 것'을 주제로 한 색다른 게임으로서 비디오게임에 '캐릭터'라 불릴 만한 존재를 도입했다는 점에서 의미가 있다. 닌텐도의 〈동키콩〉은 전설적인 개발자 미야모토 시게루[4]가 디자인한 것으로 시작에서부터 엔딩까지 하나의 스토리로 연결되는 서사성을 도입했다는 점에서 혁신적이었다.

게임비평가 크리스 콜러는 이와 같은 초기 일본 비디오게임의 독특한 미학적 특성들이 만화나 애니메이션에서 나타나는 일본 특유의 시각 문화에서 비롯된 것이라고 분석했다. 오늘날 게임이 게임 주인공과의 감정적 동일시를 통해 감동까지 전달하는 매체로 성장하게 된 바탕이 바로 이때 조성된 것이다.

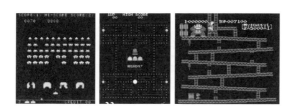

[그림 6] 왼쪽부터 〈스페이스 인베이더〉, 〈팩맨〉, 〈동키콩〉의 화면.　• 출처 : 위키피디아

---

4) 닌텐도의 대표 디자이너 미야모토 시게루는 만화가를 꿈꾸다가 게임 디자인을 맡게 된 뒤 만화적 감성으로 〈동키콩〉,〈슈퍼마리오 브라더스〉,〈젤다의 전설〉 등의 명작 게임 시리즈를 만들었다.

이와 같이 혁신적인 게임들이 연이어 출시되면서 1970년대 말부터 1980년대 초반에 비디오 아케이드 산업은 크게 성장했으며, 아케이드 산업의 호황은 새로운 게임 플랫폼의 태동으로 이어졌다. 〈퐁〉의 성공을 기반으로 개발한 가정용 게임기 '홈퐁Home Pong'이 1975년 출시되자마자 15만 대의 판매고를 기록하는 성공을 거둔 것이다. 이는 1972년 출시된 최초의 가정용 콘솔 마그나복스 오디세이[5]의 기록을 훨씬 상회하는 것으로 당장 이듬해인 1976년부터 75개에 달하는 업체들이 콘솔사업에 진출했고, 이는 콘솔 플랫폼의 형성으로 이어졌다.

홈퐁의 성공 이후 시장에 쏟아진 다양한 콘솔들 가운데 1976년 페어차일드에서 개발한 '채널F'는 최초로 카트리지 교환형 콘솔이었다는 점에서 주목할 만하다. 기존의 1세대 콘솔[6]은 소프트웨어가 하드웨어에 내장돼 있어 플레이할 수 있는 게임의 수가 한정적이었던 반면, 카트리지 교환형 콘솔은 카트리지를 갈아 끼우면 여러 게임을 플레이할 수 있었다. 카트리지를 교환할 수 있는 2세대 콘솔의 등장은 게임 소프트웨어의 개발을 담당하는 서드파티third party[7] 업체의 탄생으로 이어졌고, 이로써 비디오게임 산업의 기본 구조가 구축되었다.

---

5) 마그나복스 오디세이Magnavox Odyssey는 1972년 미국의 발명가 랄프 베어Ralph Baer가 개발한 최초의 TV용 게임기다. 게임기 본체에 게임이 내장된 형식이었으며, 그러한 한계를 극복하기 위해 TV 화면 위에 오버레이overlay를 붙이는 방식으로 게임의 다양화를 지향했다.
6) 이용자가 플랫폼을 변형할 수 있는 PC와 달리 콘솔은 플랫폼을 변형하는 것이 불가능하다. 그래서 일단 한 기종이 표준으로 제시되어 시장에 판매된 뒤에는 수년간 그 사양이 고정되어 있다가 다음 세대의 기종이 등장할 때 바뀌게 된다. 이를 콘솔의 세대교체라 한다.
7) 서드파티는 콘솔산업에서 특정 하드웨어의 소프트웨어를 개발하는 제3의 업체를 가리키는 명칭이다.

초기 콘솔 시장에서 가장 큰 성공을 거둔 것은 1977년에 출시된 아타리 2600(VCS$^{video\ computer\ system}$)이었다. 1979년 600만 대가 넘게 보급되면서 당시의 콘솔 시장을 사실상 점유하다시피 한 이 콘솔의 성공에는 몇 가지 중요한 요인이 있었다. 먼저, 하드웨어를 싼 가격에 공급하고 소프트웨어 판매를 통해 수익을 보전하는 면도기-면도날 전략[8]을 구사했다는 점으로, 이는 오늘날까지도 콘솔산업의 주요 전략으로 활용되고 있다. 다음으로, 이른바 '킬러소프트'를 보유했다는 점이다. 아케이드에서 크게 성공한 스페이스 인베이더가 2600용으로 발매된 이후 하드웨어 판매량이 거의 4배나 증가한 것은 콘솔산업의 주요 전략 거점으로서 킬러소프트의 존재감을 잘 보여준다.

1970년대 말에서 1980년대 초반 비디오게임은 산업으로서 구색을 갖추어 나갔다. 당시 콘솔이 빠르게 자리 잡을 수 있었던 이유로는 실내용 플랫폼이라는 점이 컸다. 전통적으로 게임 아케이드는 위험하고 부정한 곳이라는 인식이 팽배한 가운데 콘솔은 안전한 가정에서 게임을 플레이할 수 있다는 장점이 있었던 것이다. 콘솔 업체들도 가정에서 부모와 함께 게임을 즐기는 자녀들의 모습을 주요 마케팅 전략으로 삼았다. 1980년대 초반까지 이어진 콘솔의 첫 전성기에는 아타리 2600뿐 아니라 마텔의 인텔리비전^{Intellivision}, 콜레코의 콜레코비전^{colecovision} 등과 같은 콘솔이 상당한 성공을 거두면서 콘솔을 비롯한 비디오게임 산업은 큰 호황을 누렸다.

---

8) 면도기-면도날 전략은 면도기를 싸게 팔아야 면도날을 팔 수 있다는 마케팅 전략이다.

이와 같은 게임산업의 호황 속에서 가장 큰 성공을 거둔 아타리 2600의 보급 대수는 1982년 미국 내에서만 1천만 대에 이른다. 그러나 높은 보급 대수가 소프트웨어의 판매량을 견인하는 양상이 소프트웨어 품질 관리의 태만으로 이어지면서 1983년에 예상치 못한 사태가 발생했다.

시작은 1982년 유명 원작을 기반으로 출시된 아타리 2600용 게임 〈팩맨〉과 〈E.T.〉였다. 조악한 만듦새에도 불구하고 유명 원작에 기대어 많이 팔릴 것이라는 안일한 판단에서 출시된 이 두 게임으로 인해 소비자들은 콘솔, 나아가 비디오게임 자체를 외면하기 시작했다. 당장 이듬해에 아타리가 큰 적자를 내면서 주가가 폭락했고, 뒤이어 인텔리비전의 마텔과 서드파티를 대표하는 액티비전 등이 모두 큰 적자를 기록했다. 소비자들이 비디오게임을 기피하면서 수많은 소매상이 폐업을 했고, 아케이드 산업 또한 85%에 이르는 수익의 감소를 겪으며 1983~1984년에 북미 게임산업은 거의 붕괴되다시피 했다.

이러한 사태의 원인으로는 우선 연간 6천만 개 이상의 카트리지를 생산하는 아타리가 소프트웨어 관리에 태만했다는 점, 5개 업체 정도가 적정선이었던 당시 산업 규모에 지나치게 많은 서드파티가 활동하면서 전체 수요의 2배가 넘는 소프트웨어가 생산됨으로써 재고 처리의 부담이 컸다는 점 등이 꼽힌다. 또한 시장에 출시되는 게임들이 비슷비슷해지면서 소비자들이 싫증을 내기 시작한 것, 1980년을 전후로 PC가 보급되기 시작하면서 콘솔과 경쟁하게 된 것 등도 한 원인이었다.

5. PC 플랫폼의 등장과 다양한 게임의 출현

1980년대 초반 콘솔보다 강력한 프로세서를 내장해 게임 외에 문서작성이나 간단한 회계업무 등을 처리할 수 있으면서도 가격도 크게 비싸지 않았던 퍼스널 컴퓨터, PC가 대중화되기 시작했다. PC는 실내용 플랫폼으로서 게임 전용 콘솔과 우위를 다투었다. 이전까지 연구소나 대학 같은 곳에서만 사용되어 일반 대중에게는 생소했지만 게임 소프트웨어는 쉽게 접근할 수 있었기 때문이다.

최초로 대중화한 PC용 게임 장르는 텍스트 어드벤처였다. 이 장르는 컴퓨터가 대중화하기 전 인터넷의 전신인 아르파넷ARPANET을 통해 여러 기업과 대학들이 연결되어 있던 1970년대 중반에 개발된 〈어드벤처〉라는 게임에서 기원한다. 프로그래머였던 윌 크로우더Will Crowther가 자신의 취미인 동굴 탐험을 기반으로 만든 이 게임은 "북으로 가라"와 같이 단순한 자연어로 컴퓨터와 대화하면서 진행된다는 점에서 혁신적이었다. 이후 PC의 대중화로 〈어드벤처〉 같은 게임의 프로그래밍 소스가 잡지 등을 통해 공유되기 시작하고, 이내 패키지화해 컴퓨터 판매점 등에서 판매되면서 PC게임 시장이 활성화된다.

이후 인포콤Infocom이 〈조크!〉라는 텍스트 어드벤처를 크게 성공시키면서 주요 게임 개발사로 성장하고, 시에라Sierra가 최초의 그래픽 어드벤처 게임 〈미스테리 하우스〉와 〈킹스 퀘스트〉 시리즈를 성공적으로 출시하면서 어드벤처는 PC를 대표하는 장르로 자리매김한다.

어드벤처 외에 시뮬레이터와 롤플레잉도 PC 플랫폼에서 특히 번성한 장르였다. 1978년 물리학을 전공한 파일럿이 개발해낸 애플 II용 비행 시뮬레이터 〈플라이트 시뮬레이터〉가 많은 인기를 얻자 탱크나 비행기, 잠수함 등의 시뮬레이터 게임들이 개발되어 이내 PC를 대표하는 장르로 자리를 잡았다. PC용 롤플레잉 게임은 테이블탑 롤플레잉 게임 〈D&D〉[9]와 판타지 소설에 빠져 있던 10대 소년 리처드 개리엇Richard Garriott이 취미 삼아 개발한 〈아칼라베스〉의 성공으로 본격화했다. 이후 개리엇의 〈울티마〉 시리즈와 서테크Sir-Tech의 〈위저드리〉 시리즈가 PC용 롤플레잉 장르의 발전을 이끌어 나간다.

〈조크!〉와 같이 그래픽이 전혀 없는 게임도 번성했다는 점은 게임 플랫폼으로서 PC의 독특한 면을 보여준다. 이는 PC가 게임 전용기기가 아니어서 아케이드 수준의 빠른 속도나 화려한 시청각 효과를 구현할 수 없었던 기술적 한계에 기인하는 측면도 있다. 그러나 무엇보다도 빠른 회전을 통해 더 많은 수익을 올려야 하는 아케이드용 게임과 근본적으로 다른 환경에 원인이 있었다. PC는 굳이 빠른 회전을 추구할 필요가 없는 환경이기 때문에 오랜 시간 숙고하면서 게임을 진행시켜야 하는 어드벤처나 롤플레잉 장르의 게임들이 번성할 수 있었던 것이다.

---

9) 테이블탑 롤플레잉이란 사람들이 테이블에 모여 앉아 각자가 맡은 특정 역할을 수행하면서 대화로 진행하는 게임을 지칭한다. 컴퓨터 롤플레잉 게임은 이러한 테이블탑 롤플레잉에서 유래했다. 〈던전 앤 드래곤〉, 약칭 〈D&D〉는 1970년대에 출간된 일종의 롤플레잉 게임룰 북으로 탄탄한 줄거리와 정교한 세계관을 바탕으로 이후 수많은 롤플레잉 게임의 근간이 되었다.

이상에서 비디오게임의 초기 역사를 살펴보았다. 비디오게임의 산업화는 19세기 후반의 동전 투입식 오락산업의 연장선상에서 시작되었다. 그러나 컴퓨터·전자기술에 의해 시각성을 부여받으면서 기존의 오락장치들과는 구별되는 발전궤도를 구축해 나갔다. 특히 문화적으로는 20세기 중반의 거시적 변동 아래 출현한 유희적 해커 문화와 일본 특유의 시각 문화에서 영향을 받았다.

6. 콘솔산업의 부흥과 PC 플랫폼의 혁신

북미 게임산업의 침체기 동안 일본에서는 닌텐도가 1983년 발매한 가정용 게임기 '패미콤'이 선풍적 인기를 얻으면서 게임산업이 크게 번성했다. 1985년까지 일본에서만 1,900만 대의 판매를 기록한 패미콤은 〈로드런너〉, 〈제비우스〉, 〈슈퍼마리오 브라더스〉 등의 킬러소프트를 확보했을 뿐만 아니라 메모리와 프로세서의 개선을 통해 이 게임들을 아케이드와 비교해도 손색없는 수준으로 구현할 수 있는 성능을 갖췄다. 또한 다이얼과 조이스틱이 붙어 있어 불편했던 아타리 2600, 무려 12개의 키패드가 달려 있어 복잡했던 인텔리비전 등의 고질적 콘트롤러 문제를 패미콤 특유의 십자(+)형 콘트롤패드로 해결했다.

일본 시장에서 거둔 성공을 바탕으로 1985년 북미 시상에 진출한 닌텐도는 비디오게임기의 느낌이 나지 않도록 패미콤을 'NESnintendo entertainment system'라는 이름으로 개명하고 디자인도 변경해 출시한다. 북미 시장의 반응은 처음에는 회의적이었지만 일본에서만 600만 장 이상 판매된 킬러소프트 〈슈퍼마리오 브라더스〉가 판매를 주도하면서 빠르게 보급된다.

〈슈퍼마리오 브라더스〉 시리즈를 비롯해 최고 인기 게임 타이틀을 확보하고 있었던 닌텐도는 1980년대 후반의 콘솔 시장을 거의 점유하다시피 하면서 독보적 지위에 올랐다. 하지만 뒤이어 콘솔 산업에 진출한 일본 게임업체 세가Sega가 16비트 콘솔 제네시스(일본명 메가드라이브)를 새롭게 출시했고, 마침내 1991년에는 닌텐도를 제치고 콘솔 시장 점유율 55%를 기록하기에 이른다.

세가는 여러모로 닌텐도와의 차별화에 역점을 두고 마케팅 전략을 펼쳤다. 대표적인 예로 닌텐도를 대표하는 캐릭터 '마리오'에 대항해서 '소닉'이라는 캐릭터를 내세웠다. 마리오가 아동 대상의 친근하고 친절한 이미지인 데 반해 까칠한 성격의 고슴도치 소닉은 빠른 속도와 삐딱한 태도 등 반항적 이미지를 통해 연령대가 더 높은 청(소)년층을 파고들었다. 1991년 전성기 때 제네시스 구매자의 45%가 18세 이상이었다는 사실은 세가의 이러한 전략이 적절했음을 증명한다.

[그림 7] 친근하고 부드러운 이미지의 마리오(왼쪽)와 날카롭고 반항적인 이미지의 소닉.

이처럼 닌텐도와 세가가 콘솔산업의 전성기를 주도하는 가운데 PC도 사운드카드와 시디롬cd-rom 같은 멀티미디어 기술의 발전으로 게임 플랫폼으로서의 역량을 강화하고 있었다. 시디롬 패키지로서 최초로 백만 장 판매를 달성한 판타지 어드벤처 〈미스트〉와 빠른 3D 렌더링 속도를 내세운 FPS 〈둠〉은 PC의 개선된 성능을 기반으로 큰 성공을 거둔 PC 게임이었다. 〈미스트〉는 당시로서는 놀라운 수준의 3D 그래픽과 사운드를 바탕으로 몰입적인 가상세계를 성공적으로 구현해내며 새로운 게임의 미학을 보여주었다. 또한 〈둠〉은 빠른 속도, 부드러운 렌더링과 더불어 잔인한 묘사로 인해 찬양과 비난을 동시에 받은 논란의 화제작이었다.

그런가 하면 하나의 게임을 미션별로 구분해서 판매하는 셰어웨어shareware 방식의 유통도 주목할 만한 혁신이었다. 게임의 다운로드 판매를 통해 거대 기업들이 장악한 유통망을 피해 소규모 독립 개발사들이 생존할 수 있는 가능성을 열었기 때문이다. 더불어 멀티플레이 모드인 데스매치를 통해 온라인 네트워크 플레이의 가능성까지 보여준 미래 지향적 게임이기도 했다.

[그림 8] 정교한 그래픽과 난이도 있는 퍼즐로 화제를 모았던 〈미스트〉(왼쪽)와 FPS 장르의 근간을 형성한 〈둠〉.

7. 세대별 콘솔의 발전과 게임의 매체적 진화

1990년대 들어 콘솔은 명실상부한 주류 게임 시장의 위상을 확보했으며, 다양한 기술적 발전들이 이에 큰 영향을 끼쳤다. 이전까지 다소 평면적이고 단순한 시청각 효과를 벗어나지 못했던 비디오게임들이 멀티미디어 기술의 발전과 함께 더욱 정교하고 사실적인 표현력을 갖춘 예술적 매체로 발전해간 것이다. 이와 같은 기술과 성능의 발전 그리고 비디오게임의 매체적 진화를 바탕으로 새로운 기업들이 콘솔산업에 진출하게 된다.

1) 5세대 콘솔 : 시디롬의 등장과 소니의 진출

5세대 콘솔산업에서 시디롬의 등장은 매우 큰 변인이었다. 기존의 카트리지보다 저장 용량은 훨씬 크면서 생산 단가는 현저히 낮다는 장점 덕분에 시디롬은 신형 콘솔의 개발에서 필수적인 요소로 여겨졌다. 그에 따라 1991~1992년에 세가와 소니 모두 시디롬이 장착된 새 콘솔의 개발에 착수한다. 그런데 이 과정에서 닌텐도가 가전업체인 소니사와 합작해 차세대 콘솔을 개발하기로 한 계약을 불발시키면서 소니는 단독으로 시디롬 콘솔의 개발에 나서게 된다.

이렇게 개발된 소니 플레이스테이션PS은 후발 주자로서 양질의 소프트웨어를 확보하는 데 주력했는데, 이것이 차세대 콘솔 N64에서도 카트리지를 고집한 닌텐도의 실책과 맞물려 성공적인 결과로 이어졌다. 카트리지형 콘솔은 소프트웨어 제작이 까다로운 데다가 재생산에 소요되는 비용도 상당해서 많은 소프트웨어 개발사들이 꺼렸던 것이다. 전통적으로 닌텐도의 중요한 파트너였던 〈파이널 판타지〉 시리즈의 개발사 스퀘어Square도 카트리지의 단점을 피해 소니로 이적했다. 소니 플레이스테이션은 이러한 전략적 성공을 바탕으로 세가의 새턴도 따돌리고 5세대 콘솔 시장의 승자가 되었으며, 이후 콘솔산업을 주도하는 입지를 다지게 된다.

한편. 이 시기에 3D 그래픽 게임들이 등장하기 시작한 가운데 콘트롤러 또한 3D 환경에서의 제어에 적합한 양식으로 변화하면서 한동안 사라졌던 스틱형 콘트롤러가 등장했다. 또한 콘솔의 콘트롤러에 진동기능이 추가된 것도 이 시기의 중요한 특징이다. 그 시초는 N64의 럼블팩으로 콘트롤러에 이 팩을 끼우면 게임 내용에 따라 진동이 울리는 방식이었다. PS는 아예 진동기능을 내장한 듀얼쇼크 콘트롤러를 내놓았고, 이후 진동기능이 내장된 콘트롤러가 콘솔의 표준양식으로 자리를 잡으면서 시청각에 치중되어 있던 게임 플레이에 촉각적 경험이 추가된다.

2) 6세대 콘솔 : 세가의 퇴장과 콘솔의 재개념화

최초로 출시된 6세대 콘솔은 세가의 드림캐스트였다. 56k 모뎀의 장착, 시디롬보다 저장 용량이 2배 큰 GD롬 등 최신 기술을 접목하면서 차세대 콘솔의 역량을 갖추기 위해 많은 투자를 했지만, 초기 공급물량 부족 문제로 보급률을 높이는 데 실패하고 만나.

PS를 크게 성공시켰던 소니는 가정용 엔터테인먼트의 중심으로 콘솔의 개념을 재정립하면서 DVD 재생 및 고속 인터넷 접속이 가능한 PS2를 개발한다. 이로서 콘솔을 통해 게임을 할 뿐 아니라 영화도 보고 인터넷 서핑도 하는 시대가 열린다.

이 시기에 마이크로소프트도 새롭게 콘솔산업에 진출한다. 소니와 마찬가지로 가정용 토털미디어로서의 콘솔을 추구한 마이크로소프트는 2001년 8기가바이트의 하드 드라이브에 PS2의 두 배에 달하는 메모리, 네트워크 카드 등을 장착한 엑스박스를 출시한다. 2002년에는 엑스박스 라이브Xbox Live를 출시하고 게임 다운로드와 네트워크 플레이가 가능한 광대역 온라인 서비스를 제공함으로써 새로운 패러다임의 콘솔을 구현했다.

한편, 닌텐도는 이 시기에 들어와 비로소 시디롬 드라이브를 장착한 게임 큐브를 처음 발매했지만 콘솔 시장을 주도하는 데는 실패했다. 그리고 세가도 드림캐스트가 기대치에 훨씬 못 미치는 성적을 거두면서 하드웨어 부문의 철수를 발표했다.

이와 같이 이 시기에는 전통적인 콘솔 강자들이 침체된 반면 소니와 마이크로소프트라는 새로운 업체가 강세를 보였다. 후발주자들이 가정용 엔터테인먼트 및 미디어 허브로서의 콘솔이라는 새로운 패러다임을 추구했다는 점을 고려하면 일종의 세대교체 양상을 보였다고도 할 수 있다. 하지만 닌텐도는 독자 노선을 지속하면서 차세대 콘솔 개발에 착수한다.

3) 7세대 콘솔 : 하드코어와 캐주얼의 공존

2005년 마이크로소프트가 엑스박스 360을 출시하면서 7세대 콘솔 시대가 열렸다. 엑스박스 360은 하드웨어에 연결된 엑스박스

	대표 기종	주요 발전 양상
1세대 (1972~1977)	마그나복스 오디세이 아타리 홈퐁 콜레코 텔스타	하드웨어에 내장된 소프트웨어 한 스크린 내에서만 플레이 제한된 시청각 효과
2세대 (1977~1983)	페어차일드 채널F 아타리 2600 마텔 인텔리비전	카트리지 교환식 스크린 전환으로 게임 화면 확장
3세대 (1983~1988)	닌텐도 패미콤(NES) 세가 마크 III(마스터시스템)	8비트 콘솔 십자형 D패드 도입 게임 화면의 스크롤링 기능
4세대 (1988~1994)	세가 메가드라이브(제네시스) 닌텐도 슈퍼패미콤(SNES)	16비트 콘솔 닌텐도와 세가의 전성기
5세대 (1994~1998)	세가 새턴 소니 플레이스테이션(PS) 닌텐도64(N64)	시디롬(새턴과 PS) vs. 카트리지(N64) 가전업체 소니의 콘솔 시장 진출 3D 그래픽의 활용과 콘트롤러의 진화
6세대 (1998~2005)	세가 드림캐스트 소니 플레이스테이션2(PS2) 마이크로소프트 엑스박스 닌텐도 게임큐브	모뎀 장착(드림캐스트)과 DVD 재생 기능(PS2), 온라인 서비스(엑스박스 라이브) 등 멀티기기화 세가의 하드웨어 사업 철수
7세대 (2005~2013)	마이크로소프트 엑스박스 360 소니 플레이스테이션3(PS3) 닌텐도 위(wii)	콘솔 기기의 첨단화 (엑스박스 360과 PS3) 닌텐도의 독자 노선

라이브 서비스를 기반으로 온라인상에서 대전하거나 아케이드 게임, 데모 등의 콘텐츠를 다운받을 수 있게 했고, 스트리밍으로 콘텐츠를 감상할 수도 있었다. 이듬해 소니는 콘솔 최초로 블루레이 디스크 장치를 탑재한 PS3를 출시한다. 또한 새로운 게임이나 추가된 콘텐츠 등을 구매하고 다운받을 수 있는 통합 온라인게임 서비스

플레이스테이션 네트워크를 제공했다.

이렇게 소니와 마이크로소프트가 기본적으로 그간의 기조를 유지하면서 더 발전된 성능을 두고 경쟁을 벌였다면 닌텐도의 7세대 콘솔 위wii는 지향점이 전혀 다른 콘솔이었다. 차세대 콘솔에서 고성능보다는 혁신에 주력하기로 한 닌텐도는 새로운 게임 경험을 구현하는 데 초점을 맞추었다. 이에 따라 가장 주목할 만한 변화는 먼저 출시된 기종들을 압도하는 하드웨어 성능이 아니라 모션센서 기능을 탑재한 콘트롤러의 도입이었다. 상하좌우 움직임과 회전각도 등을 감지할 수 있는 새로운 콘트롤러의 핵심은 누구나 쉽게 직관적으로 게임을 플레이할 수 있게 하는 것이었다. 이는 전통적으로 콘솔의 주요 소비층인 하드코어 게이머가 아니라 캐주얼 게이머들에게 초점을 맞춘 디자인이었다.

이와 같은 닌텐도의 행보는 가정 내 미디어·오락 허브로서 콘솔을 첨단화하는 것이 아니라 게임을 플레이하는 즐거움 자체에 초점을 맞춘 것이었다. 첨단 성능을 강조하기 위해 초고화질의 사실적인 게임 화면에 초점을 맞췄던 기존 광고와는 달리 위 광고는 게임 화면 밖에서 게임을 즐기며 즐거워하는 플레이어에 초점을 맞추었다는 점도 그러한 기조를 잘 드러낸다.

[그림 9] 게임 화면 바깥에서 플레이어들에게 초점을 맞춘 닌텐도 위 광고.

8. 부상하는 온라인 플랫폼과 새로운 시작

콘솔이 여전히 세계 게임산업에서 가장 큰 규모를 차지하는 가운데 2000년을 전후로 빠르게 성장해온 플랫폼은 바로 온라인게임이다. 온라인게임은 비교적 최근에 등장한 플랫폼으로 인식되고 있지만, 사실 온라인게임의 역사는 1970년대 중반 윌 크로우더가 만든 〈어드벤처〉로 거슬러 올라간다. PC용 게임의 등장에 큰 영향을 미친 이 게임은 모뎀이나 터미널을 통해 접속해서 플레이를 할 수 있었다는 점에서 온라인게임의 전신에도 해당한다. 1979년에는 최초의 다중접속 게임이라 할 수 있는 머드MUD^multi user dungeon가 영국 에섹스 대학에서 개발된다. 〈어드벤처〉와 비교할 때 머드는 여러 사람들이 동시에 접속해 함께 플레이하고 대화할 수 있게 설계되었다는 점에서 한 단계 진보한 형태였다.

PC 플랫폼의 발전이 PC 보급률과 직결되었듯이 온라인게임도 인터넷의 보급 정도와 직결되었다. 1980년대 중반까지는 네트워크에 대한 접근이 연구소나 대학 등 한정된 곳에서만 가능했기 때문에 머드 게임이 대중화하지 못했다. 그러나 1990년대 들어 AOL^America on-line 같은 온라인 서비스가 〈해비탓〉 같은 그래픽 머드 게임도 서비스하면서 온라인상에서 여러 사람이 만나 함께 플레이하는 온라인게임에 대한 인식이 확산되어갔다. 일부 학생들은 취미 삼아 직접 머드를 제작해 서비스하기도 했는데, 이러한 아마추어 머드가 인기를 얻어 상용화하기 시작한 것이 바로 온라인게임산업의 시발점이었다.

1990년대 중반 월드와이드웹과 인터넷 브라우저의 등장은 온라인게임의 발전에 중요한 전기를 마련했다. 이러한 기술적 기반을 바탕으로 〈둠〉의 네트워크 플레이 모드인 데스매치와 블리자드의 배틀넷이 소개되면서 온라인게임의 새 장이 열렸다. 1997년에는 PC에서 롤플레잉 장르가 번성하는 데 결정적 역할을 했던 〈울티마〉가 〈울티마 온라인〉이라는 이름으로 서비스를 시작했다. 〈울티마 온라인〉은 높은 자유도와 정교한 세계관을 기반으로 성공적으로 서비스되었으며, 그 뒤를 이어 〈에버퀘스트〉, 〈애쉬론즈 콜〉 등도 상당한 성공을 거둔다. 이때부터 'MMORPGmassively multiplayer online role-playing game', 즉 '대규모 다중사용자 온라인 롤플레잉 게임'이라는 장르명이 자리를 잡기 시작하면서 온라인 플랫폼을 대표하는 장르로 부상했다. 엔씨소프트의 〈리니지〉 등이 아시아권을 중심으로 인기를 얻기 시작하면서 한국이 게임 강국으로서의 발판을 마련한 것도 바로 이 시기다.

온라인 플랫폼의 부상은 게임의 역사에서 새로운 장을 열었다. 콘솔이 주도하던 시기에 게임의 발전은 화면 속 게임 세계의 정교화에 초점이 맞춰졌다. 예를 들어 세대별로 등장하는 고성능의 하드웨어들은 화면 속 게임 세계를 더 그럴듯하게 표현하는 것이 매우 중요한 발전의 지표였음을 보여준다.

하지만 온라인게임은 달랐다. 온라인게임의 전신이라 할 수 있는 머드는 그래픽 없이 텍스트로만 진행되는 게임이었는데도 수많은 사람이 빠져들었다. 이는 온라인 플랫폼이 처음부터 화면 속 게임 세계의 정교함이나 그럴듯함에 기반하는 즐거움보다는 화면 바깥 현실 세계의 여러 사람들이 함께 노는 경험play에 초점을 맞췄음을 보여준다.

바로 이 지점이야말로 온라인게임이 기존의 비디오게임과 달라지는 부분이다. 예를 들어 비디오게임의 경우 이전 시대의 동전 투입식 오락장치와 차별화되는 지점이 바로 시각성이었으며, 이 시각성이 인간 플레이어의 참여를 요청함으로써 향후 기술의 게임을 축으로 발전해가는 바탕을 형성했다. 반면 온라인게임의 경우 인간 플레이어들은 게임 텍스트의 내외부, 즉 게임 속 가상세계와 바깥의 현실세계를 수시로 넘나들면서 게임을 플레이한다. 이는 오락과 놀이라는 게임의 속성이 심오하게 변화하는 양상을 보여준다. 놀이가 현실과 분리되는 '마법의 원'의 속성을 지닌다는 것은 전통적으로 놀이 이론의 근간을 이루는 명제였다. 하지만 온라인 플랫폼에서 놀이로서의 게임과 현실의 구분은 갈수록 흐려지고 있다.

결국 이러한 변화는 온라인 시대에 들어와 게임이 현실과 중첩되고 있다는 것을 의미한다. 그리고 이와 같은 현상은 놀이로서 게임에 대한 논의의 필요성을 제기하고 있다. 즉, 오늘날 가장 대중적인 놀이인 게임이 어떤 가치를 지향해야 하느냐 하는 문제는 온라인게임 시대를 맞아 가장 중요한 화두가 될 것이다.

1. 기계식 오락장치 시대에 사행성이 가장 큰 논란이었다면, 비디오게임 시대에 지적되어온 문제점들은 무엇이고, 그러한 문제점들은 비디오게임의 어떤 속성에서 기인했는가?

2. 비디오게임 시대에 일본 특유의 시각 문화가 게임에 많은 영향을 미쳤다면, 온라인게임 시대에 한국이 게임에 미친 문화적 영향력으로는 어떠한 것을 꼽을 수 있는가?

3. 닌텐도 위에서 명확해진 캐주얼화 붐이 의미하는 바는 무엇인가?

4. 현실과 중첩된 오락으로서 오늘날 게임은 어떤 가치를 추구해야 하는가?

참고자료

· 나보라,《게임의 역사》, 커뮤니케이션북스, 2016.

· 박근서,《게임하기》, 커뮤니케이션북스, 2009.

· 박상우, 〈컴퓨터게임이란 무엇인가?〉,《알고 누리는 영상문화》, 도서출판 소도, 2005.

· 윤형섭·강지웅·박수영·오영욱·전홍식·조기현,《한국 게임의 역사》, 북코리아, 2012.

· 이정엽,《인디 게임》. 커뮤니케이션북스, 2015.

· 허준석,《재미의 비즈니스—경제학으로 본 게임 산업》, 책세상, 2006.

· 러셀 드마리아·조니 L. 윌슨 저/송기범 역,《게임의 역사 : 아타리에서 블리자드까지》, 제우미디어, 2002.

· 요한 호이징하 저/김윤수 역, 《호모 루덴스》, 까치, 1993.

· 스티븐 켄트 저/이무연 역,《게임의 시대》, 파스칼북스, 2002.

· Costa, Nic(2013). *Automatic Pleasures – the history of coin machine*. Lexington, KY : D'Aleman Publishing.

· Donovan, Tristan(2010). *Replay : The History of Videogames*. UK : Yellow Ant.

· Kline, S., Dyer-Witherford, N. & De Peuter, G.(2003). *Digital Play : The Interaction of Technology, Culture, and Marketing*. Quebec : McGill-Queen's University Press.

· Kohler, Chris(2005). *Power Up : How Japanese Video Games Gave the world an Extra Life*. Indiana : Pearson Education.

· Huhtamo, Erkki(2005). Slots of Fun, Slots of Trouble. In. J. Raessens & J. Goldstein (Eds.), *Handbook of Computer Game Studies*. MA : MIT Press.

· Http://www.wikipedia.org

02

게임 담론의 지형

윤태진

주요 개념 및 용어 : 게임 담론, 뉴스의 틀짓기, 게임중독, 셧다운제, 도덕적 공황이론

사람들은 게임에 대하여 무슨 생각을 하고 무슨 이야기를 하며, 논의의 성격은 어떻게 변해왔는가? 이 장은 지난 17년 동안의 언론 기사와 학술논문을 분석하여 현재 우리나라에서 게임이 지니는 사회·문화적 의미를 정리하려는 시도이다. 오랜 기간 동안 미디어는 게임이 부정적인 사건·사고의 원인이라는 시각에서 크게 벗어난 적이 없으며, 나아가 적극적으로 게임 '규제' 정책을 촉구해왔다. 학술—미디어—정책 담론의 연결은 유기적으로 교차되지 못했으며, 오히려 부정적인 의미의 순환 고리가 형성되었다. 이 과정에서 게임의 유희적 가치 (즐거움)는 담론 지형에 끼지 못한 채 아예 비가시화했다.

---

1. 게임 담론 : 누가 무슨 이야기를 하는가?

새로운 물건이나 아이디어가 등장하면 그에 대한 반응이 축적된다. 좋고 나쁨이 갈라지고 좋고 나쁜 이유도 나뉜다. 감정적 반응도 생기고, 진지하게 연구하고 분석한 결론도 나온다. 어느 정도 시간이 지나다 보면 그 물건이나 아이디어에 대한 사회적 정의와 평가, 의견이 안정적인 모양새를 갖추게 된다. 물론 안정적이라 해도 불변하는 것은 아니므로 시간의 흐름에 따라 일정한 변화의 경향성을 띠기도 한다.

'게임'에 대해 생각해보자. 게임의 사전적 의미가 '놀이'라는 점에서 어린이들이 고무줄로 하는 놀이도, 어른들의 카드게임도, 어르신들이 마을회관에서 하는 심심풀이 장기도 모두 게임이라 할 수 있다.[1] 사람들은 놀이를 어떻게 생각하는가? '놀이'나 '유희'라는 단어에 대한 지배적 반응은 아마도 비생산적이라는 이유로 부정적이겠지만, '휴식'이나 '즐거움'과 연결되어 긍정적으로 해석하는 경우도 있을 수 있다. 특히 발전주의 이데올로기에서 탈피할 수 있었던 1980년대 말부터는 긍정적인 평가가 더 높아졌을 가능성이 높다. 자본가인지 노동자인지, 기자인지 학자인지, 청소년인지 노년층인지에 따라서도 해석의 경향성은 다르게 나타날 수 있다. 이 장에서 이야기하려는 바가 바로 이것이다. 사람들은 게임에 대하여 무슨 생각을 하고 무슨 이야기를 하며, 논의의 성격은 어떻게 변해왔는가? 어떤 다른 의견들이 대립하고 경쟁했는가? 게임이라는 단어가 어떤 개념이나 논리와 연결되어 정의되고 이해되었는가?

다시 말해 이 장의 목적은 게임의 본질을 논하거나 역사를 요약하는 것이 아니고, 게임 미학이나 이데올로기를 파헤치는 것도 아니다. 그 대신 지금 여기에서 게임이 지니는 사회·문화적 의미를 정리하는 것이다. 그것이 게임 담론의 지형을 그리는 이유다. 따라

---

1) 윤태진·나보라, 〈한국 디지털 게임의 역사 : 문화적 의미를 중심으로〉, 한국언론학회 엮음, 《한국 사회의 디지털 미디어와 문화》, 커뮤니케이션북스, 2011.

서 논의의 범주는 시간적으로는 2000년 이후, 공간적으로는 우리나라, 소재적으로는 디지털게임으로 한정된다.

널뛰기나 연날리기까지 거슬러 올라가지 않더라도 1980년대 이전부터 '전자오락실'은 존재했다. 1980년대 후반부터는 가정용 콘솔게임기나 PC게임이 유행하기도 했고, 1990년대 중반에 이미 '인터넷 카페'의 이름으로 PC방이 도입되었다. 그럼에도 2000년을 기준으로 삼는 것은 숫자상의 구분점이 될 수 있다는 이유도 있지만, 게임이 소수의 놀이문화에서 벗어나 대중이 인정하는 보편적 오락으로 자리를 잡은 때가 2000년 정도라고 판단하기 때문이다. PC방의 수가 점차 늘어나고 온라인게임 〈스타크래프트〉가 유행하면서 PC방은 친구들끼리 어울려 노는 일상적 공간이 되었다. 물론 초기 PC방은 담배연기가 자욱한 젊은 남성들의 놀이 공간이라는 한계가 있었으나, 최소한 당구장 정도의 문화적 지위는 쉽게 차지했다.

온라인게임과 PC방에 대한 갑론을박이 학계에서 표면화한 것도 2000년대 초반으로 보는 것이 타당하다. 즉, 2000년을 기점으로 게임에 대한 인식, 게임을 둘러싼 사회적 담론, 그리고 게임산업과 정책을 바라보는 시각이 질적인 변환을 겪었다고 보는 것이 타당하다. 게임에 대한 학계의 본격적 연구도 2000년을 기점으로 이루어졌다.[2] 따라서 이 장은 '전자오락'이 아니라 '디지털'이나 '온라인', 그리고 '모바일'로 대변되는 새로운 게임 담론의 지형을 살펴보는

---

2) 전경란, 〈게임연구에 대한 메타분석 : 인문·사회 분야 학술지에 게재된 게임연구논문을 중심으로〉, 《사이버커뮤니케이션학보》, 27(3), 2010, p.140.

작업이 될 것이다.

방희경·원용진·김진영은 게임산업에 대한 사회적 담론의 생산자가 (게임)생산자, 관련정책 담당자, 비평가, 학자 등 매우 제한된 주체들이라는 점을 지적한 바 있다. 미디어 담론 또한 주로 전문가 담론을 반영하는 반면 대중의 목소리는 배제함으로써 이를테면 게임을 즐기는 청소년의 발언을 담는 담론적 공간은 찾기 어렵다는 것이다.[3] 타당한 지적이지만, 여기에 두 가지 사실이 추가되어야 한다.

첫째, 미디어 담론은 제한적으로나마 게임 주체의 목소리를 반영한다. 〈스타크래프트〉가 큰 인기를 끌었던 1999년에도, 〈포켓몬 고〉 열풍이 불었던 2016년에도 많은 기자가 게임을 즐기는 젊은이들을 취재해서 "왜 인기일까?"에 대한 답을 얻으려 했다. 예를 들어 2016년 7월 13일자 〈국민일보〉에는 "포켓몬 고 도시 속초로 갑시다, 흥분한 한국 네티즌들"이라는 제목 아래 속초까지 달려가 게임을 하려는 사람들의 목소리를 담았다. 게이머들의 게시판이나 SNS가 게임 관련 기사의 주요 취재원이 된 지도 오래다.

둘째, 많은 학술적 연구에서도 대중 담론을 분석해왔다. 특히 게임문화 연구 영역에서는 게임의 생산 과정이나 생산자 또는 게임 텍스트에 대한 분석보다는 게임을 실제로 즐기는 주체와 이들의 경험에 대한 인류학적 연구가 더 자주 이루어졌다.[4] 요는 게임에 대한 사회적 담론 지형을 가장 용이하게 그릴 수 있는 재료는 미디

---

3) 방희경·원용진·김진영, 〈게임담론 지형 내 대중담론의 위치〉, 《한국언론정보학보》, 88, 2018, pp.43~44.

어 담론과 학술 담론이라는 것이다. 생산자, 정책 담당자, 대중의 목소리, 모순적인 논리 간의 경쟁과 타협, 시간의 흐름에 따른 담론 지형의 변화들까지 찾을 수 있는 곳이 언론과 학술의 장이다. 이 장에서는 정책 담론과 이용자 담론에 대한 관심을 버리지 않으면서 일차적으로는 미디어 담론과 학술 담론에 주목해 우리나라 게임 담론의 지형을 그려보고자 한다. 미디어 장과 학술 장은 소수의 목소리를 일반 대중에게 전달하는 역할도 하고, 정책에 대한 논란도 독자적 방식으로 구조화할 수 있는 잠재력을 지니고 있기 때문이다.

2. 게임 담론의 구성과 변화

1) 게임 담론의 재료

미디어 담론은 일차적으로 매체를 통해 만들어지고 전파·유통되는 텍스트의 집합을 지칭하지만, 단순히 기사의 총합만을 의미하는 것은 아니다. 다양한 사회세력들은 중요한 정치·사회적 쟁점에 개입하기 위하여 끊임없이 담론을 생산, 유포하거나 지배적 담론에 대한 대항 담론을 만들어내고, 이 경쟁과 투쟁은 대개 대중매체를 통해 가시화한다. 예를 들어 학부모들은 자녀의 교육 효율

---

4) 예를 들어 윤태진·장민지, 〈고스톱 치는 아줌마들 : 중년 기혼 여성들의 웹보드 게임 경험에 관한 연구〉, 《한국언론정보학보》, 62, 2013.

성 제고를 위해 게임 유해론을 펼치고, 게임업체는 게임의 무해함이나 효용성을 강조한다. 같은 정부 부처라도 수출이나 경제의 활성화에 골몰하는 부처는 게임의 산업적 지위를 강조하지만 국민의 건강이나 교육을 강조하는 부처는 게임의 중독성에 주목한다. 이 다양한 시각과 이야기들은 기사 형태 또는 드라마나 광고 형태로 매체에서 가시화된다. 몇 줄짜리 기사 하나는 단순한 사건을 전달하는 역할을 하지만 이 이야기들이 모이고 쌓이면, 그리고 텍스트를 둘러싼 역사와 맥락까지 결합되어 의미가 발생하면 권력과 이데올로기에 대한 논의로 이어지게 된다.

저자는 2011년부터 2년 기간 동안 일간지에 실린 게임 관련 신문기사 848건을 분석하여 게임에 대한 미디어 담론의 지형을 그려 본 적이 있다. 결론을 대신해 기사 뒤에 뿌리내린 네 개의 기본 논리를 제시했는데, 이 논리들이 각각 공포를 유발하는 기제로 발전한다는 점을 지적했다. 즉, 게임 관련 기사들은 게임을 "지금의 사회(규범)가 요구하는 정상적 방식에서 벗어난" 비정상으로 전제하고, "지능의 계발과 지식의 축적 과정을 방해하는" 반지성적 장애물로 간주하며, "건강한 신체발달을 위협하는" 존재로 설정하고, "유물적 가치가 전무한" 비생산적 유희로 정의하는 경향이 있다는 것이다.[5]

'게임포비아'로 명명된 이 미디어 담론 구조는 언제 형성되었으

---

5) 윤태진, 〈게임포비아에 대한 미디어 담론의 구성과 내용〉, 강신규 외, 《게임포비아》, 커뮤니케이션북스, 2013.

며 얼마나 유효한가? 디지털게임이 막 대중화되던 시기인 2000
년부터 그랬을까? 혹은 15년 정도 지난 지금도 비슷한 상황일까?
2000년 1월 1일부터 2017년 12월 31일까지 게재된 게임 관련 기
사들을 표집해 이 질문에 대한 답을 찾아보기로 했다.[6] 이와는 별
도로 '게임'이라는 단어가 제목에 들어간 일간종합지 사설을 검색
했다.[7] 신문사의 주관적 의견이 공식적으로 표현되는 유일한 창구
인 사설 내용은 게임에 대한 주요 언론사의 시각을 보여주는 의미
있는 분석 대상이 될 것으로 판단했기 때문이다. 언론사들은 스트
레이트 기사에서 쉽게 드러내기 어려운 '방향성이 분명한 입장'을
사설에서 표현한다. 열독률이 낮아서 사회적 담론 형성에 실제로
기여하는 정도는 적다고 볼 수도 있으나, 다른 기사들 뒤에서 작동
하는 게임 담론의 논리구조를 적확히 드러내는 공간일 수도 있다
는 점을 고려하면 사설은 충분히 주목할 만한 가치가 있다.

　학술 담론은 미디어 담론과 독립적으로 구성되고 움직이는 동시
에 긴밀하게 영향을 주고받기도 한다. 여기서 학술 담론을 훑어보
는 목적은 게임 연구의 역사적 경향을 알기 위해서가 아니라 미디
어 담론은 물론 정책 담론과도 어떻게 연결되는지 살펴보기 위해

---

6) 기사 검색을 위해 전문 기사 검색 도구인 '카인즈'를 활용했다. 2000년 1월 1일부터 2017년 12월 31일까지 게재된 기사 가운데 제목에 '온라인게임, 인터넷게임, 모바일게임, PC게임, 디지털게임, 전자오락' 중 하나라도 포함되어 있는 기사는 총 1,049건이었다. 여기에 추가해 카인즈 시스템으로 검색되지 않는 〈조선일보〉, 〈중앙일보〉, 〈동아일보〉 신문사의 경우 특정 쟁점 관련기사를 필요에 따라 '네이버'로 검색해 추가적인 분석 대상으로 삼았다.
7) 카인즈와 네이버 그리고 〈조선일보〉, 〈중앙일보〉, 〈동아일보〉의 자체 DB를 활용해 자료를 축적했다. 제목에 '게임'이라는 단어가 포함되어 있으나 다른 의미로 사용된 사례를 제외하면, 18년 동안 총 40건의 사설이 게재된 것으로 조사되었다.

서였다.[8] 따라서 엄밀한 학술적 분석을 지향하지는 않았다. 미디어 담론과 학술 담론을 병치하면서 텍스트에서 발견되는 핵심단어가 무엇이며, 이 단어(기표)들이 어떻게 활용되어 이데올로기적인 강조점을 만들어내는지, 즉 해당 텍스트가 어떤 결로 구성되는지에 주목하는 비판적 담론 분석[9] 절차를 따랐다. 구체적이고 체계적인 연구문제에 답하기보다는 거칠게나마 미디어·학술 담론의 전반적 지형과 그 역사적 경향성을 탐색하는 것이 분석의 목적이었고, 이 목적에 부합하되 최대한 효율적인 검색 방식을 취한 것이다.

2) 뉴스가 게임을 정의하는 방식

구조주의 언어학에서 설명하듯 한 단어의 사회적 의미는 그 단어가 배제하는 다른 단어들에 의해 정해지곤 한다. '여고생'은 남자가 아니며, 어른이 아니며, 학교 밖 청소년이 아니라는 것을 의미한다. '자연'이라는 말은 인위적이 아니라는 뜻도 있지만 과학문명의 반의어이기도 하고, 인간사회의 대척점에 있기도 하다. 미디어가 게임을 의미화하는 방식도 마찬가지다. 2000년을 전후로 게임이라는 새로운 여가 활동이 갑자기 우리의 일상으로 들어오면서 언론은 게임을 '합리성'이나 '건강', '생산성'의 반대말로 간주했던 것이 분명하다. 성인 남성의 주식투자, 주부들의 쇼핑, 청소년의 게임을 묶어 "요즘 우리 사회가 집단적으로 '중독증'을 앓고 있"다며

---

8) 《한국게임학회논문지》에 실린 논문을 분석 대상으로 삼았다. 2017년 12월까지 실린 논문은 총 906편이었다.
9) Fairclough, *Discourse and Social Change*(Oxford : Blackwell, 1992).

이를 '사회적 병리현상'이라 정의하는 기사(〈경향신문〉, 2000·1·13)나 자녀가 게임을 참으면 그 "노력을 칭찬"해주라는 기사(〈세계일보〉, 2000·4·3), 게임에 빠진 아이와 이를 저지하는 부모 사이에 "치열하고 처절한 전쟁"이 벌어진다고 표현하는 기사(〈문화일보〉, 2002·2·16) 들은 게임을 중립적인 매개체로 보지 않는다. 어떤 (부정적인) 사건의 원인이며 이성이나 교육, 계몽을 통해 극복해야 할 대상이다.

특히 엽기적인 강력사건이 벌어졌을 때 게임에 기인하는 것으로 보는 경향은 18년 동안 크게 바뀌지 않았다. 제목만 보아도 "자식 굶어 죽게 한 인터넷게임 중독"(〈경향신문〉, 2010·3·3), "서산 엽총 난사범, 살인 PC게임 몰두"(〈문화일보〉, 2012·2·16), "인터넷 게임 졌다고 불 지른 고교생… 아파트·승용차 태워"(〈서울신문〉, 2013·10·10), "PC게임 하는데 방해… 두 살 아들 살해 20대 부ㅊ징역 15년"(〈경향신문〉, 2014·11·7), "인터넷게임 하다 환청 듣고 부모 살해한 40대 징역 30년"(〈세계일보〉, 2015·5·22) 등 무궁무진하다. 시간이 흐르면서 매체 환경도 변하고 게임산업계도 게임문화도 조금씩 변해왔지만, (부정적인) 사건·사고의 원인으로서의 게임은 여전히 미디어 담론의 중요한 축이다.

게임과 폭력성의 관계에 대해서는 오랜 기간 논란이 이어져왔지만 아직 절대 다수의 학자들이 동의할 만한 분명한 방향성을 가진 결론은 없다. 포스터[C. Foster][10]는 "게임과 폭력성을 연결시켜주는 충분한 과학적 증거는 없다. 심지어 토론을 시작할 만한 기초적 자료도 존재하지 않는다"고 주장한 바 있다.[11] 일반 대중 독자를 대상으로 하는 언론이 엄밀한 학계의 기준을 공유할 수는 없겠지만 게임을 강력범죄의 원인으로 지목하는 방식은 근거가 허약한 부실 보도인데, 워낙 보편화해서 이의를 제기하기도 어려울 정도다. 예를 들어 "인터넷게임이 아이들의 인생을 소리 없이 망가뜨리고 있다. 게임중독은 도박이나 알코올중독처럼 위험한 질병이다"(《경향신문》, 2005·3·7)라고 단언하거나 한 전문가의 입을 빌려 "최근 인터넷중독 고위험자에 의한 사건이 잇따라 발생하고 있는 만큼 게임중독 예방이 중요하다. (…) 체계적인 치료를 받아야 한다"(《경향신문》, 2010·3·3)고 강조하는 기사를 어렵지 않게 찾을 수 있다.

게임중독에 질병 코드를 부여하려는 정신의학계의 제도적 노력에도 불구하고 게임중독 질환 여부에 대한 학계의 합의는 아직 이루어지지 않은 상황이다.[12] 따라서 언론이 지속적으로 질병과 치료를 강조하는 것은 섣부르거나 위험한 발언이다. 그런데 이와 유사한 인용이 반복되면서 "게임은 폭력과 범죄의 동인이 될 가능성이 높으므로 가급적 피해야 하며, 어쩌다 게임을 과도하게 즐기게 되었다면 시급한 치료가 필요하다"는 프레임이 조성되고 있다.

우리나라 언론의 게임 보도 프레임을 분석한 서성은·연준명[13]

---

10) C. Foster, Do Violent Video Games Really Cause Violent Behavior? readwrite, posted on Dec. 31, 2012. https://readwrite.com/2012/12/31/do-violent-video-games-really-cause-violent-behavior/
11) 포스터는 그간의 연구결과를 검토하여 절대 다수가 동의할 수 있는 '과학적' 설명들을 추렸고, 이에 근거하여 '과도한 게임 플레이가 실제 폭력을 유발한다는 명제는 비과학적 주장이거나 논리적 비약이다'라는 결론을 제시했다.
12) 이른바 '인터넷게임 장애IGD'를 질환으로 명명하려는 미국정신의학회APA와 세계보건기구WHO의 제도적 노력은 학술적 연구결과에 따라 정당화되지 못하고 있다. 이에 대한 자세한 내용은 한국콘텐츠진흥원(2018)을 참조.

의 연구결과도 이러한 관찰을 확인시킨다. 2013년부터 2017년까지 4년간 5개 신문에 실린 기사를 분석했는데, 대표적으로 제시된 프레임이 게임중독·중독폐해·AR게임 프레임이었다. 마지막 프레임은 이 시기에 큰 화제가 되었던 AR게임 〈포켓몬 고〉로 인해 구성된 프레임이었다. 중독이나 중독의 폐해를 다룬 기사는 전체의 28%였으나 게임의 순기능 기사는 2.3%, 게임문화 관련기사는 3.8%에 그쳤다. 결과적으로 "게임은 중독물질"이라는 은유가 고착화된 것이다.

[그림 1] 2013년 10월 11일 KBS 뉴스 캡처.

3) 미디어 담론에서 정책으로

언론은 중독, 폭력, 범죄 등 게임의 부정적 프레임을 전문적이고 과학적인 목소리로 정당화하곤 한다. 이것은 정신의학 전문의와 인터뷰를 한다든지 학술 심포지엄 발표내용을 전하는 등의 방식으로 이루어진다. 흥미로운 것은 이러한 의미 부여가 비교적 짧은 시기에 집중적으로 등장했다는 점이다. 한방병원 교수팀의 연구결과

---

13) 서성은·연준명, 〈한국 언론의 게임 보도 프레임 분석〉, 《한국게임학회논문지》, 17(6).

를 옮기면서 "서울 시내 초등학생 10명 가운데 4명은 인터넷게임 위험사용군"이라는 보도가 2007년에 나온 이후 인터넷게임 중독이 이혼 사유가 된다는 대법원 판결 보도(〈경향신문〉, 2009·9·15), 인터넷 게임 과다 사용자에게 마약중독자와 유사한 뇌신경학적 메커니즘이 있다는 연구결과(〈경향신문〉, 〈세계일보〉, 〈국민일보〉, 2009·12·9) 등이 실렸다. 2011년에는 "인터넷게임 중독이 심각한 뇌질환으로 이어진다"는 주장을 강조한 인터넷중독 심포지엄 관련 기사(〈국민일보〉, 2011·7·12)와 "인터넷게임 중독되면 뇌 전두엽 기능이 떨어진다"는 한 정신의학과 교수의 인터뷰 내용(〈내일신문〉, 2011·12·29)이 실렸다.

게임의 부작용을 전문적으로 설명하는 기사들이 2007년부터 2011년 사이에 집중적으로 등장한 이유는 '셧다운제'의 법제화와 관련이 있는 것으로 추정된다. 청소년의 심야시간 온라인게임 이용금지를 골자로 하는 청소년보호법 개정안이 공론화되기 시작한 때가 2008년이고, 문화체육관광부와 여성가족부가 셧다운제의 내용에 합의한 것이 2010년 말이었다.[14] 셧다운제는 2011년 4월 국회 본회의를 통과했고, 2011년 11월 20일부터 시행되었다. 2014년 4월, 헌법재판소는 헌법소원심판 청구사건에 대해 7 대 2 의견으로 '인터넷게임 셧다운제'를 합헌으로 판결했다. 법안에 대한 논란이 많은 상황에서 우리나라 언론이 셧다운제의 당위성을 옹호하는 실증적 자료를 제공한 셈이다. 정신의학계나 학부모 단체의 적극

---

14) 이즈음 언론은 이미 "셧다운제 시행 사실상 확정"이라고 보도하기 시작했다.

적인 홍보 노력도 있었으나 결과적으로 여론을 움직인 것은 뉴스와 사설이었다. 이는 언론사의 '틀짓기framing'의 결과였다.

셧다운제에 대한 주요 신문의 기사를 언뜻 일별하자면, 게임 규제를 '일방적으로' 찬성한 것으로는 보이지 않는다. 법안 통과 등 사실관계를 단순 보도한 기사를 제외하면 셧다운제의 취지를 옹호하고 그 지지자를 대변하는 기사가 훨씬 많기는 하지만, 부작용을 걱정하는 논조의 기사[15]도 종종 등장하고 양쪽의 첨예한 대립을 중립적으로 보도하는 기사[16]도 많았기 때문이다.

그러나 언론사의 이름을 내건 의견인 사설 내용을 보면 미디어 담론의 구성방식은 매우 명확하다. 게임을 직접적으로 다룬 40건의 사설 가운데 게임의 부작용을 우려하거나 이를 못 막는 관계당국을 질타하는 사설이 36건이었다. 구체적으로 셧다운제의 필요성을 적시한 사설만 해도 "청소년 게임중독 대책 더 촘촘하게"(〈한국일보〉, 2010·4·12), "의원들, 댁의 아이가 밤샘게임 해도 방치하겠나"(〈동아일보〉, 2010·11·18), "온라인게임 셧다운제 보완책도 마련해야"(〈서울신문, 2011·4·22), "게임중독 막는 효율적 규제 강화를"(〈한국일보〉, 2012·2·2), "게임중독관리법 국회 발의 지지한다"(〈한국일보〉, 2013·5·1) 등 열 건이 넘었다. 대부분 게임을 술이나 담배, 마약 등에 비유하며 규제가 당연하다는 결론으로 이어지는 내용들

---

15) "셧다운제는 과거 통금제도 연상"(〈경향신문〉, 2010·12·19), "하나는 알고 둘은 모르는 셧다운제"(〈한겨레〉, 2010·12·31), "국회통과 앞둔 '셧다운제' 실효성 논란"(〈세계일보〉, 2011·4·25) 등.
16) "셧다운제, 신데렐라 법이냐, 숨바꼭질 법이냐"(〈동아일보〉, 2011·4·21), "셧다운제, 약인가 독인가. 모순의 로마법?"(〈국민일보〉, 2011·11·2) 등.

이다. 게임은 위험한 물질, 철없는 청소년들이 함부로 건드려서는 안 되는 물질이므로 국가가 적극적으로 개입해서 규제해야 하는 물질이다.[17)]

게임 규제의 필요성이 제기되고, 여론이 형성되고, 정책이 만들어지고, 부처 간의 갈등과 견제[18)]를 거쳐 입법이 된 뒤에도 논란이 계속되었다는 점에서 셧다운제는 2000년 이후 학술-미디어-정책 담론의 교차가 가장 가시화했던 사건이다. 교차의 중심에는 '규제'가 있었다. 게임 역사 연구에서 쉽게 드러나듯 게임의 공적 역사는 '게임 규제의 역사'라는 점을 상기할 필요가 있다. 온라인게임이 등장하기 훨씬 이전 (파친코 등의) 게임이 '사행성'이라는 개념과 짝패를 이룬 시기가 있었다. 이 시기에 게임은 '도박 규제'의 타깃이 되었다. 일본 게임이 편법으로 수입, 확산되던 시기에는 게임이 '왜색'과 짝패가 되어 '전통문화 수호' 또는 '왜색 규제'를 위한 공격 목표가 되었다. 2000년 이후에는 '(바람직한) 청소년문화'를 저해한다는 지적에 대응해 청소년을 게임에서 떨어트려놓으려는 규제가 시도된 것이다. 이는 역사적으로 볼 때 놀랄 만한 일이 아니었다.

---

17) '게임'이라는 단어가 들어간 사설은 거의 모두 게임의 부정적 결과를 비판하고 이를 방치하는 정부를 질타하는 내용으로 봐도 무방하다. 내용은 물론 논거나 전제도 거의 유사하다. 일부 제목만 소개하자면 다음과 같다.

"인터넷게임 중독의 심각성", "살인 부른 사이버게임", "게임중독의 비극", "죽음 부른 게임중독, 범정부적 대책 필요하다", "묻지 마 살인 부르는 게임중독", "게임중독 방지 업계부터 적극 나서라", "게임회사, 게임중독으로 망친 청소년 못 본 체할 건가", "청소년 게임지옥, 업계의 사회적 책무 따져야", "게임중독 막아야 창조경제도 살아난다", "게임 폐인 사라져야 게임산업도 큰다", "막가는 게임 폐인' 두 살 아들 굶겨 죽이다니", "청소년 도박·게임 중독은 방치하겠다는 것인가".

18) 셧다운제를 밀어붙였던 여성가족부와 이를 최대한 완화하려 했던 문화체육관광부의 대립은 잘 알려진 일이다.

[그림 2] 셧다운제 시행 초기의 안내 포스터.

4) 게임문화와 게임산업의 구분

게임을 교육, 건강, 합리성, 생산성의 반의어로 정의하는 경향은 오랜 기간 변하지 않았으나, 일정 기간 동안 비교적 빈번히 출현하다가 시간이 흐르면서 잠잠해진 담론의 줄기도 있다. 대표적인 것이 '한류로서의 게임'이다. 한류는 2000년을 전후로 한국 가요와 텔레비전 드라마가 중국, 일본 등지에서 인기를 얻기 시작하며 시작되었다. 특히 2000년대 초반은 한류가 중국과 일본을 넘어 대만, 홍콩, 베트남, 필리핀, 태국, 말레이시아, 몽골 등으로 퍼져 나간 시기였고, 뜻하지 않은 한국 대중문화의 성공에 많은 국민이 고무되었다. 이 와중에 한류의 의미는 다양한 방식으로 확장해서 관광, 화장품, 심지어 자동차 수출에도 한류라는 수식어가 붙었다. '게임 한류'도 이 범주 안에 있었다.

"온라인게임 한류열풍"(〈세계일보〉, 2003·1·3), "게임도 한류열풍…대륙 달군다…한국 온라인게임 중국시장 점령"(〈국민일보〉, 2003·1·25), "중 온라인게임 시장 한류열풍"(〈세계일보〉, 2003·6·26) 등의 기사가 대표적이다. "온라인게임의 종주국답게 중국, 대만 등 중화권과 동남아에서 맹위를 떨치면서 드라마, 음반 등에 이어 게임 한류열풍을 주도하고 있으며 최근에는 미국과 유럽시장으로 발을 넓혀가고 있다"(〈국민일보〉, 2003·11·13.)는 문구도 낯설지 않다. 흥미로운 점은 이들 기사에서 한류가 의미하는 바는 그저 '한국 상품의 인기'라는 것이다. 다른 문화 간의 교류나 혼종적 문화의 형성, 이산성의 작동 등 한류가 지닌 문화적 함의는 모두 배제되었다. 여기에서 게임 한류는 우리나라가 만든 (문화)상품이 외국에서 잘 팔린다는 사실 보도의 수사적 표현 이상도 이하도 아니다.

[그림 3] 게임 수출 상담회. ·출처 : 연합뉴스 자료사진

오히려 이 게임 한류 보도가 만들어낸 효과는 게임이 수출상품이 되는 순간 범죄나 폭력의 동인이 아니라 자부심의 원천이 된다는 것이다. 이는 훌륭한 품질이나 높은 미학적 수준으로 인한 것은 아니고 국부를 늘려주는 의미에서의 자부심이다. 2010년 이후에도 게임과 한류를 연결 짓는 기사는 종종 출현했지만, 대개 "게임 한류의 힘, 게임사들 최대 실적 행진"(〈서울신문〉, 2016·8·11)과 같은 내용이었다. 게임은 "경제발전의 성장동력이기도 하고 외화를 벌어들이는 기특한 효자상품이기도 하다. 여기서만은 발달 지체나

체력 부진의 '원인'이 아니다."[19] 게임이 "어엿한 산업 대접을 받기는커녕 아이들의 놀잇감이나 청소년 유해환경쯤으로 생각하는 기성세대가 많"다는 점을 아쉬워하거나(〈중앙일보〉, 2010·10·27), 제도적 미비로 인해 "모바일게임 업체들은 (자국 시장 진출을 못하는 일이 발생하는 등) 심한 속앓이를 하고 있"다는 점을 비판하는(〈경향신문〉, 2010·12·6) 것이다.

　게임의 문화적 의미는 경제적 의미와 철저히 분리되고, 그 산업적 측면을 논할 때 비로소 게임은 긍정적 가치를 지닌다. 사설에서도 이 경향은 다시 확인된다. 40건의 사설 가운데 게임을 부정적으로 전제하지 않은 단 4건에서도 게임은 건전한 놀이문화가 아니었고, 그 가능성을 담보하는 내용도 없었다. 단지 "온라인게임 시장 주도권 놓친 IT강국"(〈서울신문〉, 2007·4·5)이나 "모바일게임 톱10에 못 낀 한국… 게임강국 위태롭다"(〈동아일보〉, 2016·12·27)처럼 경제적 기여의 가능성을 논했을 뿐이다. 미디어 담론에서 게임산업은 게임문화와 아무 관계도 없는 것처럼 먼 거리를 유지한다. 셧다운제가 쟁점이 되었던 시기에 셧다운제의 부작용을 걱정하는 보도 역시 지나친 제도적 구속이나 청소년의 자기결정권에 대한 비판이 아니라 대부분 게임산업의 위축을 걱정하는 내용이었다.

　다시 말해 게임 담론의 지형에서 문화와 산업은 아무 관련이 없는 것처럼 철저히 분리된다. 전자는 부정적 틀을, 후자는 긍정적 틀을 주조한다. 그러나 셧다운제처럼 두 가지 틀이 동시에 적용되는

---

19) 윤태진, 〈게임포비아에 대한 미디어 담론의 구성과 내용〉.

사건이 발발할 경우, 두 담론은 충돌하거나 경쟁하는 대신 단순히 분리될 뿐이다. 그래서 게임이 비교육적이라거나 반反건강의 속성을 내재하고 있다는 보도의 틀이 여전히 강력하게 작동하면서도 수출상품으로서의 게임은 포장된 박스 안의 물건과 다르지 않은 대우를 받는다.

5) 학술 담론의 지형과 그 영향

미디어 담론이 정책 담론으로 전이되는 과정에 전문가의 목소리가 중요한 역할을 한다는 점은 앞서 지적한 바 있다. 그렇다면 '진짜' 전문가라 할 수 있는 게임학자들은 2000년 이후 어떤 연구를 했으며 어떤 토론을 해왔는가? 17년간 발표된 906편의 학술논문 가운데 대다수는 미시적·기술적으로 공학(프로그래밍)이나 (게임)디자인을 다룬 연구 결과물이고, 사회적·정책적 맥락성은 상대적으로 떨어진 연구였다. 그러나 시간이 지나면서 공학/디자인 연구의 비중이 점차 줄어들고 심리, 교육, 마케팅, 법/제도 등에 대한 논문이 많아진 것은 분명하다. 2001년부터 2004년 사이에 게재된 논문 85편 가운데 14편(16.5%)만 비非공학/디자인 연구였으나 이 숫자는 2017년 한 해에만 43편(47.3%)으로 늘었다. 게임 만들기를 위한 연구에 무게가 실려 있다가 점차 개인에게 미치는 효과나 산업 분석, 정책적 제언, 철학적이거나 이론적인 논의로 확대되고 있음을 알 수 있다.

하지만 공학/디자인 연구가 아니라고 해서 모든 연구가 사회적 맥락을 중요하게 고려한 것은 아니다. 오히려 미디어 담론 스케치에서 드러난 주요 주제들 가운데 중독, 범죄, 폭력 등을 깊이 있게 다룬 연구논문은 많지 않았다. 비非공학/디자인 연구로 분류될 수 있는 논문 가운데 절대 다수가 교육적 목적을 지향하거나 특정 효과를 측정하는 심리학적 연구였지만,[20] 정작 미디어 담론의 큰 부분을 차지했던 중독을 심도 있게 연구한 논문은 5편에 불과했다. 그나마 게임중독 수준이 어떨 때 강해지거나 완화되는지를 실증적으로 제안하는 연구는 두 편에 그쳤다. 게임에 대한 모든 연구를 포용하는 학술지에 17년 동안 실린 900편 이상의 논문 가운데 단 두 편이라는 사실은 시사하는 바가 크다.

셧다운제에 대한 연구도 상황은 비슷했다. 언론에서는 떠들썩했지만 셧다운제에 대한 학술 연구는 5편이 전부였고, 연구결과는 대부분 부정적이었다. "셧다운제가 시장의 부작용을 부추기는 결과를 가져왔다"거나 "정책 대상자들인 게이머들은 정책 효과를 인정하지 않는 이상한 정책이 되었다"는 지적과 "시간이 가면서 셧다운제에 대한 평가가 완연하게 부정적이 되었다"는 발견, "게임과 게임중독의 인과관계를 증명할 수 없기 때문에 셧다운제로 중독을 예방할 수는 없다"는 결론이 제시되었다. 셧다운제에 대한 미디어 담론의 흐름과는 온도 차이가 크다.

---

20) 전경란은 2000년부터 2010년까지 인문·사회 분야에서 출판된 게임연구 논문 272편을 대상으로 연구의 주제와 방법론 등을 분석한 바 있다. 분석 결과에 따르면 게임의 '효과'를 탐색하는 연구가 가장 많았고, 그 비중은 시간이 흐르면서 더 커졌다. 효과 연구에 한정해서 분류할 경우 몰입이나 중독, 폭력 등 부정적 영향과 관련된 주제의 연구가 70%를 훨씬 상회했다. - 전경란, 〈게임연구에 대한 메타분석 : 인문·사회 분야 학술지에 게재된 게임연구논문을 중심으로〉.

바꿔 말하면 미디어 담론은 학술 담론의 내용을 전유하되 매우 부분적으로 그리고 선택적으로 번역해서 담론의 재료로 삼는다고 볼 수 있다. 셧다운제에 대한 신문 보도를 분석한 한 연구에 따르면 종합일간지의 관련기사 가운데 셧다운제 도입의 긍정적 효과를 강조하는 비율은 33.1%로 부정적 효과가 부각된 기사(20.7%)보다 훨씬 많았다.[21] 또한 긍정적 효과를 강조하는 기사 가운데 63.5%에는 아무 논거도 제시되지 않았다.

시간이 흐르면서 부쩍 관심도가 높아진 연구 주제는 국내외 게임산업 구조 및 판매 전략에 관한 실제적인 연구였다. 과금 방식이나 신제품 가격결정 연구, 재구매 행위 결정요인 연구, 중국 시장 현황 소개 등이 그 예다. 업계 현장에 실질적인 도움을 줄 수 있는 산학협력 지향적 연구지만 게임학의 본질적인 발전에는 크게 이바지하지 못한다. 전경란의 지적대로 게임 연구는 이론이나 방법론의 발전보다는 게임을 둘러싼 기술 및 산업기반의 변화에 민감하게 영향을 받아왔음을 다시 확인할 수 있다.[22]

사실 최근 들어서는 철학적·이론적 발제에 의의를 두는 논문도 많아졌으나, 이런 연구들은 대개 게임 담론의 지형에는 별 영향을 미치지 못한다. 하지만 게임 텍스트에 대한 연구, 이를테면 기호학적 연구나 스토리텔링 연구가 대폭 느는 동안 게이머에 대한 문화

---

21) 유홍식·김종화·이지은·진소연, 〈온라인게임 규제에 대한 언론의 보도 프레임 분석〉, 《언론과학연구》, 11(4), pp.355~384.
22) 전경란, 앞의 논문.

적·인류학적 측면의 연구는 여전히 희귀하다는 점은 재차 강조할 가치가 있다. 이 역시 게임을 독립된 물건(게임물)으로 바라보는 시각과 관련이 있다. 인간이 (게임을 가지고) 놀고 즐기는 측면보다는 게임이라는 물건이 어떤 특성을 가지고 있는지에 더 관심이 높은 것이다. 그에 반해 언론은 게임물 자체보다 게임 플레이어(주로 청소년)에 더 주목한다. 단, 초점은 인간의 유희 본능이나 여가 경험 등이 아니라 직접적인 (태도, 행위 등에 미치는) 영향이다. 이것이 학술 담론과 미디어 담론이 어긋나는 지점이다.

미디어와 아카데미의 지형이 서로 다른 것은 놀랄 일이 아니지만, 서로 영향을 주고받은 흔적을 찾기도 어려운 정도라는 것은 예상 밖의 결과다. 신문에서는 게임중독이 커다란 화두인 데 반해 학계는 별 관심이 없다든지,[23] 학계는 게임의 본질을 논하려 하는데 언론은 여전히 게임의 (부정적) 영향만을 따지려 한다는 점에서 그러하다. 뉴스가 사건이나 현상에 대한 해석을 보탤 때 학자들의 의견을 간단히라도 반영하는 것이 우리나라 언론의 전형적 기사라는 점을 상기할 때 이 불일치는 매우 흥미로운 단면이다.

아마도 게임 연구의 장에서 구성되는 학술 담론과 미디어 담론이 제한적이고 선별적으로 차용하는 학술 담론은 (공히 학술 담론이

---

23) 물론 학계 전체가 관심이 없다고 단언하는 것은 과장이다. 의약학에서는 큰 관심을 가지고 연구를 해온 것이 사실이지만, 그 결과물은 대개 영문으로 발간되는 해외 학술지에 실리기 때문에 국내의 학계 상황에 반영되지 않는다. 국내 학술지 가운데서도 심리학이나 교육학 전문 학술지의 경우 오히려 게임 전문 학술지보다 더 활발하게 게임중독에 대한 연구결과가 실리는 경향이 있다 – 한국콘텐츠진흥원, 《게임과몰입 연구에 대한 메타분석 연구》, 한국콘텐츠진흥원, 2018.

지만) 서로 성격이 다르다고 해석하는 편이 옳다. 정책 담론에 반영되는 방식에도 차이가 있다. 예를 들어 학술 논문을 통해 제도 및 법률에 대한 제언을 하는 경우는 그리 많지 않았다. 해외의 게임 등급분류 소개, 사행성 최소화 방안 연구, 〈포켓몬 고〉 열풍에 따른 AR 게임 발전을 위한 정책 제안이 그 예다. 제한된 편수와 주제 범주[24]로 볼 때 이 학술적 연구결과들이 정책 담론의 흐름에 강력한 영향을 미쳤다고 보기는 어렵다. 대신 특정 연구결과와는 독립적으로 연구자 개인이 정책 담론의 지형에 영향을 미친 것으로 추정된다. 결론적으로, 기자가 기사를 쓰면서 전문가의 목소리가 필요할 때 찾는 학자는 실제 학계의 다양한 스펙트럼을 온전히 반영하지 못하며, 학술 담론이 정책 입안 과정에 미치는 영향력도 제한적이라 말할 수 있다.

3. 게임 담론의 다양한 결들

2000년 이후 17년 동안 게임 담론은 어떤 모습이었는가? 거칠게 요약하면 다음과 같다.

첫째, 미디어는 게임이 부정적인 사건·사고의 원인이라는 시각에서 크게 벗어나본 적이 없다. 중독, 폭력, 범죄와 쌍을 이루어 틀

---

24) 명확하게 정책·법·제도만을 다룬 논문이라고 범주화하기에는 모호한 연구가 많았지만, 비교적 느슨한 기준을 적용하더라도 정책·법·제도 연구 논문은 전체 906편 가운데 20편 안팎이었다.

을 지었고, 결과적으로 게임은 담론의 장에서 항상 합리성/정상성의 반대, 건강/건전의 반대, 교육/윤리의 반대, 생산성/효율성의 반대 위치에 고정되었다. 산업, 경제, 시장, 수출, 국익 등의 개념과 만날 때는 긍정적·중립적으로 정의되기도 했으나, 이는 오로지 게임물이라는 객관적이고 독립적인 상품의 의미를 지닐 때였다. 하지만 게임문화에 대한 부정적 틀과 게임상품/산업에 대한 중립적 틀이 모순이나 갈등을 일으키는 경우는 별로 없다. 서로 논리적·실제적으로 관계가 별로 없는 것처럼 간주되기 때문이다.

둘째, 언론은 게임에 대한 부정적 틀짓기에 그치지 않고 적극적으로 게임 규제 정책을 촉구한다. 미디어 담론의 장은 다양한 주체들의 이해관계와 철학, 주장이 부딪치고 경쟁하는 공간이며, 간접적으로 제도화/법률화로 이어지는 다리 역할을 한다. 게임이 부정적인 사건·사고의 원인이라는 시각이 주도권을 차지한 장 안에서 게임의 여가적 가치나 생산적 활용방안 등이 정책 입안 과정에 힘을 발휘하기는 쉽지 않다. 셧다운제의 도입은 이를 보여주는 가장 선명한 사례다. 이유가 사행성이든 왜색이든 폭력성과 중독성이든 우리나라 언론은 역사적으로 게임의 규제를 유도하는 일관되고 공고한 지형을 보여왔다. 게임을 다룬 40건의 신문 사설 가운데 게임의 부작용을 막지 못하는 관계당국을 질타하는 내용이 36건이었다는 점은 기울어진 미디어 담론 지형의 증거이며, 이는 또한 정부 규제 정책의 출발점이다.

이 과정에서 언론은 종종 전문가의 의견을 전한다. 그런데 전문가들이 모여 전문적 토론을 벌이는 학술지를 검토한 결과 미디어 담론과 학술 담론의 괴리를 쉽게 발견할 수 있었다. 이것이 세 번째 발견 사항이다. 언론은 학계 전문가와 정책 입안자들의 목소리를 유통시킴으로써 학술-미디어-정책 담론의 연결을 꾀하지만, 결과적으로는 일부 영역의 소수 전문가의 목소리만을 선택적으로 번역함으로써 세 담론 구조가 유기적으로 교차하지 못한다. 이는 오보나 왜곡보도라는 의미가 아니다. 오히려 자연스러운 담론의 구성과 변화로 보는 편이 옳다. 특정 주제에 대해 많은 반응과 이야기가 오가다가 시간이 지남에 따라 여론이나 논쟁 구조조차 어느 정도 안정적인 모습을 띠게 되는 과정이다. 빈A. M. Bean과 그의 동료들은 이 과정을 '도덕적 공황 이론moral panic theory'으로 설명한다. 이들에 따르면, 공포를 조장하는 연구(혹은 학자의 발언)는 대중매체에 의한 공포의 전파를 낳고, 이는 정치인들의 (정치적 목적에 따른) 개입을 유도하며, 대중매체는 다시 잠재적 해악을 부각시키는 정치인들의 발언을 보도한다. 그 결과 공포와 해악의 이유를 지지하는 연구의 필요성이 제기되고, 이는 다시 공포를 조장하는 연구의 실행으로 이어진다. 이 과정이 반복되면서 (악)순환이 일어난다는 것이다.

2000년 〈한겨레〉에 실린 내용은 매우 시사적이다. "경찰은 김 씨가 인터넷 머드게임에 중독돼 심한 과로와 스트레스에 시달리다 심장마비로 숨진 것으로 추정하고 정확한 사인을 밝히기 위해 9일 주검을 부검할 계획이다." 이 문장을 보고 알 수 있는 사실은 무엇인가? 김 씨의 사인은 게임인가, 게임중독인가? 과로와 스트레스인가, 심장마비인가? 또한 스트레스 해소를 위해 머드게임을 즐겼는가, 아니면 머드게임 때문에 스트레스가 생겼는가?

　단순화하자면 우리나라 게임 담론의 지형도 도덕적 공황 이론과 유사한 방식으로 형성된다. 게임을 하느라 건강이나 성적이 나빠지는 사례가 많아진다. 기자를 포함한 많은 사람은 게임에 빠지는 이들에게 애초에 어떤 문제가 있었는가에 관심을 갖기보다는 게임 자체가 부정적 현상의 원인이라고 추측하는 경향이 있다. 게임은 미디어에 의해 강력범죄나 엽기적 사건의 원흉으로 지목되곤 한다. 이러한 보도는 정책 담론으로 이어지고, 관련 논란이 벌어질 때 (일부 제한된 수의) 전문가들은 정당화의 기제를 제공한다. 빈 등의 연구결과에 대입해서 설명하면 다음과 같다.

　① 복수의 서로 다른 사건(엽기적 살인사건일 수도 있고 그저 성적 하락일 수도 있다)이 축적되면 ⇒ ② 언론의 선정적 보도("게임이 사람을 죽였다") 또는 원인과 결과의 전치("부적응자가 게임을 많이 했다"가 아니라 "게임을 많이 하면 부적응자가 된다")가 이어지고 ⇒ ③ 독자들과 시민들의 공포는 확산된다 ⇒ ④ 미디어 담론은 정책 담론에 개입하고("대책이 필요하다!") ⇒ ⑤ 게임에 대한 일부 연구결과의 선택적 인용과 (그나마 불완전한) 확증적 연구에 근거해 규제방안이 고안된다 ⇒ ⑥ 그 결과 게임의 부정적 정체성은 공고화되고("게임은 유해물질이다" + "게이머는 환자다") ⇒ ⑦ 이후 유사한 사건이 발생하면 손쉬운 귀인작용이 가능해진다("그것 봐라, 게임이 문제라니까!").

　이 단계들은 하나의 순환고리를 형성한다. 물론 게임이 경제에 기여하는 바는 이 과정과 독립적으로 존재하지만, 경쟁 담론의 역할은 하지 못한다. 게임을 플레이하는 인간들의 즐거움은 담론 지형에 끼지 못한 채 아예 비가시화한다.

2018년 6월 18일, WHO는 국제 질병 분류 최신판(ICD-11)을 공개하면서 초미의 관심사였던 '게임장애gaming disorder' 항목을 삭제하지 않았다. 게임장애는 도박중독과 함께 '중독성 행동장애disorders due to addictive behaviours' 범주에 포함되었다. 이 결정의 합당성 여부는 이 장에서 깊이 다룰 내용이 아니다. 다만 분명한 것은 질병으로서의 게임 플레이라는 틀이 미디어 담론과 학술 담론의 장에서 더욱 강력한 힘을 얻게 될 것이라는 점이다. 물론 특정 주제나 현상 또는 사건의 사회문화적 의미는 고정불변한 것이 아니다. 게임에 질병의 이름을 부여한 바로 그 WHO가 과거에는 동성애를 질병으로 정의한 적이 있다는 사실을 상기할 필요가 있다. 시대가 변하고 상황이 바뀌고 사람들도 고민과 회의를 거듭하면서 동성애는 질병의 혐의를 벗었다. 게임 담론의 지형도 시간이 흐름에 따라 어떻게 바뀔지 예단하기는 쉽지 않다. 그러나 신문기사와 논문의 분석결과는 21세기가 시작되어 20여 년이 흐른 지금 우리나라 사회에서는 게임이 여전히 혹은 아직까지 사회병리현상의 원인으로 단순히 간주된다는 것을 선명하게 보여준다.

1. 우리나라 언론이 게임을 정의하는 방식은 어떻게 변화해왔는가?

2. 미디어 담론과 학술 담론은 어떻게 상호작용을 하며 정책 입안에 영향을 미치는가?

3. 게임장애를 질병으로 명명한 WHO의 결정은 어떤 문화적 결과를 가져올 것인가?

4. 게임의 산업적 의미와 문화적 의미는 게임 담론 안에서 어떻게 상호작용을 하는가?

참고자료

• 방희경·원용진·김진영, 〈게임담론 지형 내 대중담론의 위치〉, 《한국언론정보학보》, 88, 2018, pp.42~76.

• 서성은·연준명, 〈한국 언론의 게임 보도 프레임 분석〉, 《한국게임학회논문지》, 17(6), 2017, pp.89~102.

• 유홍식·김종화·이지은·진소연, 〈온라인게임 규제에 대한 언론의 보도 프레임 분석〉, 《언론과학연구》, 11(4), 2011, pp.355~384.

• 윤태진·나보라, 〈한국 디지털 게임의 역사 : 문화적 의미를 중심으로〉, 한국언론학회 엮음, 《한국 사회의 디지털 미디어와 문화》, 커뮤니케이션북스, 2011, pp.320~366.

• 윤태진, 〈게임포비아에 대한 미디어 담론의 구성과 내용〉, 강신규 외, 《게임포비아》, 커뮤니케이션북스, 2013, pp.94~125.

• 윤태진·장민지, 〈고스톱 치는 아줌마들 : 중년 기혼 여성들의 웹보드 게임 경험에 관한 연구〉, 《한국언론정보학보》, 62, 2013, pp.51~73.

• 전경란, 〈게임연구에 대한 메타분석 : 인문·사회 분야 학술지에 게재된 게임연구논문을 중심으로〉, 《사이버커뮤니케이션학보》, 27(3), 2010, pp.127~176.

• 한국콘텐츠진흥원, 《게임과몰입 연구에 대한 메타분석 연구》, 한국콘텐츠진흥원, 2018.

• Bean, A. M., Nielsen, R. K. L., van Rooij, A. J., & Ferguson, C. J. (2017). Video Game Addiction: The Push To Pathologize Video Games. *Professional Psychology : Research and Practice*, 48(5), 378-389.

• Fairclough (1992). *Discourse and Social Change*. Oxford : Blackwell.

• Foster, C. (2012). Do Violent Video Games Really Cause Violent Behavior? readwrite, posted on Dec. 31, 2012. (https://readwrite.com/2012/12/31/do-violent-video-games-really-cause-violent-behavior/)

• Yoon, Tae-Jin and Jin, Dal Yong (Eds.) (2017). *The Korean Wave : Evolution, Fandom, and Transnationality*, Lanham, MD : Rowman and Littlefield(Lexington Books).

03

게임의 매체성

이경혁

주요 개념 및 용어 : 매체, 하프 리얼, 창조적 수용, 규칙과 논리

디지털기술은 방대한 분량의 데이터 처리를 가능케 하는 시대를 열었고, 이는 산업적 측면 뿐 아니라 유희적인 측면에서도 새로운 방식의 가능성을 불러왔다. 디지털게임은 이제 더 이상 특정 마니아의 전유물이 아니며, 디지털 네트워크 사회에서 사람들 사이에 존재하는 매체로서 기능을 명확히 수행한다. 게임의 매체적 특성이 무엇인지, 그 특성이 기존의 매체와 어떤 점에서 차별화되는지를 살펴본다.

---

1. 서론

디지털게임의 역사는 길게 잡아보려 해도 채 백 년을 넘지 못한다. 그런데 등장한 지 백 년도 안 된 이 새로운 매체는 오늘날 현대인의 삶에 무시하지 못할 영향력을 발휘하고 있다. 한때 책과 음반, 영화 등이 주로 차지하던 지상파 텔레비전의 프라임타임 광고 시간대의 문화 콘텐츠 CF는 이제 모바일게임이 대세를 이루고 있다.

또한 한때 지하철 승객들이 좁은 공간에서 신문을 반으로 접어서 보던 모습도 이제는 스마트폰으로 게임하는 문화에 밀려나 보기 힘들다.

게임의 보편화는 특히 세대가 젊어질수록 더욱 뚜렷이 드러난다. 한국콘텐츠진흥원의 2016년 게임이용자 실태조사 보고서에 따르면, 전체 인구의 67.9%가 게임을 이용한 경험이 있으며 이 가운데 20~30대의 이용률은 각각 89.5%, 90.7%에 달해 사실상 이 연령대는 거의 대부분이 게임 유경험자라는 것을 보여준다. 40대 이상의 이용률이 50% 이하에 머무르는 것을 감안하면 청년층에게서 비로소 게임의 시대가 열리고 있다고 해도 과언은 아닐 것이다.

한때 PC나 콘솔게임기 등을 보유한 이들만 누릴 수 있었던 한정적 매체로 기능하던 게임은 스마트폰과 PC의 보급이 확대됨에 따라 이제는 보편적 매체로서 기능하기 시작했다. 단순히 플랫폼이 아니라 매체로 이 현상을 언급하는 것은 가장 이용률이 높은 20~30대들의 게이밍 문화가 단지 플레이에 머무르지 않고 그들의 문화 전반에 파고들며 일상의 문화에 영향력을 끼치고 있기 때문이다.

이제는 누구나 보편적인 유행어로 알아듣기 시작한 '크리'는 게임에서 크리티컬 데미지critical damage를 가리키는 말이다. 평균 데미지를 내던 캐릭터가 일정 확률에 따라 평균 이상의 높은 데미지를 나타내는 상황을 가리키던 이 용어는 이제 일상에서도 뭔가 평상적이지 않은 일이나 감정을 표현할 때 자주 사용되곤 한다.

이와 같이 게임 용어가 일상에서 쉽게 이야기되고, 또 듣는 이도 어렵지 않게 수용할 수 있는 환경은 게임이 피젯 스피너와 같은 단순한 오락도구 이상의 매체적 의미가 있다는 것을 보여주는 중요한 단서다. 비단 크리뿐 아니라 '힐링', '러시', '갱킹' 등의 여러 게임 용어들은 게임의 틀 밖으로 튀어나와 사람들의 일상 속에서 자연스러운 언어문화로 자리매김하고 있다. 이는 언어를 넘어 게임 감각에서 얻은 많은 것이 현실의 삶에 실제로 영향을 미치고 있다는 것을 보여준다.

우리의 일상에 넓게 영향력을 미치기 시작한 디지털게임에 대해서 우리는 게임에 담긴 매체적 특성을 살펴봄으로써 좀 더 명확히 인식해보려 한다. 이를 위해 우리는 매체의 일반적 의미를 살펴보고, 이를 기반으로 게임이 매체적으로는 어떤 의미를 지니며 또한 기존의 타 매체와 달리 인간에게 어떤 지점으로 다가오는지를 살필 것이다. 아울러 새로운 매체로서의 게임으로부터 현대인이 새롭게 얻는 감각과 그에 따른 변화는 무엇인지를 짚어보려 한다.

2. 게임 속의 매체성

1) 매체란 무엇인가

게임의 매체적 의미는 무엇인가를 묻기 위해서는 먼저 매체가 무엇인지를 이야기해야 한다. 국어사전의 정의는 "어떤 작용을 한쪽에서 다른 쪽으로 전달하는 물체 또는 그러한 수단"을 가리키는데, 이는 물리 일반의 법칙까지 포괄하는 정의로 우리가 사회문화

일반에서 생각하는 매체보다는 폭넓은 정의다.

매체학자 디터 메르쉬Dieter Mersch는 매체의 존재 이유는 '타자'가 있기 때문이라고 이야기한다. 타자는 특정한 뭔가를 전달받고 상징화하거나 보존, 소통하기 위해 제3의 무언가를 필요로 하는 존재이고, 이때 제3자로 일컬어지는 뭔가가 매체가 된다. 그래서 매체에 대한 정의는 딱 부러지기보다는 각각의 상황과 조건에 따라 다양하게 정의될 수 있는 다원적인 것이라고 메르쉬는 이야기한다.

그러므로 매체의 정의는 학자마다 시대마다 다를 수밖에 없다. 마셜 맥루한Marshall Mcluhan의 정의에 따르면 매체는 우리가 일반적으로 부르는 의미를 넘어서기도 한다. 그는 시계, 도로, 자동차, 집과 같은 대부분의 인공물을 매체로 이해하고자 했다. 속도의 정치를 다루는 폴 비릴리오Paul Virilio는 마차부터 시작해 자동차와 비행기 등 모든 종류의 탈것이 곧 매체라고 주장했다. 이와 같이 서로 다른 정의 속에서 디터 메르쉬는 유동적으로 정의되는 매체의 윤곽을 잡기 위한 세 가지 맥락을 제시하는데, 바로 미학, 언어, 기술이다.

메르쉬는 매체가 작동하는 방식에서 매체를 읽어내기 위한 방편으로 물질성, 묘사, 연산의 기능을 포착한다. 물질성이란 레코드판, 텔레비전 수상기, 영사기와 같이 말 그대로 매개를 위해 필요한 물질적인 것들이고, 묘사는 각각의 매체가 매개하고자 하는 대상을 재현해내는 과정을 가리킨다. 그리고 연산은 대중매체의 시발점이 되는 대량인쇄술, 사진, 전신 등을 가능케 하는 기술을 기반으로 한 관점을 말한다. 이 세 가지 특징은 각각 미학, 언어, 기술이라는 이름으로 정리되며, 이를 통해 하나의 현상 또는 개념을 매체로 바라볼 수 있는 근거를 만들어낸다.

2) 게임의 매체성

(1) 기술매체로서의 게임

위에서 언급한 바대로 매체 또는 매체성은 딱 한 가지 개념으로 정의된다기보다는 시대와 환경에 따라 다르게 동작할 수 있는 뭔가를 매체라는 관점으로 바라볼 때 드러나는 개념이다.

인류는 오랜 세월 동안 다양한 매체와 벗하며 살아왔다. 처음에 간단한 구어로 소통하면서 만들어낸 구전설화는 운율을 덧입으며 서사시가 되었고, 사냥의 풍요를 기원하면서 동굴 벽에 그린 그림에서 미술이 태어났다. 초기에 단순한 감각의 발현으로 표현한 방식들은 양식화와 구조화를 거치면서 문학과 음악, 미술 등으로 발전해 생각과 감상을 타인에게 전달하거나 보존시켜 후세에 남길 수 있는 방식을 만들어냈다.

산업혁명과 기술의 발전은 매체기술이라는 이름으로 더욱 강력한 생산양식을 제공했다. 필사와 목판인쇄로 이루어지던 문자매체는 구텐베르크의 프레스식 인쇄기를 통해 대량출판 시대를 맞았다. 인쇄술은 책의 대량생산에 머물지 않고 현실의 이슈에 즉응할 수 있는 신문이라는 형식을 가능케 한 기술이었다. 신문은 사진기술을 통해 문자 이상의 의미를 담아내기 시작했고, 뒤이어 등장하는 활동사진에 이르러서는 마치 실제 열차가 스크린을 뚫고 튀어나오는 것으로 착각할 만큼 새로운 스펙터클을 사람들에게 제공하기 시작했다.

현대에 우리가 누리는 많은 매체가 인쇄, 사진, 영화 등 기술기반의 뉴미디어 아래서 나타났다는 점을 생각해볼 때 디지털게임은 적어도 매체의 기술적 측면에서는 최첨단의 위치를 차지하고 있는 것이 분명하다. 매체를 살펴볼 때 유용한 세 가지 측면으로 언급한 미학, 언어, 기술 가운데서도 게임은 특히 기술 부문에 매우 크게 기대고 있는 매체다.

디지털기술은 방대한 데이터를 빠르고 쉽게 계산해낼 수 있는 환경을 제공함으로써 가상의 영역에 마치 실제처럼 작동하는 세계를 만들 수 있게 해주었다. 작동하는 가상의 세계는 영화나 소설의 세계와는 달리 매체 수용자의 개입이 가능하고, 정해지지 않은 결론을 마련해두는 세계다.

[그림 1] 초기 게임 〈테니스 포 투〉에서 공의 움직임은 중력작용을 연상시키는 포물선 운동으로 나타난다. 이 궤적을 만들기 위해서 게임은 수학의 방식을 도입한 함수 계산을 사용한다.

초창기 게임인 〈테니스 포 투〉의 세계는 네트를 가운데 두고 공을 쳐내면 공이 중력과 비슷한 힘에 의해 포물선을 그리며 튕겨 다니는 세계였다. 현대의 모바일게임들은 서버-클라이언트 체계를 도입해 〈클래시 오브 클랜〉처럼 플레이어가 게임을 끄더라도 서버에서 지속적으로 시간이 흐르며 플레이어의 명령을 수행하는 세계를 갖춘다. 〈테니스 포 투〉는 중력과 같은 운동을 만들기 위한 함수 계산 과정을, 〈클래시 오브 클랜〉은 그래픽과 멀티플레이 네트워크 송수신 및 데이터베이스 등 디지털기술의 총아를 모두 포함하는 개발 과정을 포함한다.

디지털기술을 기반으로 창조된 '수용자의 개입이 가능한 작동하는 세계'는 게임 매체가 보여주는 가장 큰 특성이다. 이 방식 덕택에 게임은 매체로서 다른 사건과 사물을 매개할 때 게임 특유의 방식을 사용하게 된다.

(2) 게임의 언어 : 규칙과 논리

디지털게임이 사건과 사물을 모사하고 매개하는 방식은 단순히 게임이 그래픽이나 사운드로 표현하는 뭔가를 가리키는 말이 아니다. 그래픽과 사운드는 게임이 재현하려 하는 바를 사람의 시청각에 닿을 수 있게 각각의 기능을 가져온 것일 뿐 그 자체로서 게임과 동일시되는 것은 아니다. 단지 게임 플레이 영상만 보는 것과 게임 사운드를 순차적으로 듣는 것만으로는 게임이 아니라는 것을 생각해보면 알 수 있다.

매체로서 게임이 대상을 재현하는 방식은 규칙화다. 앞서 언급한 대로 '작동하는 세계'를 만들려면 작동의 원리를 구성할 필요가 있고, 이는 일종의 규칙에 따라 이루어진다. 고전 게임 〈팩맨〉의 사례를 통해 규칙이 어떻게 게임을 만드는지를 살펴보자.

〈팩맨〉의 규칙은 간단하다. 구글에서 '팩맨'을 검색해도 바로 플레이할 수 있는 이 게임은 기본적으로 고정된 하나의 방 안에서 주인공인 노란 팩맨을 조작해 방 안의 모든 점을 다 먹으면 승리하는 것이 기본 규칙이다. 플레이어를 방해하기 위해 방 가운데에는 유령 네 마리가 나타나 계속 추격하는데, 이들과 부딪히면 팩맨이 죽는다. 방의 네 구석에 있는 커다란 점을 먹으면 팩맨이 일시적으로 파워업 되어 역으로 유령을 잡아먹을 수 있는 기회가 생긴다. 이 규칙 안에서 플레이어는 적절히 적을 피하거나 잡아먹으며 게임을 클리어하기 위해 플레이한다.

여러 가지 규칙은 게임 안에서 각각의 절차와 우선순위에 따라 통합적으로 동작한다. 게임 제작자의 머릿속에 있던 '사방이 폐쇄된 공간 안에서 쫓고 쫓기는 스릴의 세계'는 통합적으로 작동하는 규칙에 따라 게임이라는 매체로 재현되어 제3자에게 제작자가 상상한 세계를 전달한다. 이때 전달의 중심은 노란 팩맨 캐릭터가 아니라 작동하는 규칙이 만드는 동적인 세계 그 자체다. 매체로서 게임은 그 전달 매개체로 규칙이라는 방법을 사용하고 있다.

규칙은 비단 〈팩맨〉처럼 가상의 세계를 재현하는 것 외에도 현실의 뭔가를 게임적으로 모사할 때도 사용된다. 현실 역사를 다루는 게임 가운데 가장 유명한 〈문명〉 시리즈가 대표적이다. 실제 역사에서 인류가 걸어온 기술발전의 역사를 〈문명〉은 도자기부터 시작해서 나노기술까지 일련의 기술체계도로 구현한 뒤, 연구력을 모아 각 기술 단계를 달성할 때마다 새로운 유닛과 설비, 기능을 해제하는 것을 기본 시스템으로 갖추었다.

실존하는 세계를 규칙으로 풀어내는 과정은 독특하고 흥미롭다. 〈문명〉 제3편에는 기술체계도에 '위생'이라는 개념이 등장한다. 수세식 변기가 아이콘으로 달린 위생연구를 완료할 경우 해당 문명의 도시는 기존에 비해 더 많은 인구를 수용할 수 있게 된다는 것이 규칙이다. 이는 실제 역사 속에서 수세식 변기와 하수도망의 구축을 통해 도시 인구의 폭발적 증가가 가능했다는 사실을 게임의 규칙으로 모사해낸 사례다.

[그림 2] 〈문명〉 제3편의 기술 중 하나인 위생은 수세식 변기 아이콘을 사용하며, 달성 시 도시의 인구제한이 상승하는 효과를 제공한다.

위생 외에도 종교로 인해 다른 문명들 간의 갈등수치가 폭증해 종교전쟁을 부르거나 인쇄기술의 개발이 대중매체와 민주주의의 발흥을 이끌어내는 등의 게임 규칙을 통해 〈문명〉 시리즈는 게임이 실존하는 세계를 규칙화해 재현하는 방식이 무엇인지를 모범적으로 보여주고 있다.

규칙은 게임에서 세계를 해석하고 또 재현하는 데 모두 쓰이는 게임 매체의 언어로서 기능한다. 그러나 규칙이 게임의 기둥이 된다고 해서 규칙이 곧 게임의 전부라고 할 수는 없다. 단지 규칙에 따라 작동하기만 하는 것이라면 오토마톤 같은 기계장치들도 게임과 구분하기 어려울 수 있다. 그러나 작동하는 오토마톤을 보는 데서 얻는 감상과 게임 플레이를 즐기는 데서 얻는 감상은 분명히 다르며, 우리는 그 구분점에서 개입이라는 중요한 또 하나의 특징을 발견한다.

(3) 작동하는 세계로의 개입 : 창조의 미학

발달된 디지털기술은 고차원적인 규칙을 실시간에 수행해서 결과물을 바로 수용자 앞에 보여줄 수 있는 수준에 도달했다. 그로부터 완성된 작동하는 세계는 게임 매체에 직접 참여해 능동적으로 세계에 개입하는 플레이어의 존재에서부터 새로운 가능성을 발견한다.

디지털게임은 작동하는 세계에 플레이어가 개입하면서 시작된다. 규칙은 그 자체로는 일종의 설계도일 뿐 완성은 결국 플레이를 통해 규칙을 작동시킴으로써 이뤄지기 때문이다. 애초에 게임 매체는 규칙을 언어로 삼고 있고, 규칙의 언어를 이해하는 과정은 그 규칙을 실제로 작동시킬 때 완성되므로 플레이 없이는 게임이 매체로서 성립하지 못한다.

플레이의 과정은 분명 규칙이라는 틀에 얽매여 있지만 단순히 규칙을 그대로 따르는 수동적인 과정을 가리키는 것은 아니다. 게임의 규칙은 세계를 설계할 뿐이고, 플레이어는 설계된 세계 안에서 자신이 선택할 수 있는 것을 플레이로 드러낸다. 이는 일종의 창조 행위다.

게임 매체의 수용이 일종의 창조 행위라는 것을 가장 극단적으로 드러내는 게임이 오락실에서 자주 볼 수 있는 〈펌프 잇 업〉이다. 〈펌프 잇 업〉의 규칙은 악보와 음악으로 구성된 세계를 설계한다. 빠르게 쏟아져 내려오는 악보에 맞춰 음악에 딱 맞게 발판을 밟아 가는 플레이 과정은 분명 게임이 제시하는 규칙을 충실히 따르면 서도 창조의 영역을 품고 있다.

유튜브 등을 통해 널리 퍼지고 있는 〈펌프 잇 업〉 고수의 플레이 영상에는 게임을 단지 발판을 밟는 행위로 제한하지 않고 두 발 외 의 몸을 사용해서 다채로운 퍼포먼스를 펼치는 이른바 '펌프 퍼포 머'들이 등장한다. 이들의 플레이는 애초 게임의 규칙이 의도하지 않았던 영역, 규칙을 상정하지 않은 영역에서 창조성이 발휘되면 서 〈펌프 잇 업〉이 의도한 댄스형 리듬 게임이 완성되는 효과를 나 타낸다.

[그림 3] 〈펌프 잇 업〉은 발로 밟는 버튼을 활용한 리듬 게임이지만, 플레이어들은 주어진 악 보에 맞춰 버튼을 밟는 것 이상의 퍼포먼스로 게임을 승화시켰다.

이러한 창조 행위는 단지 〈펌프 잇 업〉으로 훌륭한 퍼포먼스를 만들어내는 슈퍼 플레이어들에게만 국한되지 않는다. 즉, 춤에는 전혀 경험이 없는 사람도 〈펌프 잇 업〉의 초보용 곡을 플레이하면

적어도 춤이라는 행위가 주는 흥겨움과 즐거움이 무엇인지를 어렴풋이 알게 된다. 박자에 맞춰 체중을 발판에 정확히 싣는, 이른바 '그루브함'은 따로 춤 레슨을 받지 않아도 어느 정도까지는 게임을 통해 플레이어에게 전달된다.

〈펌프 잇 업〉이라는 리듬 게임의 특수성 외에도 게임 플레이의 창조성은 곳곳에서 드러난다. 〈마인크래프트〉와 같은 이른바 샌드박스 게임은 아예 규칙으로 설계된 세계 안에서 플레이어의 창조를 통해 게임을 플레이하게 되어 있다. 정해진 루트를 따라가는 게임에도 창조적 플레이의 가능성은 늘 열려 있다. 〈슈퍼마리오〉 시리즈는 정해진 스테이지를 클리어하는 플랫포머 게임이지만, 각스테이지를 클리어하는 방법은 개별 플레이어의 경험과 성향에 따라 제각각으로 나타난다.

기존 매체의 창조·수용 개념과 달리 게임 매체의 수용은 그래서 창조적 수용이라고 할 수 있는 플레이라는 행위를 통해 이뤄지게된다. 완성되고 고정된 세계가 아니라 또 다른 세계를 만들 수 있는, 배경과 구조를 규칙과 논리에 따라 설계한 게임 속의 가상공간은 현상의 외면이 아닌 내부의 작동 논리를 모사하는 효과를 낳는다. 이는 플레이어의 창조적 수용을 통해 전달되고 해석되는 방식이다.

그러므로 게임 매체의 미학에 대해 이야기하는 것은 단지 게임이 제시하는 여러 감각의 상들에 대한 논의뿐 아니라 감각의 외피안에 자리하는 구조와 논리의 미학으로 확장될 여지가 있다. 고전게임 〈스페이스워!〉의 변형 버전에서는 화면 가운데 항성이 자리하고 항성을 중심으로 중력장이 작용하는 버전이 있다. 플레이어는 우주선을 조종할 때 중력에 의해 항성에 충돌하는 일이 없도록 하면서 기존 감각으로 인지하기 어려웠던 중력이라는 우주의 규칙을 감상하게 된다. 그 감상의 대상은 때로 〈스페이스워!〉의 중력처럼 자연 법칙의 재현물일 수도 있고, 〈페이퍼 플리즈〉가 제시하는 경직된 관료제 하에서 살아가는 인간의 고뇌일 수도 있다. 중요한 것은 그 대상이 무엇이든 우리는 창조적 수용이라는 접근을 통해 기존 매체에서 받지 못한 새로운 감상을 얻게 되었다는 점이다.

3. 타 매체와의 비교로 드러나는 게임 매체의 특징

우리는 앞에서 디터 메르쉬의 개념에 따라 기술적, 언어적, 미학적으로 나눠 게임의 매체성에 접근하면서 뉴미디어로서 게임이 지니는 특유의 매체성이 무엇인지를 살펴보았다. 하지만 서두에 언급했듯이 이러한 매체성은 고정된 정의로 존재한다기보다는 시대와 환경에 따라 정의된다. 그렇기 때문에 우리는 게임의 매체성을 살피는 또 하나의 방법으로 이미 우리에게 익숙한 다른 매체들과 게임의 차이점을 좀 더 살펴볼 것이다. 같은 대상을 다룰 때 게임이 다른 미디어들과 어떤 차이를 보이는지를 살펴보면 애매모호할 수 있는 게임의 매체성을 좀 더 실체적으로 바라볼 실마리를 얻게 될 것이다.

1) 규칙 하에서의 창조적 수용 : <하츠 오브 아이언>과 <라이언 일병 구하기>

현대 대중문화 매체들이 스펙터클을 위주로 한 콘텐츠를 제작할 때 가장 많이 다루는 역사 현장인 제2차 세계대전은 특히 21세기 들어 발달한 영상기술을 토대로 급격한 질적 성장을 보였다. 영화 <라이언 일병 구하기>와 TV시리즈 <밴드 오브 브라더스>가 그려낸 제2차 세계대전 현장은 생동감 있는 카메라 액션과 탄탄한 서사 구조로 많은 이의 눈과 귀를 사로잡았다.

이 두 작품은 게임 분야에도 많은 영감을 주어 유사한 양식을 차용한 게임들이 줄지어 출시되기도 했다. 1인칭 밀리터리 슈팅 액션 게임 <콜 오브 듀티> 시리즈는 초창기 시리즈에서 영화에 등장한 노르망디 상륙작전 순간을 1인칭의 시점으로 고스란히 재현한 것만으로도 화제를 불러일으켰다. 물론 영상 속의 현장과는 달리 <콜 오브 듀티>는 플레이어를 주인공으로 가상세계 현장 안에 집어넣고 실수를 하면 사망하는 페널티를 부여하면서 색다른 감각을 제공한 바 있다. 그러나 영화적 모티브를 따라가는 게임이어서 이 둘을 가지고 비교하면 차이점이 크게 드러나지 않는다.

같은 주제를 다루는 영상매체와의 차이가 가장 잘 드러나는 게임은 <하츠 오브 아이언> 시리즈와 같은 전략 시뮬레이션 장르일 것이다. 제2차 세계대전 시기의 국가별 대전략을 그려낸 이 전략 시뮬레이션 게임은 동일한 전쟁을 다루되, 서사 구조를 따라가는 영화나 드라마와는 달리 제2차 세계대전 당시의 정세와 전황을 게임 규칙으로 설계해 재현하는 방식을 취한다.

〈하츠 오브 아이언〉의 기본 구조는 1930년대 중반의 실제 세계지도에서 시작한다. 지도 위의 각 나라는 1936년 초의 영토를 확보하고 있고, 각국의 군사력과 생산력은 부대 유닛과 공장의 수로 표기된다. 플레이어가 운영을 맡는 국가를 제외한 나머지 국가는 AI에 의해 운영되며, 역사적 AI를 선택할 경우 주요 전략적 의사 결정에서 실제로 역사에서 벌어진 선택지를 따르는 형태로 움직인다.

그러나 육해공의 군사 유닛만으로는 제2차 세계대전이라는 사건이 품은 정치적·경제적 맥락을 다 드러낼 수 없기 때문에 게임은 일종의 기술 트리를 도입해 각국의 정치적 상황을 반영하는 시도를 보인다. 국가중점전략이라는 이름의 이 기술 트리를 선택할 경우, 실제 역사에 존재했던 여러 분기들과 함께 각각의 장단점을 플레이어에게 제공하는 방식을 취한다. 예를 들어 프랑스를 선택하면 국가중점전략에서 플레이어는 독일 접경지대의 마지노선을 벨기에까지 확장해서 방어하거나 기동방어에 중점을 두는 선택을 할 수 있다. 또한 선택의 폭이 좀 더 넓게 제공되어 플레이어가 마음만 먹으면 프랑스를 공산주의 진영으로 돌려 플레이하거나 아예 독일과 친교를 맺고 연합국과 교전하는 플레이도 할 수 있다.

영상매체가 이미 벌어졌다고 가정한 서사의 결말을 영상에 담아 매체화하는 것과 달리 게임은 상황과 조건을 데이터화해 규칙에 맞게 가공하고, 이를 통해 설계된 가상세계 안에 플레이어를 초대하는 방식으로 제2차 세계대전이라는 역사적 사건을 재현한다. 게임 안에서 제2차 세계대전은 매 플레이마다 '아직 벌어지지 않은' 사건이 되며, 플레이어는 실제 역사 속의 여러 조건으로 구성된 규칙 안에서 자신의 의도대로 새롭게 역사를 재현해 나간다. 실제 사건의 재현이 이미 결정된 것이 아니라 플레이어의 손에서 이뤄진다는 점에서 게임은 창조적 수용이라는 독특함을 드러내며, 여기에서 다른 매체와의 두드러진 차이점이 드러난다.

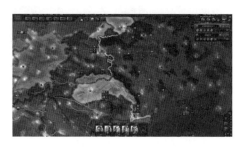

[그림 4] 〈하츠 오브 아이언〉은 제2차 세계대전을 묘사하기 위해 국가별 대전략에 필요한 생산, 군수, 정치와 경제 등을 데이터로 조합해 표현한다. 대전은 게임 플레이 시작 전까지 벌어지지 않은 상태로 플레이어가 개입하면 비로소 진행된다.

창조적 수용이라는 방식은 매체 수용자인 플레이어에게 제작자가 재현하고자 하는 대상의 내적 논리를 드러내는 효과를 나타낸다. 사건과 사물의 결과가 아닌 과정의 창조 자체를 플레이어가 직접 수행해야 하므로 대상의 조건과 배경에서 파생된 규칙과 변수들을 다른 매체보다 더 강하게 느끼게 되는 것이다. 즉, 같은 전쟁을 재현한 〈라이언 일병 구하기〉를 시청할 때와는 달리 〈하츠 오브 아이언〉은 플레이어를 세계 지도 아래서 각국의 상황, 전략과 같은 조건을 살피고 선택하는 위치에 데려다놓는다.

2) 시간축의 제어 : 창조적 수용으로부터 비롯되는 반복의 세계

벌어지지 않은 사건을 직접 창조해 나가면서 플레이하는 게임 매체의 특수한 수용방식은 또 다른 의미로 계속 확장되는데, 그 가운데서도 가장 크게 짚어야 할 것이 반복성이다. 고정된 내러티브를 중심으로 진행되는 게임의 경우는 예외일 수 있지만, 대체로 게임이 제공하는 플레이는 조건 내에서 반복적인 플레이가 가능하다. 이른바 '다회차 플레이' 방식이다.

핵전쟁으로 폐허가 된 뒤의 세계를 다룬 롤플레잉 게임 〈폴아웃〉 시리즈는 플레이어가 등장인물들과 상호작용을 할 때 문제 해결을 위해 사용할 수 있는 대화의 선택지나 행동 방식을 복수로 제공한다. 예를 들어 특정지역 안에 들어가려고 할 때 플레이어는 자신의 무장으로 돌파를 강행할 수도 있고, 경비에게 뇌물을 주거나 교묘한 설득 스킬을 사용해서 들어갈 수도 있다.

단순한 선택의 문제가 아니라 플레이어가 만들어가는 이야기의 큰 줄기가 바뀌는 선택지도 존재한다. 〈폴아웃 : 뉴 베가스〉에서 플레이어는 여러 세력 가운데 한 세력을 도와서 전후 미국의 중심으로 만들거나 완전히 독립적인 캐릭터로 살아가는 것을 선택할 수 있다. 이때 플레이어의 선택은 게임의 중후반부 진행을 각기 완전히 다른 형태로 이끌고 간다.

그런데 대부분의 플레이어는 한 선택지를 통해 엔딩에 도달한 뒤에도 자신이 선택하지 않은 다른 루트의 결말을 궁금해하기 마련이다. 그래서 같은 게임을 다시 한 번 반복할 경우 1회차 플레이와는 다른 루트, 다른 전개로 새로운 세계의 이야기가 전개된다. 반복을 통해 같은 조건에서 다른 이야기가 만들어진다는 점은 게임이 만들어낸 가상공간이 일종의 다중우주 같은 형태로 존재하고 있다는 것을 보여준다. 예스퍼 율Jesper Juul은 '하프 리얼'이라는 개념으로 현실에서 분리되어 있는 가상의 유희 공간을 설명한 바 있다. 게임 매체 안에서 구현되는 이 가상세계의 시공간에서는 현실의 시공간에서는 양립이 불가능한 여러 이야기가 존재할 수 있고, 또 플레이어의 의도대로 변화할 수 있다.

시공간이라는 개념에서 시간축을 되돌릴 수 있는 매체로서의 특징을 활용해 만들어진 게임도 있다. 〈브레이드〉는 〈슈퍼마리오〉와 같은 점프 중심의 플랫포머 퍼즐 액션 게임인데, 플레이어 캐릭터가 절벽에 떨어지거나 적과 부딪치는 등 일반적으로 게임 오버가 펼쳐질 상황에 시간 되돌리기 버튼을 제공한다. 캐릭터가 그대로 죽는 것이 아니라 리와인드 버튼을 눌러 실패하기 전의 상황으로 되돌린 뒤 다시 플레이를 하게 하는 방식이다.

〈브레이드〉가 다회차 플레이를 아예 게임 규칙으로 넣어 보여준 것은 게임 매체가 타 매체에 비해 시간을 자유롭게 다룰 수 있다는 점이었다. 애초에 이 방식은 〈브레이드〉에서 발견된 방식이 아니라 이른바 '세이브'와 '로드'를 반복하면서 게임의 장애물을 넘어가는 플레이어들의 행동에서 발견된 것이었다. 특정 분기점에 세이브를 해두고 A루트를 플레이한 뒤 다시 로드해 B루트를 타볼 수 있는 게임 매체의 특징은 가상공간에서 시간마저도 매체의 대상으로 가공할 수 있는 가능성을 크게 열어두고 있다.

우리는 현대사회의 주요 대중매체로 자리를 잡기 시작한 디지털 게임의 매체적 특성을 살펴보기 위해 기술적 기반을 생각했고, 거기에서 발현되는 규칙과 논리의 세계를 살펴보았다. 그리고 설계된 세계의 완성이라는 창조적 수용의 플레이가 새 매체의 새로운 수용방식으로 자리하고 있음을 확인했으며, 이러한 방식이 기존의 매체들과 달리 벌어지지 않은 사건을 그려내면서 가상의 시공간을 더욱 자유롭게 활보하고 있다는 사실을 알 수 있었다.

[그림 5] 플랫포머 게임 〈브레이드〉는 세이브, 로드, 게임오버 대신 시간을 되돌리는 기능을 사용한다. 게임이 시간을 자유자재로 넘나드는 매체라는 것을 보여주는 대표 사례다.

그러나 이것만으로 게임의 매체성을 말하기에는 좀 부족하다. 결국 매체는 나와 타자 사이를 이어주는 뭔가이고, 이는 곧 매체가 매우 사회적인 무엇임을 드러내는 것이다. 마지막으로 우리는 실제로 우리 시대의 디지털게임이 현실을 살아가는 우리와 어떻게 얽혀 있으며, 현실과 게임이라는 가상공간의 매체가 어떻게 서로 영향을 주고받는지를 살펴보아야 한다. 서두에 언급한 대로 게임의 매체성이라는 것은 곧 게임이 실제 우리 삶 속에서 어떻게 영향력을 행사하는지에 대한 답이기도 하기 때문이다.

4. 게임화하는 사회

미디어학자 마셜 맥루한은 매체를 '신경망의 확장'이라고 표현했다. 이는 게임도 새로운 매체로서 개별 인간이 외부 세계와 교류하는 신경망으로 기능한다는 이야기로 이어진다. 매체로서의 게임은 현대사회를 살아가는 사람들 사이에 파고들어 기존 매체가 차지하고 있던 비중을 대체해 나가고 있고, 그 와중에 우리는 알게 모르게 게임의 영향력 아래에 놓이게 된다.

1) 방탈출 카페와 스크린골프의 사례

2010년대 들어 젊은이들이 모이는 상업 지구에는 방탈출 카페라는 새로운 실내 놀이공간이 하나둘 생겨나기 시작했다. 상당한 인기를 모으는 방탈출 카페는 트릭과 퍼즐이 가득한 밀실을 꾸며놓고 참가자가 그 안에 갇힌 뒤, 퍼즐을 모두 풀어 최종적으로 방에서 나올 수 있는 열쇠나 비밀번호를 획득하는 것이 핵심이다.

대략 한 시간 정도를 밀실 안에서 갇혀 퍼즐 풀이에 집중할 수 있는 방탈출 카페는 사실 디지털게임과 그리 관련이 있어 보이지 않는다. 그런데 디지털게임과 무관해 보인다는 점에서 방탈출 카페의 유행은 오히려 더욱 게임화하는 사회를 이야기하기에 적합한 사례다. 놀이의 기본 구조가 전혀 디지털기술과 관계없어 보이기 때문에 사실 컴퓨터 기술이 없던 시기에도 충분히 나올 법했던 이 카페는 재미있게도 디지털게임으로 방탈출 게임 장르가 유행한 뒤 본격적으로 현실에 등장했다.

최초로 방탈출이라는 모티브로 등장한 플래시 기반의 디지털 어드벤처 게임 〈크림슨 룸〉이 출시된 시점이 2004년이고, 방탈출 카페가 본격적으로 유행한 시점이 한국을 기준으로 2010년이라는 점은 이 놀이방식을 상상하고 현실에 구현할 수 있었던 상상력의 단초가 디지털게임에 있다는 것을 의미한다. 이와 유사한 방식이 추리소설이나 퍼즐북 등 책이라는 형태로 인기를 끈 지는 수세기가 흘렀지만, 이를 규칙에 따라 설계된 가상의 세계로 만들어내는 데는 게임적 상상력이 절실했던 것이다.

젊은 층을 주로 한 방탈출 카페의 유행은 중장년층 남성을 중심으로 한 스크린골프의 유행과 쌍을 이룬다. 상대적으로 게임과의 접촉면이 낮은 중장년층은 게임이라기보다는 레저로서의 골프 애호가지만 먼 거리, 오랜 시간과 비싼 비용 등의 물리적 문제로 인해 퇴근 후 간단히 즐기는 오락거리로 스크린골프장을 찾는다. 그런데 스크린골프 플레이어들의 행동을 자세히 살펴보면 놀랍도록 게임의 그것을 닮아 있다.

스크린골프장을 처음 방문한 초보 이용자는 회원가입을 통해 각 골프장 시스템에 계정을 생성하거나 게스트 계정으로 로그인을 해야 한다. 멀리건(첫 티샷이 실패했을 경우 주변에 양해를 구하고 다시 칠 수 있는 기회를 주는 것을 가리키는 골프용어)은 방구석에 있는 컴퓨터의 키보드 버튼을 눌러 처리하고, 게임 시작 시 경기장과 풍향, 난이도 등을 설정하는 시간도 있다. 인터페이스만 실제 골프공과 클럽을 쓰는 것뿐 스크린골프장 안의 환경은 일반적으로 우리가 아는 게임 환경과 흡사한 형태이고, 그 안의 사람들은 정확히 게임

형식에 맞춰 스크린에 비치는 가상의 골프장 안에서 설계된 세계 안의 골프 플레이를 만들어가고 있는 것이다.

불과 수십 년 전만 해도 스크린에 비치는 가상의 그린을 향해 티 샷을 날린다는 이야기를 들으면 웃음이 나왔을 것이다. 그런데 이제 가상 골프장의 환경설정을 키보드와 마우스로 진행하는 과정이 어색하지 않은 친목 도모의 장면이 되었다는 것은 디지털게임을 통해 경험한 플레이 양식이 오프라인 현실에도 얼마나 보편적으로 퍼져 나가고 있는지를 단적으로 보여주는 사례라 할 수 있다.

2) 게임 언어의 보편화

매체로서 게임이 기능하면서 디지털게임의 용어도 오프라인 현실 전반에 퍼져 나가는 추세다. 게임에서 일반 데미지 외에 특정 확률에 의해 가끔씩 2배, 3배의 강한 데미지가 나타나는 경우를 가리키는 '크리티컬'이라는 게임 용어는 이제 사회 전반에서 유행어로 쓰인다. 또 '안습크리(안구에 습기가 찬다, 눈물이 난다)' 같은 용례들은 이제 말하는 이도 듣는 이도 설명 없이 소화할 수 있는 용어가 되었다.

MMORPG 등을 통해 보편화되기 시작한 개념인 '탱딜힐'이라는 용어도 일상에서 쓰이고 있다. 또 누군가를 온라인에서 공격할 때 쓰는 '극딜한다'는 표현은 게임 내 역할 분담에서 주로 공격 데미지를 만드는 데미지 딜러의 '딜링'에 극한의 접두사가 붙은 말이다. 사회 전반에 불어닥쳤던 힐링 열풍에서 '힐링'이라는 단어가 선택되고 퍼져 나간 배경도 게임과 완전히 무관하지는 않다.

3) 게임처럼 사고하기, 세상 같은 게임의 상호작용

게임의 매체성 가운데 가상세계의 뼈대를 이루는 규칙에 의한 사고도 게임과 사회 모두 서로 영향을 주면서 전반적으로 변화하고 있다. 현상에 대한 가치판단은 논외로 하더라도 사회 전반에 이른바 게이미피케이션이라는 방법론이 화두가 되기도 한 현상들의 배경에는 그것이 게임적 방법이라는 사실을 모두가 인지하고 있다는 전제가 깔려 있다. 직장에서 자신의 실적을 일종의 리더보드로 표현해 매일 갱신하고 달성률에 따라 차등보상이 지급되는 방식은 비록 시작이 게임은 아니었다고 해도 그것이 보편화하는 과정에는 분명 게임의 일상화가 있었다.

물론 이러한 영향은 단지 게임에서 사회로만 전달되는 것은 아니다. 게임 또한 사회의 그것을 따라가며 변화한다. 21세기 들어 폭발적으로 확장된 모바일 플랫폼을 타고 일반화하기 시작한 한국 디지털게임은 그전에 비해 더욱더 한국 사회를 압축해서 재현한다. 이른바 한국형 모바일게임이라고 불리는 게임들은 현금을 더 많이 결제하는 이가 게임이라는 가상세계에서도 현실에서의 우위를 그대로 가지는 약육강식과 황금만능주의 세계를 보여준다. 이것은 게임과 사회가 불가분의 관계로 연결되며 서로의 영향력 아래 변화해 나가고 있다는 것을 보여주는, 조금은 서글픈 이야기이기도 하다.

5. 나가며

정보화 사회라는 새로운 국면은 인류에게 적잖이 새로운 가능성을 열어주었다. 디지털 이전에는 상상하지 못했던 분량의 데이터가 이제 개인용 PC에서도 놀라운 속도로 처리되고 있다. 또한 전세계를 연결하는 거대한 네트워크망은 디지털기술의 물리적 한계를 가상의 네트워크로 확장시키면서 맥루한의 예언대로 전 지구적 신경망의 연결을 낳았다.

디지털기술의 총아가 집약된 게임은 한편으로는 데이터로 대표되는 디지털 네트워크 기술의 산업적·생산적인 측면과 함께하면서도 다른 한편으로는 궤를 달리하는 현상이자 매체다. 컴퓨터의 등장이 더 빠르고 정확한 계산이라는 산업적·관료적인 목적에서 이루어졌다는 점을 생각한다면 게임은 그렇게 등장한 기술을 온전히 유희를 위해 쏟아 붓는 아이러니를 딛고 서는 새로운 문화현상이다.

앞서 언급한 대로 매체는 당대의 환경에 따라 모습을 달리하며, 상호관계에 따라 다른 형태로 나타나는 유동적인 무엇이다. 게임의 매체성 또한 하나로 정의하기는 어려울 것이다. 특히 기존 매체와 달리 매체 수용자의 능동적 상호작용에 따라 비로소 의미가 발생하는 게임 특유의 방식은 더더욱 게임의 매체성을 하나의 줄기로 잡아내기 어렵게 만든다.

그러므로 게임의 매체성을 넘어 게임이라는 현대의 매체 현상을 이해하기 위해서는 오히려 게임적인 아이디어를 통해 고민하고 관찰할 필요가 있다. 게임이라는 매체가 존재하는 현대사회의 환경

안에서 우리는 마치 게임 플레이어와 같이 게임을 능동적으로 읽고 해석하며 플레이해야 한다. 모든 게임 플레이가 동일할 수 없듯 게임의 매체성에 대해서도 각자가 처한 환경과 상황에 따라 달라지는 부분을 참작하고 계속 변화하는 게임 환경마다 무엇이 기존과 다른 지점인지, 무엇이 근본적으로 동일한지를 계속 질문하고 토론할 수 있어야 한다. 그것이 이 책을 처음 읽기 시작하면서 놓치지 말아야 할 게임 분야의 독자이자 게이머로서 갖춰야 할 자세일 것이다.

1. 디지털게임과 디지털 이전의 보드게임은 어떤 차이점이 있는가?

2. 게임의 창조적 수용은 소설 독자의 상상력에 의한 수용과 어떻게 다른가?

3. 게임의 사회적 영향력이 현재 올바르게 활용되고 있다고 보는가?

4. 타 매체와 비교해 게임의 매체성의 장점과 단점은 무엇인가?

참고자료

• 디터 메르쉬 저/문화학연구회 역,《매체이론》, 연세대학교출판부, 2009.

• 마셜 맥루한 저/김상호 역,《미디어의 이해》, 커뮤니케이션북스, 2011.

• 예스퍼 율 저/장성진 역,《하프 리얼 : 가상세계와 실제 규칙 사이에 존재하는 비디오게임》, 비즈앤비즈, 2014.

2부

게임 텍스트/플레이

04

게임과 문학

천정환

주요 개념 및 용어 : 게임과 문학, 서사, 스토리텔링

게임의 서사는 흔히 인터랙션이 부가된 형식의 디지털 스토리텔링이라 일컬어진다. 게임의 다양한 분화와 디지털기술의 발전이 게임과 서사의 관계를 새롭게 했다. RPG나 어드벤처 게임의 주된 이야기는 여전히 전쟁·모험·판타지 같은 것이지만, 어떤 게임들이 주로 문학의 영역이던 인간의 생장로병사와 내면성의 요소를 배제하는 것은 아니다. 게임이 다른 미디어의 다양한 서사를 차용하거나 구현하는 데서 제한은 없어지고 있다.

'텍스트로서의 게임'은 상당 부분 문학적이며 문학과 친화성을 지닌다. 그러나 많은 종류의 게임에서 언어와 서사 같은 요소는 명백히 부차적이고 단순하여 문학과 거리가 멀다. 따라서 게임과 문학 그 자체 또 양자 사이의 관계를 쉽게 일반화하지 않는 것이 중요하다. 문학적인 것이 어떤 게임들을 게임으로서 성립시키고 또 게임의 매체성과 예술성을 높이지만, 게임 일반이 그 자체로 문학적 상태를 추구한다고 할 수는 없다. 그럼에도 게임 속의'문학적인 것'을 통해 게임의 본질이나 기능을 더 잘 이해할 수 있다.

---

1. 게임과 문학

1) 문학적인 것의 존재

게임과 문학은 매우 이질적인 것처럼 보이므로 왜 둘을 함께 놓고 게임을 이해해야 하는지 이해가 잘 안 될 수도 있다. 이는 주로 두 가지 이유 때문인 듯하다.

첫째, 오늘날 주류 문학이나 학교 문학이 너무나 딱딱하게 제도화된 형태로 존재하기 때문이다. 사실 문학은 훨씬 다양한 것이고, '문학적인 것'은 어디에나 있다. 게임 속에도 문학적인 것이 많다.

문학은 인류가 만든 가장 오래되고 강한 표현 형식이며 미디어의 일종이다. 문학적인 것과 문학이란 무엇인가? 문학적인 것은 세 가지 본질적인 요소, 즉 이야기(서사·스토리텔링)와 극(연행·드라마·현전), 그리고 언어 미학 그 자체로 생각해볼 수 있다. 이에 비해 문학이란 특정한 시대와 공간의 문학적인 것이 제도화된 장르로 구현된 체계, 또 그 예술적·언어적 구현물을 말한다. 〈애니팡〉, 〈테트리스〉같이 단순한 (그래서 오히려 어쩌면 게임의 본질을 알려주는) 게임은 이런 요소가 불분명하거나 포함되어 있지 않지만, 어드벤처나 RPG 게임은 풍부한 이야기와 극, 언어의 요소를 갖추고 있다. RPG 게임의 플레이어는 어떤 사회적·인간적 특성을 지닌 이야기의 인물character(주인공)이 되며, 점층적으로 구성돼 있는 게임의 스테이지와 그 최종적 임무 완수(클리어)는 시작과 끝 그리고 과정의 플롯이 있는 서사로 이해할 수 있다. 액션이나 스포츠 게임에서도 서사성과 드라마적 요소는 중요하다.

둘째, 오늘날 게임이 엄청나게 다양해졌는데도 여전히 모든 종류의 게임을 단지 게임으로 단순화시키는 (또 그럴 수밖에 없는) 관례와 방법 때문이다. 이를테면 우리가 플레이 타임이 몇 분도 안 되고 사회적·철학적 의미를 발견하기도 어려운 〈애니팡〉과, 주어진 퀘스트를 모두 해결하는 데 적어도 42일(1,000시간)이 걸린다는 〈월드 오브 워크래프트〉를 똑같이 게임이라 부를 때는 어떤 위험을 감당해야 한다. 2013년 전 세계 게이머들의 극찬 속에 그해 각종 게임상을 휩쓴 〈더 라스트 오브 어스〉 같은 게임은 정말 길고 복잡한 서사를 담고 있다. 그 결말에 대한 해석도 분분하다. 이런 게임은 영화의 방식으로 문학과 친화성을 지닌다. 주인공의 목소리는 유명한 성우가 연기했고, 유튜브 영상은 웬만한 영화의 길이나 작품성을 능가한다.

이처럼 '텍스트로서의 게임'은 상당 부분 대단히 문학적이어서 그 자체로 문학의 일부라 할 수 있을 정도다. 그러나 오늘날 다른 많은 종류의 게임에서 여전히 언어와 서사는 부차적이고 단순해서 문학과 거리가 있으므로 게임과 문학의 관계를 쉽게 일반화해서는 곤란하다.

2) 게이밍의 문학적 성격

'게임하기gaming'의 어떤 국면은 다른 미디어 텍스트의 수용과 마찬가지로 문학적인 것(언어와 서사)의 아름다움을 통해 삶의 진리를 체험하고 배우는 것이라 할 수 있다.

미국 유타 대학 영문학과 알프 시거트Alf Seegert 교수는 영문학의 고전《캔터베리 이야기》를 대중화하고 효과적으로 가르치기 위해 보드게임 〈캔터베리로 가는 길〉(웹판 2011년 출시)을 개발하기도 했다.[1] 〈댓 드래곤, 캔서〉라는 인디 게임은 게임 개발자 라이언 그린이 자신의 어린 아들이 암으로 죽은 실제 경험을 바탕으로 만들었다. 이 게임에는 일반 게임과는 달리 퍼즐이나 미션의 목표가 없다. 단지 암을 앓고 있는 어린이와 그 부모의 고통을 보고 동참하는 과정만 있다. 용으로 형상화된 암에 대한 게이머의 승리로도 귀결되지 않는 이 게임도 "만질 수 있는 소설, 만질 수 있는 영화"라 할 정도다.[2]

이럴 때 문학과 게임의 호환가능성은 상당히 높아 보이지만, 게임하기(게이밍) 전반을 '문학적'이라고 규정하기는 역시 어렵다. 요컨대 문학적인 것이 어떤 게임을 게임으로서 성립하게 하고 또 게임의 매체성과 예술성을 높이기는 하지만, 게임이 그 자체로 문학적인 것을 추구한다고 말하기는 어렵다. 문학적인 것 자체를 목적으로 추구하는 것은 문학이다. 따라서 '게임=문학'은 아니지만 게임 속의 문학적인 것을 통해 게임의 본질이나 기능을 더 잘 이해할 수 있으며, 점점 다양해지는 게임을 더 유익하게 즐기고, 어떤 좋은 게임들이 표방하는 세계에 대한 입장과 통찰을 이해할 수도 있다.

---

1) 김은정·황수경, 〈문학에서 게임으로 — 〈캔터베리로 가는 길〉을 통해 살펴본 문학기반 보드게임의 융합교육적 효용성 연구〉, 《인문콘텐츠》, 제46호, 2017. 9, pp.109~132. 참조.
2) 오영진, 〈댓 드래곤, 캔서 : 타인의 고통에 연루된 게이머들〉, 인문학협동조합 편, 《81년생 마리오》, 요다, 2017, p.257.

3) 게임 서사에 관한 논쟁

신생 학문으로서의 게임학은 오래된 전통적 학문과 비평 방법에 의존할 수밖에 없는 상태를 벗어나 독자적인 학문으로 정립되면서 다른 미디어나 문학과 구분되는 게임 그 자체의 고유성을 깊이 탐구하게 되었다. 그 결과 오늘날의 게임학에서는 '루두스'나 '파이디아'를 강조하고 역학적 요소가 게임의 '본질'에 가까운 분석 단위여야 한다는 주장이 힘을 얻고 있다.[3] 이는 물론 옳지만, 때로는 지나치게 엄격하게 느껴질 수도 있다. 문학과 게임 사이의 가장 격하고도 흥미로우며 본질적인 논쟁은 서사와 재현을 두고 일어났고, 게임과 게임학은 점점 독자적 영역을 넓혀왔기 때문이다.

이와 관련해 우루과이의 유명한 게임학 이론가 곤잘로 프라스카 Gonzalo Frasca는 게임에서의 재현은 3가지 레벨의 창조라고 말했다. 레벨 1은 "전통적인 스토리텔러들과 공유하는 서술된 행동들, 묘사들이나 설정들과 연관되어 있"고, 레벨 2는 "파이디아의 규칙, 즉 시뮬레이션된 시스템을 모델화하는 규칙들과 관련이 있"는 범주로 규정한다. 또한 레벨 3은 "루두스 규칙인데, 이는 루두스의 목표와 승리의 기준, 게임에서의 바람직한 상태"를 말한다.[4] 쉽게 말해 레벨 1은 문학이나 영화와 게임이 공유하는 자질, 레벨 2와 3은 놀이나 게임의 본원적 요소를 말한다. 파이디아는 원래 규범화되지 않

3) 성균관대 문과대학 코어사업단 주최, 인문학협동조합 주관 〈뉴미디어 비평스쿨〉 이정엽 교수의 강의 내용 (2018년 1월 15일) 또는 이정엽, 《인디 게임》, 커뮤니케이션북스, 2015. 참조.
4) 곤잘로 프라스카 저/김겸섭 역, 《억압받는 사람들을 위한 비디오게임》, 커뮤니케이션북스, 2008, p.43.

은 자유로운 난장으로서의 놀이 성격을, 루두스는 규칙이 정확히 정해진 가운데 장애와 난관을 이기고 미션을 수행하는 놀이의 즐거움을 뜻한다. 이는 문학이나 다른 미디어로 환원되기 어렵다는 것이다.

한편, 게임이 역학적 요소mechanics와 동적 요소dynamics, 미학적 요소aesthetics 등으로 나뉜다고 본 마르크 르블랑Marc LeBlanc 같은 학자는 역학적 요소인 미케닉을 강조한다. 그것은 눈에 잘 보이지는 않지만 게임의 규칙과 인터랙션 메커니즘을 결정하는 요소들, 즉 규칙, 장비, 공간 등을 포함한다.[5] 이를테면 〈오버워치〉를 비롯한 모든 슈팅 게임은 반복적으로 총이나 미사일을 쏴서 적의 사물이나 몸체를 파괴하도록 프로그래밍해두었고, 모든 보드 장르는 일정한 판 위에서 형태·색상 등으로 구분되는 오브제를 조작하는 것을 구현한다. 이 같은 프로그래밍은 게이머의 반복되는 동작이나 여러 스킬을 통해 게임하기(플레잉)로 수행된다. 이 양자를 역학적 요인이라 한다.

게임이 학문의 대상으로 간주되던 초기에 문학 연구자들은 게임을 서사나 극의 원리로 설명하며 진지한 사유의 대상으로 삼으려 했다. 특히 〈삼국지〉 같은 전략 시뮬레이션 게임이나 다중이 함께 플레이하는 MMORPG 같은 게임이 나타나자 서사 분석 방법은 의심 없이 적용되었다. 서사학이 처음 정립될 때처럼 고대부터 내려온 아리스토텔레스의 시학詩學이 동원되는가 하면, 20세기 후반에

---

5) 이정엽,《인디 게임》, 커뮤니케이션북스, 2015. 참조.

144

발전한 서구의 서사학이 게임을 설명하는 데 적용되었다. 세상의 다양한 이야기를 설명하고 '서사 시학'을 법칙적으로 분석, 정립하려 했던 시도가 그랬듯이 이는 일부만 성공했다.

4) 서사적 재현의 중요성

이야기가 복잡한 경우에도 게임의 서사적 재현은 게임의 루두스나 미케닉과 결코 분리될 수 없다. 반면 게임의 고유한 자질도 서사성과 상호연관성을 가질 수밖에 없을 것이다. 또 우리가 오늘날 수없이 많은 게임이 체현하고 있는 이야기와 서사적 재현 그 자체에 민감하게 관심을 가질 수밖에 없는 이유도 있다. 어떤 게임이 가진 기본적인 스토리라인은 사회를 '반영'하고 재현하며, 그 캐릭터나 플레이를 통해 게이머의 (무)의식에 영향을 미친다. 또 많은 게임은 그러한 방식으로 사회적 의미를 지닌다.

또한 우리가 사는 세계가 여전히 불평등과 차별, 인권침해가 만연한 곳이라면 1차원적이라 해도 게임의 서사와 캐릭터는 단순한 문제가 될 수 없다. 특히 사회의 소수자들이나 억압받는 위치에 있는 사람들은 게임뿐 아니라 어떤 미디어 속의 캐릭터와 서사에도 민감할 수밖에 없다. 예를 들어 많은 여성은 흔히 중세적인 동화나 기사담에서 빌려온 '곤경에 빠진 처녀(공주)' 모티브의 〈동키콩〉, 〈슈퍼마리오〉, 〈페르시아의 왕자〉 같은 게임을 불편해한다. 이런 게임에서 여성은 남성의 구원을 기다리는 수동적인 존재일 뿐이고, 비록 게임을 하는 동안이라 해도 플레이어는 그런 여성성의 반대쪽에서 규범적 남성성을 수행하는 존재가 된다. 또 아니타 사키시안[Anita

Sarkeesian 같은 여성 게임비평가나 많은 여성이 지적하는 것처럼 남성들의 판타지 안에만 존재하는 '비정상적인 몸'의 게임 속 여성 캐릭터는 여성에 대한 성적 대상화를 강화한다.[6]

만약 한국전쟁을 소재로 한 게임에서 한국인을 야만인이나 미개인으로 설정하고, 공중폭격이나 군사작전을 통해 마을과 민간인을 절멸·학살하는 플레이를 한다고 치자. 실제로 1948~53년에 미군은 한반도에서 그런 일을 했고, 한국전쟁 참전 미군들이 남긴 많은 서사물에서 한국인은 대부분 흰옷 입은 미개인, 고아, 부패한 군장교, 창녀, 포주 등으로 등장한다.[7] 단지 게임이니 이런 재현도 괜찮은 것일까? 실제로 그런 게임에서의 역할과 재현이 게이머에게 어떤 영향을 미치는지는 중요한 토론거리가 되어왔다.

그런데 그런 여성 차별적이거나 인종주의적인 게임이 그저 한두 개가 아니라 실제로 차별적인 서사를 가진 게임이 무수히 많다면 이 사회에 어떤 영향을 미칠까? 그리고 우리 게이머들은 어떻게 해야 할까?

미국 여고생들은 여성 캐릭터를 향해 돌진해오는 적들을 생리도구인 탐폰을 던져 해치우는 〈탐폰 런〉이라는 인디 게임을 만들기도 했다.[8] 이와 관련해 곤잘로 프라스카는 게임 속의 인물을 통해 구현되는 서사적 재현에 대해 중요한 통찰을 보여준다. 〈슈퍼마리오〉의 마리오는 사실상 커서에 불과해 인간적 현실을 표현하기

---

6) "북미의 여성 게임비평가 '아니타 사키시안' 살해협박 받고 대피해". 인벤. 2014. 9. 2.
7) 브루스 커밍스 저/조행복 역, 《브루스 커밍스의 한국전쟁》, 현실문화, 2017, 제4장 참조.

가 힘들지만, 일상과 사회의 실상을 보여주는 게임인 〈심즈〉를 염두에 두고 〈억압받는 사람들을 위한 심즈〉 같은 게임도 있어야 한다고 강조한다.[9] 사회적 정체성을 지시하고 성격을 지닌 캐릭터라는 서사의 요소가 게임에서 지닌 중요성을 인식했기 때문에 그도 스스로 게임을 만들었다.

2. 서사와 스토리텔링

1) 서사란 무엇인가?

서사는 허구나 실제 사건 또는 행위를 묘사하기 위해 만들어진 이야기와 그 구성체를 뜻한다. 서사는 이야기를 구성·조직하는 약호code와 관습convention으로 되어 있으며, 현실 세계를 재현하고 표현하는 미학적·문화적 수단으로서 비중이 매우 크다.

서사라는 개념에는 두 가지 연관된 의미가 내포되어 있다. 서사는 이야기 그 자체를 의미하는 동시에 이야기하기(스토리텔링 storytelling)를 뜻하는 것이다. 즉, 서사는 '사건과 존재의 상태 변화

---

8) 김수정, 〈탐폰으로 적을 죽인다? 게임 속에 펼쳐진 페미니즘〉, 《CBS 노컷뉴스》 2018. 1. 28. 이는 성균관대 국어국문학과와 서울시여성가족재단이 주관한 〈페미니스트 시각으로 읽는 한국 현대문화사〉에서 조혜영이 강의한 내용을 정리한 것이다. 여기서 조혜영은 "여주인공의 죽음으로 시작해 문학적인 서사를 보여주는 〈헤븐리 소드〉, 이른바 나쁜 가부장을 죽인다는 얼개를 가진 〈바이오쇼크 인피니트〉, 딸을 잃어버린 아버지 조엘과 멸망한 세계에 적응해가는 소녀 엘리의 이야기를 담은 〈더 라스트 오브 어스〉, 특정 성별로 분류되지 않아온 기계의 '중립성 신화'를 짚어본 〈포탈〉, 출시 때부터 '우리가 기다려왔던 페미니즘 게임'을 표방했던 〈호라이즌 제로 던〉 등을" 페미니즘적 서사를 가진 게임으로 소개했다.
9) 곤잘로 프라스카, 앞의 책, p.176.

에 대해 이야기하기'다. 시간과 공간 위에서의 사건과 존재의 상태 변화가 서사의 내용이며, 그에 대한 서술은 서사의 구현 형식이라 할 수 있다. 저자나 책에 따라 용어가 조금씩 다르지만, 여기서는 이야기 자체로서의 서사와 이야기하기로서의 서사를 구분해서 특히 후자를 '스토리텔링(또는 서술)'이라 부르기로 한다.

서사의 내용인 존재의 상태와 그 변화란 무엇인가? 그것은 태어나서 자라고 '지지고 볶으며' 살다가 결국 늙거나 병들어 죽는 생장로병사의 과정을 겪는 인간 존재의 본질적 조건과 유한성에 대한 것이다. 서사는 그 사이의 크고 작은 변화를 기술한다.

예를 들어 다음 두 문장의 진술이 있다고 하자.

"나는 작년 2월까지 한국에서 고등학생이었다. 지금은 미국 뉴욕에서 스파이더맨으로 악당들과 싸우고 있다."

이 두 문장은 각각 과거와 현재의 상태에 대한 진술이다. 그런데 두 진술 사이에 있었던 어떤 연관이나 인과 그리고 그것을 가능하게 한 개연성을 말하면 서사가 된다. 즉, 작년 2월에서 지금까지 1년 동안 과연 어떤 사건과 변화가 있었을까? 또 원래 '나'는 어떤 한국 고등학생이었기에 지금 뉴욕 맨해튼에서 암약하는 스파이더맨이 되었을까?

무한한 상상력을 발휘해서 두 시점 사이의 사건들과 거기에 얽힌 여러 인물의 이야기를 창조해낼 수 있을 것이다. 원래 〈스파이더맨〉 시리즈에 나오는 것처럼 나의 아버지가 거미를 연구하던 과학자일 수도 있고, 내가 곤충박물관에서 괴물 독거미에게 물린 뒤 알 수 없는 병에 걸렸을 수도 있다. 그런 사건과 인물에 대한 온갖 이야기가 서사, 그것을 이야기하기가 스토리텔링(서술)이다.

2) 서사의 분화와 종류

학자들은 인간 정신·감성의 본연성과 결부된 가장 근원적인 문예적 양식으로 서사·서정·극·교술 등을 꼽는다. 이 네 가지 양식에는 각각 다음과 같은 하부 장르가 있다.

서사 : 신화, 민담, 기사담, 로맨스, 근대소설(노벨), 동화, 전설, 역사, 영화, 장르소설, SF·TV 드라마 등 현대 대중서사
서정 : 발라드, 노동요, 시조, 가사, 한시, 대중가요, 근대 서정시
극 : 고대 희극·비극, 인형극, 무언극, 무용극, 오페라, 탈춤, 가면극, 근대 연극, 판소리, 현대 드라마
교술 : 수필, 칼럼, 에세이, 논설

어쩌면 실제 인간의 예술적 표현 양식의 존재에 대한 이 구분법 자체가 무리인지도 모른다. 옛날부터 서사시, 판소리처럼 어느 한 양식에 귀착시킬 수 없는 복합 장르가 있었기 때문이다. 그리고 새로운 장르는 언제나 복합성을 지닌다. 만화나 게임 같은 양식도 네 가지 중 어느 하나로 분류하기 힘들지만, 이들은 특유의 미디어성에 각각 서사와 극의 요소를 복합적으로 결합시켜 발전해왔다고 볼 수 있다.

근본 양식은 미디어 테크놀로지와 커뮤니케이션 문화에 의해 세부적이고 더 구체적인 장르를 형성하게 되며, 또 언제나 변화를 겪

는다. 즉, 시대에 따라 다양한 문학과 예술적 표현 그리고 미디어 양식은 발전과 융성, 퇴락과 사멸을 겪는다. 이를테면 18~20세기에 유럽과 동아시아에서 번성했던 서사 양식은 근대소설(노벨)이었다. 인쇄매체에 근거한 근대소설은 지금도 규범적 문학교육과 교양의 체계에서는 왕좌를 지키고 있지만, 전체적으로는 지위가 점점 낮아지고 있다. 또 다른 예로 영화는 20세기에 들어서야 나타난 서사 장르인데, 영상기술의 눈부신 발전에 힘입어 서사 세계의 패자가 되었다. 21세기 초엽인 지금도 영화는 세계 곳곳에서 큰 사랑을 받고 있지만 예전과 같은 지위를 누리지 못하고 있다. 스마트폰이나 유튜브 등으로 대표되는 이동통신 미디어 기술이 서사물의 수용과 제작 방식을 바꾸고 있기 때문이다.

서사물에는 소설, 동화, 서사시, 극, 전설, 역사 등과 같은 언어 서사물과 영화, 연극, 발레 등 비언어적 서사물이 있다. 인쇄매체에 근거한 소설, 동화, 역사물은 주로 문자 언어에 의지하는 서사물이며 만화, 영화, 드라마, 애니메이션, 컴퓨터게임 등은 이미지와 영상을 서사 표현의 주요 수단으로 삼는다.

서사가 소설 같은 허구만을 의미하는 것은 아니다. 신문기사, 역사는 이야기가 있지만 상상의 산물은 아니다. 이를 비허구 서사라 한다.

3) 서사의 미적 요소와 플롯

서사의 예술성은 '심미적으로' 최대한 재미있고 효과적으로 전달하려는 데서 발현된다. 심미성과 재미의 문제가 곧 스토리텔링의 모든 문제라 할 수도 있다. 스토리텔링이란 단순히 줄거리의 전달이 아니다. 독자나 관객이 더 집중하고 흥미를 가질 수 있게 적당히 사건을 꼬아 복잡하게 만드는 것, 머리를 쓰게 하기 위해 사건이 일어난 순서(인과)와 시간을 달리 처리하는 것, 이야기를 전하는 목소리와 방법을 멋지게 또 친근하게 만드는 일이 서사의 미학이며 스토리텔링의 본질인 것이다. 이런 차원에서 서사를 줄거리로서의 (서사)스토리와 구분하여 '(서사)담화'라 구분지어 부르기도 한다.[10] 흔히 인물, 사건, 시간, 배경 같은 요인을 서사의 기본적인 미의 요소로 꼽는데, 이보다 더 깊은 차원에서 서사의 재미와 미학을 이루는 요인은 플롯과 서술(스토리텔링)의 문제다.

플롯은 서사학에서 두 가지 의미로 사용된다. 미시적으로 플롯은 작가(창작가)의 예술적 의도에 따라 가공되고 재배열된 이야기 순서를 의미한다. 즉, 서사의 개연성과 인과율을 장치하는 방법이다. 이때 스토리와 플롯을 구분해 스토리를 단지 이야기를 시간적으로 가공하기 이전의 연대기적 시간으로 배열한 것이라는 의미로 부르기도 한다. 그러나 추리서사와 같이 명백한 의도로 시간 순서를 거꾸로 하는 경우가 아니라도 모든 서사물은 연대기적 시간과 다른 플롯을 가지고 있다. 전기서사나 고전소설처럼 역진적 시간을 택하지 않는다 해도 서사시간에서 생략이나 비등장성을 배제할 수 없기 때문이다. 서술자는 이야기를 요약하여 제시(서술, telling, 디에게시스)하기도 하고 직접 장면을 묘사(showing, 미메시스)하기

---

10) 시모어 채트먼 저/한용환 역,《이야기와 담론 : 영화와 소설의 서사구조》, 푸른사상, 2003. 참조.

도 한다. 이때 서사 속의 시간은 실제 시간과 다르게 간다. 서술은 시간을 압축하고, 묘사는 시간을 늘린다.

한편, 플롯을 이야기의 거시적 구조. 즉 주동 인물이 처하는 상황이나 거시적인 해결 과제(미션) 같은 것으로 간주하는 학자들도 있다. 로널드 토비아스Ronald B. Tobias는 세상의 이야기에는 다음과 같은 스무 개의 원형적인 플롯이 있다고 했다.[11] 이를 비슷한 계열끼리 몇 개씩 묶어보면 다음과 같다.

추구	발견	
모험	추적	
구출	탈출	
라이벌	희생자	
사랑	금지된 사랑	
희생	지독한 행위	
상승	몰락	
변신	변모	성숙
수수께끼		
복수		
유혹		

대부분의 영화나 소설은 물론 게임과 만화도 이와 같은 플롯-서사가 있다. 그리고 장편소설 같은 긴 이야기에는 이 플롯들 가운데 여러 개가 함께 있고, 근대소설 같은 문학 양식은 (가치의) 추구, 발

견, 성숙 같은 플롯을 특히 선호한다.

자신이 요즘 하고 있는 게임에는 어떤 플롯-서사가 있는지 생각해보라. 게임의 플롯으로는 특히 추구, 발견, 추적, 모험, 구출, 탈출, 수수께끼 등이 많이 채택된다는 것을 알 수 있을 것이다. 그런 플롯이 게이밍에 적합하기 때문일 것이다.

게임의 역사에서 〈심시티〉와 같이 악당(적)을 물리치지도 않고, 반복적인 미션 단계를 거쳐 다 수행한 뒤에도 결말이 기다리고 있지 않은 플롯의 게임은 지극히 예외적이었다고 한다. 이젠 그런 예외가 무척 많아졌지만, 오늘날에도 대부분의 RPG는 사용자들이 세계를 탐험하고, 세계 속에서 업적을 달성하며, 또 전쟁에 참여하여 영웅으로 거듭나는 이야기 구조를 보인다. 다만 MMORPG의 주인공(게이머)들은 여러 개인으로 존재해서 함께 협력·교류해가며 그런 서사 플롯을 경험한다.[12]

4) 서술자의 기이함과 목소리

소설이나 언어 서사물의 미학에서는 서사하기(서술)의 방법이 특히 중요하다. 서사는 반드시 이야기를 읽거나 듣는 대상(독자·관객 등)에게로 전달되는 과정을 거치는데, 작품을 쓰거나 만든 작가는 이를 이야기 속의 어떤 매개를 통해 전달한다. 그 매개 가운데 인격화된 존재를 '서술자narrator'[13]라 부른다. 서술자는 작가가 장

11) 로널드 B. 토비아스 저/김석만 역, 《인간의 마음을 사로잡는 스무 가지 플롯》, 풀빛, 2007. 참조.
12) 류철균·구혜인, 〈MMORPG 진영 간 전투의 스토리텔링 연구 — 〈블레이드 앤 소울〉을 중심으로〉, 한국컴퓨터게임학회, 《한국컴퓨터게임학회논문지》, 제27권 제4호, 2014년 12월.

치한 이야기를 들려주는 목소리voice의 주인이다.

그런데 서술자가 곧 작가는 아니다. "옛날옛날 미국 어느 마을에 스파이더맨이 살고 있었어요"라든가 "홍 판서 댁 서자 길동이가 점점 자라 여덟 살이 되었을 때…" 하고 이야기해주는 목소리의 주체가 곧 스파이더맨의 감독이나 허균은 아니라는 것이다. 서술자가 존재하므로 객관성의 환상이 만들어지지만, 서술자의 존재는 참 이상하다. 서술자는 이야기 속에서 구체적인 등장인물로 나올 수도 있고 그렇지 않을 수도 있다. 따라서 다음 세 경우가 있다.

작가 ≒ 서술자 ≒ 등장인물
작가 = 서술자 = 등장인물
작가 ≠ 서술자 ≠ 등장인물

또 서술자가 특정한 인칭(1, 3인칭)을 취하는 방법에 따라 이야기의 느낌과 효과는 사뭇 달라진다. 1인칭 서술 상황은 등장인물과 서술자가 일치하는 경우가 많고, 3인칭 서술 상황에서 서술자는 이야기의 등장인물이 아닐 수도 있다.

영화 〈스트레인저 댄 픽션〉은 바로 이렇게 작가도 아니고 주인공도 아닌, 그러나 그럴 수도 있는 서술자/목소리라는 존재의 기괴함을 흥미롭게 풀어낸 영화다. 매우 단조롭고 틀에 박힌 삶을 살던 세무공무원 남자 주인공(해롤드 크릭)은 어느 날 자신의 머리 안

---

13) 논자에 따라서는 서술자를 화자라 부르는 경우가 있다. 예를 들어 '초점 서술자'를 '초점 화자'라 부른다.

에서 그의 행동 하나하나를 정확히 설명하거나 예측하는 어떤 목소리를 듣게 된다. 그것은 특정한 어투의 여성 목소리인데, 심지어 그가 곧 죽을 것이라고 예언한다. 즉, 등장인물에게 서술자(작가)의 목소리가 들린다는 설정인데, 주인공은 자신이 정신질환에 걸렸다고 생각하게 된다. 실제로 환청은 조현병의 대표적인 증상이다.

　이처럼 서사 속에는 사건을 바라보고 이야기를 전달하는 중심적인 인격적 주체가 있고 '목소리' 개념은 바로 이를 가리키는 것이다. 중심적인 목소리의 주체를 초점 서술자라 하며, 초점 서술자의 지각 또는 말하기의 대상이 되는 등장인물을 초점화 대상이라 한다. 영화를 예로 들면 카메라를 들고 다니면서 이야기를 보여주는 그 어떤 존재가 초점 서술자이고, 그 카메라에 주로 포착되는 인물이 초점화 대상이다.

　모든 이야기는 매 순간 서술자가 말하는 세계를 보는 태도, 시각, 관점으로 제시된다. 서술자가 이야기하는 방식이 이야기의 느낌과 질, 관념적·도덕적 방향성과 심미적 양상을 좌우한다. 따라서 목소리는 주제와 긴밀한 연관을 맺고 작품의 매력을 좌우하는 매우 중요한 요소다. 서술자의 목소리는 소설에서는 문체로, 영화에서는 색조나 화면의 구성 방식 등으로 구현된다.

　게임에서도 영화와 비슷하게 그래픽을 통한 전체적 느낌을 통해 이 목소리가 전해질 수 있다. 요컨대 서술자의 문제에 시점, 서술 상황, 초점화, 거리, 목소리(어조) 등의 모든 요소가 포함된다.

3. 게임과 서사

1) "얼라이언스와 호드가 쑥대밭이 된 지금": 디지털 스토리텔링

그렇다면 게임의 어떤 요소가 서사에 해당하는가? 게임의 알고리즘과 미리 프로그래밍돼 주어진 여러 가지 룰이 서사인가? 아니면 게이머의 작동 방식 또는 게이머의 전략이 서사를 만들어내는가? 또는 플레이가 펼쳐질, 예컨대 "살게라스의 무덤이 다시 열리고, 불타는 군단의 악마들이 또 한 번 우리 세계로 쏟아져 들어"오고, "얼라이언스와 호드가 쑥대밭이 된 지금, 오직 당신만이 아제로스의 마지막 희망이 사라지기 전에 전설적인 유물을 손에 쥐고, 고대의 땅 부서진 섬에서 티탄의 성물을 찾아내야"[14] 한다는 주어진 인물과 큰 줄거리가 게임의 서사에 해당하는가? 〈월드 오브 워크래프트〉의 이러한 배경 서사는 중세나 고대의 다른 시공간으로 바뀌어도 크게 상관없지 않은가?

'게임 시나리오' 같은 말은 게임이 문학, 영화와 비슷한 서사로서 존재한다는 것을 강하게 드러낸다. 그러나 다른 한편으로는 게임의 서사가 완결되어 있는 소설·영화·만화 등의 서사를 수용자가 보고 읽는 다른 장르의 서사와는 다르다는 것도 분명하다. 게임의 서사는 흔히 '인터랙션이 부가된 디지털 스토리텔링'이라 일컬어진다.

세상의 모든 이야기는 미디어를 통해 만들어지고 전달된다. 미

---

14) 〈군단(월드 오브 워크래프트)〉 홈페이지 http://kr.battle.net/wow/ko/legion/

디어는 인간의 구술 행위에서부터 게임·스마트폰·유튜브 같은 디지털미디어에 이르기까지 다양하다. 오늘날의 게임은 '디지털 스토리텔링'의 유력한 양식의 하나다. 디지털 스토리텔링이 유독 문제적인 이유는 디지털기술이 서사의 생산과 수용에서 결정적인 어떤 측면을 바꾸고 새로 조직했기 때문이다. MMORPG에서처럼 다수의 게이머가 이야기 구성 과정의 참여자가 되어 스토리를 상황에 따라 다르게 전개할 수 있고, 유동하는 이야기가 실시간으로 전개·유통된다.[15] 주인공 또는 독자가 여럿이거나 이야기 줄거리가 정해지지 않은 채 다층적으로 전개된다는 뜻이다. 따라서 디지털 스토리텔링은 컴퓨터를 매개로 일어나는 서사 행위를 가리키며, 특히 웹상에서 일어나는 상호작용 서사를 널리 이르는 개념이 되었고, 게임이 그 대표적인 장르이자 미디어가 되고 있다.

2) 다선형적 상호작용 서사[16]

한국의 대표적인 IT 대기업이자 온라인게임 공급업체의 하나인 NHN은 2010년 'NHN 게임문학상'을 제정하고, 1억 원이 넘는 상금을 걸고 '게임 시나리오'를 공모한 적이 있다. 그 취지문에 나타난 게임과 문학의 관계를 살펴보자.

---

15) 변민주,《디지털 미디어 스토리텔링 코어》, 커뮤니케이션북스, 2015. 참조.
16) 자넷 머레이는《홀로덱 위의 햄릿》(1997)이 서사론적인 관점에서 게임을 '상호작용적 스토리로 규정하게 한 기념비적 저작이라 말한다. '상호작용적 서사'와 '인터랙티브 내러티브'는 같은 용어이며, 이 책에서는 '상호작용적 서사'를 택한다.

우리가 일반적으로 쓰는 용어는 '게임 시나리오'일 것입니다. 하지만 저희는 기획을 하면서 더 넓은 의미의 '문학'이라는 용어를 쓰기로 했습니다. 꼭 게임 관련 일을 하지 않더라도 누구나 게임을 좋아하는 분이라면 참여할 수 있다는 점을 강조하고 싶었습니다. 물론 게임 시나리오는 전문적인 영역입니다. NHN 게임문학상도 게임 활용 가능성을 선정 기준에 두고 있습니다. 하지만 이에 못지 않게 독착성·창작성을 평가 요소로 두고 있습니다.[17]

게임 시나리오 공모를 게임문학 신인 선발제도로 간주한 것이다. 그러나 앞에서 살펴보았듯 게임과 문학의 호환성과 게임의 문학성은 단지 시나리오의 문제로 한정되거나 환원되지 않는다. 시나리오라는 문자적 표현 양식은 영화의 실제 촬영과 배우들의 연기, 후반 작업으로 완성될 서사의 잠재태일 뿐이다. 마찬가지로 게임 시나리오도 게이밍의 와중에 발생하는 상호작용 서사, 즉 게임과 게이머 사이 그리고 게이머들 사이의 관계에서 발생하는 이야기를 미리 담아내지는 못한다.

마르크 르블랑 등이 말한 바와 같이 디지털 게임의 서사는 게이머들의 플레이를 통해 사건이 발생하는 다선형적이고 개방적인 특성 때문에 문학이나 영화의 서사와 크게 다르다. 좀 더 자세히 말하면 다음과 같다.

첫째, 문학이나 영화의 서사와는 달리 게임의 서사는 전개 과정

---

17) 제1회 NHN 게임문학상 | 작성자 네이버 다이어리(http://blog.naver.com/naver_diary/150091484539)

이 여러 갈래로 나뉘어 있다. 즉, 게임에 프로그래밍돼 있는 이야기에 최종적인 결말이 없는 것은 아니지만, 게이머가 하기에 따라 경험되고 보이는 과정은 대단히 다양하다. 게이머는 흔히 '렙'이라 불리는 숙련도에 따라 서사의 마디마디에서 다른 경험을 하고 다른 이야기를 즐기게 된다. 만약 어떤 스테이지를 클리어하지 못하고 죽으면 다음 스테이지를 경험할 수 없다. 시작에서 결말에 이르는 과정이 하나의 선이 아니라는 점에서 게임의 서사는 다선형적이다. 비선형적이라 간주되었으나 더 정확히 말하면 다선형적이라 보는 것이 옳다. 이야기의 방향과 결말이 아예 없는 것은 아니기 때문이다.

둘째, 게임의 서사는 상호작용적이다. 이 상호작용성은 단지 게이머와 주어진 게임 내 환경 사이(PvE player vs environment)에서 주어질 뿐 아니라 게이머와 게이머(PvP player vs player) 또는 복수의 게이머들과 게이머들(RvR realm vs realm) 사이의 상호작용으로 만들어진다. 다시 말해, 원래 주어져 있는 서사는 배경일 뿐 게임의 서사는 플레이하는 과정에서 작용하며, 또한 MMORPG에서처럼 어떤 다른 게이머를 만나고 협력하느냐에 따라 체험의 내용도 달라진다는 것이다. 이 과정은 특히 예측을 불허한다.

게임 서사의 이 개방성과 상호작용성은 대단히 매력적이어서 기존의 모든 서사 예술에 대한 대안으로까지 이야기되기도 했다. 예를 들어 바츠 해방 전쟁이라 일컬어지는 〈리니지 2〉의 평범한 유저들이 독점적이고 힘이 센 길드에 대항해서 전쟁을 벌인 사건은 그 자체로 게임이 내장한 상호작용 방식이 만들어낸 파생 서사였다. 이는 당시 게임 세계에서 엄청난 관심을 끌었고, 수많은 웹툰과 소설 등 또 다른 서사를 생산하는 바탕이 되었다. 2004년 6월부터 2008년 3월까지 약 4년여간 이어진 이 서사에 참여한 게이머는 무려 20만 명에 달한다고 한다.[18)]

그러나 주의할 점이 있다. 게임에 잠재하는 서사의 개방성과 상호작용성이 무한한 것은 아니라는 점이다. "플레이어가 창조해 나가면서 바뀌는 상호작용적인 서사를 인정한다고 하더라도" 대부분 "이는 우발적인 스토리에 그치거나 개발자가 만들어놓은 고정된 틀 안의 스토리를 조합, 변형하는 수준에서 그치는 경우가 대부분" 이기 때문이다.[19)]

3) 게임의 발전 과정과 서사

게임은 왜, 그리고 어떻게 거대하고 복잡한 서사를 채용하거나 결합하게 되었을까? 처음 비디오게임이 만들어진 단계의 게임인 〈팩맨〉이나 〈벽돌깨기〉, 〈퐁〉 같은 게임에는 서사도 없고 언어도 없다고 할 수 있다. 지금도 어떤 종류의 게임에는 '이야기'가 필요하지 않다. 이야기는 단지 배경일 뿐 반복적인 미션의 수행과 손기술로 주어지는 놀이의 어떤 쾌감이 게임의 본령이라고 할 수 있다.

그럼에도 이 또한 이제 게임 세계 전체에 해당하는 것은 아니다. 〈스페이스 인베이더〉, 〈갤러그〉 같은 초기 비디오게임의 명작도 우주전쟁이나 우주인의 지구 침공같이 오래된 서사를 단순한 시각

---

18) 이인화, 《한국형 디지털 스토리텔링 : '리니지 2' 바츠 해방 전쟁 이야기》, 살림, 2005.
19) 이정엽, 《디지털 게임, 상상력의 새로운 영토》, 살림, 2005, p.6.

기호의 수준에서, 그러나 매우 강렬하고 원형적인 기호로 구현했다. 이때의 서사란 사실 20세기 초부터 존재해온 SF문학이나 영화에서 "우주인들이 쳐들어오고 지구인은 방어한다"는 모티브를 빌려온 것이다.[20]

그런데 동아시아의 유구한 고전《삼국지》의 서사를 전략 게임으로 구현한 〈삼국지〉 시리즈라든가 여자아이를 키워 성장시킨다는 〈프린세스 메이커〉의 단계로 오면서 게임의 서사는 매우 다양하고도 복잡해지기 시작했다. 이로써 서사는 게임의 존재 또는 게임의 오락성과 정치적 의미로까지 격상하게 된다. 지금은 아름답고 복잡한 서사를 갖춘 게임이 매우 다양하고 많다.

이 과정을 영화예술의 발전 과정과 비교해볼 수 있을까? 영화는 애초에 광학기술과 환등술의 연장선상에서 비교적 단순한 영상 촬영·저장 미디어로 등장했으나 기술이 점점 진화하면서 풍부한 콘텐츠를 필요로 하게 되었다. 그래서 더할 나위 없이 복잡한 서사의 유럽 근대소설을 적극적으로 끌어들였다. 그래서 '영화=극영화'가 되면서 20세기 미디어의 대표적인 장르이자 서사 산업으로 안착하게 된 것이다.

이와 직접 비교하기는 어려워도 게임 발전 과정의 복잡성과 비선형성, 즉 게임의 다양한 분화와 예상치 못한 디지털기술의 발전이 게임과 서사의 관계를 새로 만들어냈다는 것은 거의 확실해 보

20) 나보라, 〈스페이스 인베이더 — 비디오게임은 우주 전쟁을 어떻게 구현하는가〉, 인문학협동조합 편, 《81년생 마리오》, 요다, 2017.

인다. 게임 시장이 커지고 제작비가 늘고 블록버스터화할수록 서사는 더 중요한 요인이 되었던 것이다.[21]

서사 예술의 장르별 제작과 수용 환경에 따라 더 선호되는 서사가 있다. 예를 들어 근대소설은 인간의 생장로병사 자체와 내면성의 서사를 다루기에 적합하고, 극장용 대중영화는 SF나 역사전기물을 발전시켜왔다. 대중소설은 연애 이야기나 범죄 서사를 통해 발전했다. RPG나 어드벤처 게임의 주류적인 이야기는 여전히 전쟁·모험·판타지 같은 것인데, 아마도 이런 서사가 이른바 게임성과 어울릴 것이다. 그러나 오늘날의 인디 게임들이나 앞에서 언급한 〈심즈〉, 〈더 라스트 오브 어스〉 같은 게임이 주로 문학의 영역이던 인간의 생장로병사와 내면성의 요소를 배제하는 것은 아니다. 게임이 다양한 서사를 차용하거나 구현하는 데 대한 제한은 없어지고 있다.

RPG에서는 게이머가 게임 내에서 정해진 역할을 맡아 임무를 수행하고 그 과정에서 캐릭터가 성장한다. 여기서도 서사의 중요성이 큰데, 캐릭터의 성장은 곧 게이머 숙련도의 향상이며 이는 거의 모든 롤플레잉 게임을 규정하는 기본 요인이다.[22] 물론 이 성장은 성장소설이나 성장영화에서의 성장과는 의미가 다르다. MMORPG의 역사는 사용자와 게임 내 환경 사이의 전투를 강조하는 PvE 중심 게임에서 사용자 간 경쟁을 추구하는 PvP 중심 게임으

21) 이정엽, 〈디지털게임의 서사학 시론 : 에이전시와 다중시점의 문제를 중심으로〉, 한국문학이론과 비평학회, 《한국문학이론과 비평》, 36, 2007. 9, p.57.
22) 전경란, 《디지털 게임이란 무엇인가》, 커뮤니케이션북스, 2014. p.7.

로, 마침내 다수 대 다수의 협력과 경쟁을 유도하는 RvR 중심 게임으로 발전해왔다. 사용자와 사용자 간의 전투가 주는 비선형적이고 예측 불가능한 재미를 추구하는 게이머들이 늘어났기 때문이라 볼 수 있다.[23]

이상을 종합하면 게임에서의 서사와 게이머의 상호작용과 흥미성은 다음과 같이 정리될 수 있을 듯하다. 〈월드 오브 워크래프트〉에서 플레이 시간이 무려 4,800시간이 넘고 "죽인 상대 진영 캐릭터만도 10만 명이 넘는다"는, 게임 속 세상의 무시무시한 한 킬러는 〈월드 오브 워크래프트〉를 대서사시라 부르면서도 자신의 서사 경험을 이렇게 말한다.

반복을 통해 어떤 경험치와 아이템만큼 캐릭터를 강하게 만듦과 동시에 (…) 같은 것처럼 보이지만 사실은 달라지는 그래서 제자리를 맴돌지 않고 조금씩 앞으로 나아가는 내러티브는 파밍을 통해 플레이어가 게임 속에서 경험하고 만들어가는 것이기도 하다. 그렇게 성장한 캐릭터와 플레이어가 동료들과 힘을 합쳐 최강의 레이스 보스를 처음 질렀을 때 그 희열은 말로 설명하기 어렵다.[24]

즉, 게임 속 서사 경험과 재미는 대개 반복되는 플레이를 통해 주어진 서사의 선을 조금씩 나아가 잠재된 성취를 맛보는 것이라

---

23) 류철균·구혜인, 앞의 논문.

24) 강신규, 〈월드 오브 워크래프트 | 플레이어와 함께 써내려가는 대서사시〉, 인문학협동조합 편, 《81년생 마리오》, 요다, 2017, p.234.

정리할 수 있다. 단지 배경 서사에 관한 것도 아니고 단지 익숙해지는 손동작도 아닌 것이 서사 경험이다. 진행되는 게임 서사는 그 모든 과정에서 서서히 우리의 마음과 인식에 영향을 끼칠 것이다.

4. 결론 : 게임의 미래와 문학의 미래

이제껏 주로 서사의 관점에서 문학과 게임의 관계를 말해왔다. 마지막으로 다시 두 가지를 강조하고 이야기를 정리하려 한다.

첫째, 문학과 게임의 관계를 쉽게 일반화하지 말자. 이를테면 장르별로 게임이 서사를 채택하는 정도도 다르고 의미도 다르다. 슈팅, 격파, 퍼즐 등의 놀이가 주로 포함된 아케이드 게임(캐주얼 게임)은 단순한 서사 구조만 있거나 서사성이 매우 약하다. 또한 시뮬레이션 게임에서는 실제와 닮은 가상의 세계, 현실을 모델로 하는 가상현실의 창조가 핵심적인 작업이지만, 시뮬레이션 게임에서 일어나는 변화를 서사라 단정하기는 어렵다. 반면 어드벤처 게임은 게이머가 게임의 줄거리를 따라 사건이나 문제를 대면하고 해결하면서 최종 단계에 도달하는 과정이기 때문에 서사가 본질적인 요소가 된다. RPG 게임에서도 어떤 캐릭터로서의 게이머는 게임 내 환경과의 상호작용 서사를 깊이 있게 경험하게 된다.[25]

---

25) 전경란, 앞의 책, p.7.

[그림 1] 〈댓 드래곤, 캔서〉의 캡처 화면.

둘째, 문학과 게임의 관계뿐 아니라 문학과 게임 자체를 쉽게 일 반화·규범화하지 말고 변화와 변개 가능성을 언제나 염두에 두어 야 한다. 오늘날 문학은 어찌 보면 대단히 낡은 무엇처럼 보이지만 그 단순성과 원초성 때문에 문학은 사라지지도 잘 패배하지도 않 는다. 문학적인 것과 문학은 그 구체적인 존재 양태를 바꾸고 새로 운 미디어에 적응하며 이어져간다. 문학은 이미 게임을 새로운 숙 주로 삼았고, 이는 게임도 마찬가지다. 게이밍도 단지 손가락과 마 우스 기술이 아니라 우리의 총체적인 감성과 지성이 작동하는 행 위다. 그래서 한 논자는 〈댓 드래곤, 캔서〉라는 인디 게임에서 받은 감동을 말하며 21세기 '공감장치로서의 게임'을 전망한다.

이제 컴퓨터 게임의 세계에 개입할 때가 온 것이다. 'play'라는 행위는 주체적 읽기 능력과 타인이 되어보는 선의의 능력을 바탕 으로 재발명될 필요가 있다. 그때 컴퓨터 게임은 단지 문학적 가치 를 가지는 것이 아니라 문학 그 자체가 될 것이다.[26]

---

26) 오영진, 〈댓 드래곤, 캔서 ― 타인의 고통에 연루된 게이머들〉, p.266.

이는 너무 낙관적으로 게임과 문학을 좋은 관계로 설정하고 문학에 왕관을 씌워주는 논리라 생각할 수도 있겠다. 그러나 게임과 문학의 가능성·잠재성을 말할 때 깊은 통찰을 주는 말인 듯하다. 게임과 게이밍은 계속 바뀌며 발전하고 있다.

1. 게임을 통해 당신은 어떤 쾌락과 의미를 느끼는가?

2. 당신이 플레이해본 것 가운데 가장 문학적인 게임은 무엇인가?

3. 인종차별, 여성과 성소수자 차별이 담긴 게임 서사에 어떻게 대처해야 하는가?

4. 한국의 역사와 한국을 소재로 한 외국의 게임에는 어떤 게 있는가?

5. 게임은 왜, 그리고 어떻게 거대하고 복잡한 서사를 채용하거나 결합하게 되었는가?

참고자료

- 예스퍼 율 저/이정엽 역, 《캐주얼 게임 : 비디오게임과 플레이어의 재창조》, 커뮤니케이션북스, 2012.
- 예스퍼 율 저/장성진 역, 《하프 리얼 : 가상 세계와 실제 규칙 사이에 존재하는 비디오게임》, 비즈앤비즈, 2014.
- 유승환, 〈게임과 서사의 충돌과 그 극복의 노력〉, 《스토리앤이미지텔링》, 제14집, 2017. 12.
- 강신규, 〈월드 오브 워크래프트 | 플레이어와 함께 써내려가는 대서사시〉, 인문학협동조합 편, 《81년생 마리오》, 요다, 2017.
- 곤잘로 프라스카 저/김겸섭 역, 《억압받는 사람들을 위한 비디오게임》, 커뮤니케이션북스, 2008.
- 김은정·황수경, 〈문학에서 게임으로—캔터베리로 가는 길을 통해 살펴본 문학기반 보드게임의 융합교육적 효용성 연구〉, 《인문콘텐츠》, 제46호, 2017. 9.
- 나보라, 〈스페이스 인베이더—비디오게임은 우주 전쟁을 어떻게 구현하는가〉, 인문학협동조합 편, 《81년생 마리오》, 요다, 2017.
- 로널드 B. 토비아스 저/김석만 역, 《인간의 마음을 사로잡는 스무 가지 플롯》, 풀빛, 2007.
- 류철균·구혜인, 〈MMORPG 진영 간 전투의 스토리텔링 연구—〈블레이드 앤 소울〉을 중심으로〉, 한국컴퓨터게임학회, 《한국컴퓨터게임학회논문지》, 제27권 제4호, 2014. 12.
- 브루스 커밍스 저/조행복 역, 《브루스 커밍스의 한국전쟁》, 현실문화, 2017.
- 오영진, 〈댓 드래곤, 캔서—타인의 고통에 연루된 게이머들〉, 인문학협동조합 편, 《81년생 마리오》, 요다, 2017.
- 이인화, 《한국형 디지털 스토리텔링 : '리니지 2' 바츠 해방 전쟁 이야기》, 살림, 2005.
- 이정엽, 《인디 게임》, 커뮤니케이션북스, 2015.
- 인문학협동조합 편, 《81년생 마리오》, 요다, 2017.
- 자넷 머레이 저/한용환 역, 《인터랙티브 스토리텔링》, 안그라픽스, 2001.
- 브렌다 로럴 저/유민호 외 역, 《컴퓨터는 극장이다》, 커뮤니케이션북스, 2008.
- 전경란, 《디지털 게임이란 무엇인가》, 커뮤니케이션북스, 2014.

05

게임 플레이(경험)

이정엽

주요 개념 및 용어 : 게임 플레이, 재미, 몰입, 맥락, 중독, 게임장애, 게임 이용 데이터, 플랫폼, VR

이 장에서는 게임의 가장 핵심적인 행위인 게임 플레이의 경험적 차원에 대해 이야기하고 자 한다. 게임을 하면서 느낄 수 있는 다양한 감정과 상황인 '재미', '몰입', '중독' 등을 떠올리면 쉽게 이해가 될 것이다. 대부분의 게임은 사용자의 재미를 위해 디자인되고 재미있는 게임은 몰입을 유발한다. 또한 게임에 사용된 다양한 맥락적 요소들은 사용자들이 게임을 재접속하도록 끊임없이 유도한다. 때문에 게임에 과도하게 몰입하게 되는 경우도 발생한다. 그러나 현재 한국 게임시장을 둘러싼 게임중독 또는 과몰입과 관련된 논쟁들은 게임을 매우 부정적인 요소로만 한정지어 과도한 게임 이용을 일종의 질병으로 몰아가려는 움직임이 감지된다.

한국 게임시장은 2000년대 후반부터 연 10% 이상 빠르게 성장하는 이머징산업으로서의 면모를 보여주었다. 이는 기존에 없었던 스마트폰 시장이 빠르게 성장하면서 이 플랫폼에서 구동될 수 있는 모바일게임이 시장 지배적인 요소로 등장했기 때문이다. 이 때문에 게임 업계는 최근 포화 상태에 빠진 모바일게임 시장의 문제를 타결하기 위해 AR/VR 등의 새로운 플랫폼을 창출하기 위해 부단히 노력하고 있다.

1. 서론

우리는 왜 게임을 이토록 열심히 플레이할까? 한국콘텐츠진흥원에서 발간된 2016년 게임백서에 따르면 게임 동기와 경험에 대한 질문에서 "나는 게임을 재미있게 했다"는 항목에 92.8%가 '매우 그렇다'와 '그렇다' 등 긍정적인 응답을 한 것으로 나타났다. 여러 다른 동기 가운데서도 게임이 재미있어서 플레이한다는 응답이 5점 만점 중 3.6점으로 다른 동기를 모두 제치고 압도적인 점수를 기록했다. 굳이 부연설명을 하지 않아도 게임이 여가를 보내는 동안 재미를 느끼기 위한 활동임을 알 수 있다.

이 장에서는 게임의 가장 핵심적 행위인 게임 플레이의 경험적 차원에 대해 이야기하고자 한다. 게임 플레이의 경험적 차원이라고 하니 다소 어렵게 생각될 수도 있지만, 게임을 하면서 느끼는 다양한 감정과 상황들인 '재미', '몰입', '중독' 등을 떠올리면 쉽게 이해가 될 것이다. 그동안 게임 관련 연구는 크게 보아 게임 그 자체에 대한 연구와 게임 이용자에 대한 연구로 나뉜다.[1] 이 가운데 게임 자체에 대한 연구는 주로 게임 디자인과 프로그래밍, 그래픽, 스토리 등을 주요 주제로 삼았다. 반면 게임 사용자에 대한 연구는 텍스트로서의 게임 범주를 벗어나 게임이 사용자에게 미치는 효과나 사용자들의 게임문화와 같은 문제를 주로 다루었다. 예스퍼 율이 지적하는 것처럼 지금까지의 게임 연구는 대부분 게임 자체에

---

[1] 예스퍼 율 저/이정엽 역, 《캐주얼 게임》, 커뮤니케이션북스, 2012, p.13.

대한 해석학적 분석에 편중된 경향을 보이고 있다. 이 장에서는 게임 이용자가 게임 플레이 도중 느끼는 여러 경험에 대한 이론과 지표들을 다루면서, 그동안 다소 소홀하게 취급되었던 게임 플레이 경험에 대한 정리를 시도해보고자 한다.

게임의 플레이 과정을 살펴보면 게임의 진행을 컴퓨터가 전적으로 통제하는 것이 아니라 상당 부분은 사용자의 액션과 상호작용을 통해 완성된다는 것을 알 수 있다. 또한 이러한 게임 플레이 과정을 통해서만 한 게임의 전체적인 의미구조가 완성된다. 물론 다른 예술도 독자나 관객 등 감상자의 감상행위를 통해 최종적으로 전달하려는 메시지가 완결되기는 하지만, 게임은 이러한 감상이 아니라 사용자의 상호작용적인 참여를 통해 플레이가 시작된다는 차이를 보여준다.

전통적인 소설의 의사소통 과정과 게임 플레이는 엄밀히 말하면 다른 의사소통 과정을 거친다. 일반적으로 게임 플레이 과정은 틈 없는 플롯을 어떻게 보여줄 것인가를 고민하기보다는 플롯에 빈 '틈gap'을 만든다. 이 빈틈은 플롯의 가장 핵심적인 부분에 해당하는 경우가 많으며, 이야기를 들려주기보다는 사용자가 직접 행동해서 경험해야 하는 부분에 해당한다. 만일 이 행동하는 부분이 단일한 과정으로 주어진다면 전통적인 서사의 선형적 성격과 크게 다르지 않을 것이다. 그러나 게임 플레이는 이 부분에서 여러 갈래로 분화되고, 다양한 결말을 보여주며, 공간을 탐구하는 과정 속에서 그 스크립톤scripton[2)]이 무한해질 수 있게 만든다. 이러한 게임 플레이 과정에서 플레이어가 가장 먼저 마주하는 감정은 '재미'다.

2. 게임 플레이의 이론적 층위

1) 재미이론

재미는 게임을 통해 얻을 수 있는 가장 원초적인 감정이다. 대부분의 플레이어들이 게임을 플레이하는 이유는 지식을 습득하거나 스토리를 경험하기 위해서라기보다는 지금 이 순간의 재미를 얻기 위해서다. 최근 들어 이러한 '게임=재미'라는 등식을 부정하거나 굳이 충족시키지 않는 '시리어스 게임serious games'3)이 많이 출시되기는 했지만, 여전히 많은 플레이어는 '게임=재미'라는 등식에 맞춰 게임을 고르고 플레이한다.

그럼에도 불구하고 재미는 특이하게 게임과 관련된 가장 중요한 요소이면서도 이론화가 덜 된 분야이기도 하다. 이는 주관적 요소가 있는 재미를 정의하기가 어렵기 때문이기도 하지만, 그동안의 게임학 연구가 대부분 게임 텍스트나 게임 플레이어에 집중되었기 때문이기도 하다. 그럼에도 불구하고 게임의 재미와 관련해서 가장 널리 알려진 이론을 꼽자면 라프 코스터Raph Koster의 재미이론

---

2) "스크립톤이란 상호작용적 서사에서 발생할 수 있는 텍스트의 총 가짓수를 뜻한다. 상호작용적 서사는 분기나 탐험 가능한 공간을 통해 사용자가 개입할 여지를 만들어주기 때문에, 텍스트는 여러 방향으로 진행되며, 이에 따라 스크립톤의 가짓수는 늘어나게 된다. 실제로 사용자가 경험하는 이야기는 수많은 스크립톤 중 하나일 뿐이지만, 여러 번 플레이했을 때 다른 갈래의 서사를 경험하게 된다면 이는 다른 스크립톤으로 분류할 수 있다." - 에스펜 올셋 저/류현주 역, 《사이버텍스트》, 글누림, 2007, p.62.

3) 시리어스 게임은 게임의 주목적인 재미보다 특별한 목적을 위해 설계한 게임을 말한다. 시리어스 게임의 주요 분야는 교육, 의료, 정치, 국방, 광고, 공공 등 다양한 범위로 확장되어 연구·개발이 이루어지고 있다. 시리어스 게임이라는 용어는 클라크 앱트Clark Abt의 1977년 저서 《시리어스 게임》에서 유래했다. 국내에서는 주로 '기능성 게임'이라는 용어로 번역되고 있으나, 이 용어는 주로 교육용 게임이나 의료용 게임에 한정되어 있어 정치나 공공 영역을 소재로 하는 게임은 소외될 수 있다는 의견이 자주 개진되고 있다.

을 들 수 있다.

라프 코스터는 〈울티마 온라인〉, 〈스타워즈 갤럭시〉 같은 유명 온라인게임의 디자이너이다. 동시에 그는 '게임 개발자 컨퍼런스' 같은 게임 관련 유명 컨퍼런스에 자주 초청되어 발언하기도 하고, 《라프 코스터의 재미이론》 같은 책을 집필하기도 하는 등 게임의 이론화에도 신경을 쓰고 있다. 이론화라고 하니 매우 거창하게 보이지만, 그는 일반 독자도 매우 쉽게 이해할 수 있게 그림과 도표를 많이 활용하며 쉬운 용어를 사용하고 있다.

그는 게임이 재미있는 이유를 학습과 패턴에서 찾는다. 게임은 매우 근본적이고 효과적인 학습 도구이며, 게임을 하는 동안 게임이 우리의 두뇌를 훈련시킨다고 말한다.[4] 게임은 플레이어의 두뇌를 훈련하기 위해 제작된 것이어서 다양한 패턴이 충분히 주어지지 않는 게임은 플레이어의 입장에서 지루하게 느껴진다는 것이다. 〈틱택토〉처럼 먼저 두는 사람이 명확히 유리한 게임은 패턴의 수가 정해져 있어 플레이어의 입장에서는 특정한 패턴만 익히면 게임에서 이기기 위해 많은 시간을 투자할 필요가 없다. 즉, 플레이어를 지속적으로 재미있게 해주려면 새로운 패턴들이 더 많이 필요하다.

라프 코스터에 따르면 재미는 또한 '맥락적contextual'이기도 하다.[5] 이는 사람마다 특정한 상황과 조건에 따라 재미를 느끼는 경

---

4) 라프 코스터 저/안소현 역, 《라프 코스터의 재미이론》, 디지털미디어리서치, 2005, p.50.
5) 위의 책, p.110.

우가 다르다는 것을 의미한다. 사람마다 타고난 재능과 취향, 성별, 신체적 특성이 다르고 쌓아온 경험도 제각각인 상태에서 게임에 임하므로 주어진 게임을 해결할 때 보여주는 능력의 수준이 서로 다르리라는 점은 명확하다. 같은 축구 게임이라고 하더라도 어떤 사람은 시원시원한 액션이 강점인 〈피파〉 시리즈를 좋아할 것이고, 어떤 사람은 매우 복잡한 인터페이스에 기능도 다양한 시뮬레이션 축구 게임인 〈풋볼 매니저〉 시리즈에 더 흥미를 보일 것이다. 라프 코스터는 이처럼 게임이 맥락적이기 때문에 모든 사람의 흥미를 자극하는 게임은 없으며, 애초에 불가능하다는 점을 의미한다고 주장한다.[6]

결국 라프 코스터의 설명을 다시 풀이해보면 게임이 재미있는 이유는 어떤 패턴을 학습하기 때문이며, 어떤 패턴이 재미있느냐의 문제는 상당히 주관적인 맥락에서 결정된다고 할 수 있다. 문제는 이러한 게임의 주관성 때문에 재미에 대한 이론이 모든 플레이어에게 적용되는 보편타당한 관점에서 서술되기 어렵다는 점이다. 그러나 한 가지 명확한 것은 개인마다 재미를 느끼는 지점이 다르기는 하지만, 우리가 이처럼 게임을 즐길 때 그 대상에 상당히 몰입한다는 점이다.

2) 몰입이론

시카고 대학의 심리학자 미하이 칙센트미하이Mihaly Csikszentmihalyi

---

6) 앞의 책, p.118.

는 저서《플로우》에서 몰입을 "사람들이 다른 어떤 일에도 관심이 없을 정도로 지금 하고 있는 일에 푹 빠져 있는 상태"로 정의했다.[7] 외적 조건에 압도되지 않고, 자신의 행동을 스스로 조절할 수 있으며, 고양되고, 행복감을 맛보는 순간을 심리학에서는 최적 경험optimal experience이라 부른다. 그런데 최적 경험은 인생에서 항상 최고의 순간에서만 경험하는 것이 아니라 일정한 고통이나 난이도 높은 작업을 해낸 뒤 경험하는 것일 수 있다. 칙센트미하이는 이러한 최적 경험 가운데 주어진 도전을 잘 해결할 수 있는 능력이 있고, 목표가 명확하며, 분명한 규칙과 즉각적인 피드백이 있는 상태를 '플로우flow'라고 정의했다.[8]

재미있는 것은 이 플로우에는 몇 가지 조건이 붙는다는 점이다. 칙센트미하이는 플로우와 같은 최적 경험은 일종의 도전 행위라고 설명하면서 이런 도전에는 난이도challenge가 있고, 이를 해결하기 위한 기술skill이 필요하다고 언급한다.[9] 플레이어의 기술이 낮은 수준이면 그에 걸맞게 낮은 수준의 난이도가 적합하며, 플레이어의 기술이 높은 수준이면 또 그에 맞게 높은 수준의 난이도가 필요해지는 것이다. 게임 플레이 과정에서 플레이어의 기술 수준은 패턴에 익숙해지면서 점점 높아져간다. 이 과정에서 플레이어는 어느 순간부터 다소 지루함을 느끼게 되는데, 이때 게임이 그 과정을

7) 미하이 칙센트미하이 저 / 최인수 역,《플로우 : 미치도록 행복한 나를 만나다》, 한울림, 2004, p.29.
8) 위의 책, pp.26~27.
9) 위의 책, pp.144~145.

간파해 특정한 순간부터 난이도를 적당한 수준으로 높이면 플레이어는 다시 플로우 상태로 들어갈 수 있는 것이다.

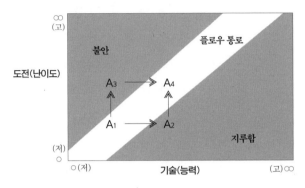

[그림 1] 칙센트미하이의 플로우 이론

[그림 1]의 상태를 참고해보면 이러한 몰입은 A₁의 수준과 A₄의 수준이 다른 몰입의 상태라고 칙센트미하이는 설명한다. 일단 A₄의 몰입은 플레이어의 기술이 늘어 지루함의 영역인 A₂로 갔다가 게임의 난이도가 높아져서 A₄로 가게 된 경우와 난이도가 먼저 높아져서 A₃의 영역에 갔다가 플레이어의 기술이 늘어 A₄의 영역에 도달한 경우로 나눌 수 있다.

칙센트미하이는 A₄는 A₁보다 좀 더 복합적인 경험이라고 말한다.[10] A₄는 복합적이고 즐거운 경험이지만 안정적인 상태는 아니다. 플레이어는 게임을 계속하다 보니 자기 수준에서 할 수 있는 반복적 기술에 신물이 날 수 있고, 또는 상대방보다 자신의 능력

---

10) 앞의 책, p.148.

이 많이 부족한 데 대해서 좌절할 수도 있다. 이 때문에 또다시 플로우를 경험하려는 동기가 생긴다고 칙센트미하이는 설명한다. 이 경우 복합성의 수준, 즉 플로우의 수준은 A4 수준보다 높아진다.

칙센트미하이가 설명한 플로우의 복합적 형성 과정은 우리가 게임에 몰입하게 되는 과정을 효과적으로 설명해준다. 플레이어가 들인 시간과 노력에 비례해 기술을 익히고 패턴에 익숙해진 만큼 게임은 이 플레이어에게 상대적으로 쉬워진다. 그러나 게임도 시간이 진행됨에 따라 플레이어의 기술 향상을 계산해 이에 맞춰 난이도를 조절하는 밸런스 조정 과정을 거친다. 이 과정에서 플레이어는 처음 게임을 시작했을 때보다 수준이 더 높은 난이도를 체험하고 있다는 사실을 깨닫게 되며, 이는 플레이어에게 이전보다 더 강한 몰입 요소로 작용한다.

3) 게임 내의 몰입 요소와 맥락

스킬과 난이도의 관계만 게임의 몰입요소로 작용하는 것은 아니다. 오히려 더 크게 작용하는 것은 게임의 맥락context이다. 요즘 게임 회사들이 게임을 제작할 때 가장 신경을 쓰는 부분이 바로 재접속률retention rate[11]이다. 재접속률을 높이기 위해 요즘 게임들은 다양한 장치를 고안해서 플레이어가 게임을 다시 떠올릴 수 있는 맥락을 생성하는 데 큰 공을 들인다.

---

11) 재접속률이란 게임을 플레이한 유저가 다음 날 또는 일정 기간 뒤 게임을 다시 플레이할 확률을 뜻한다. 재접속률은 최근 게임 회사들의 최고 관심사 가운데 하나로 꼽힌다.

게임 역사의 초창기부터 고안된 사용자의 맥락을 만드는 방법으로 세이브/로드save/load 기능이 있다. 몇 십 시간 이상 플레이해야 되는 긴 게임은 한 번의 플레이로는 도저히 게임을 클리어할 수 없기 때문에 게임을 저장하는 세이브 기능을 통해 현재 게임 상태를 저장해서 맥락을 보존한다. 세이브/로드 과정에서 생성된 맥락은 거의 게임 내적인 형태를 띤다. 그러나 이러한 게임 내적인 맥락 외에 게임 밖의 사회적 관계에 따라 형성되는 맥락도 있다.

1990년대 후반 이후 온라인게임의 개발이 활발해지면서 게임에서 생성되는 맥락은 플레이어의 주변 상황이나 사회적 관계와도 결부되었다. 다시 말해 온라인게임의 플레이 과정은 주변 지인들이나 온라인에서 만나 새로 관계를 맺게 된 가상의 플레이어들과 함께 형성한 과정을 통해 게임의 맥락이 지속적으로 중첩되는 형태를 띠게 된다. 따라서 이렇게 맥락이 지속적으로 중첩된 게임을 그만두려면 같이 게임을 하는 지인들과의 관계를 단절하거나 오랜 시간 공들여 쌓은 게임의 재화들을 처분해야 한다. 이러한 맥락적 요소를 차단하지 않고 게임만 그만두는 경우 언제든 쉽게 다시 게임에 몰입할 근거가 있기 때문에 게임을 중단하기가 쉽지 않다.

또한 2000년대 후반부터 등장한 소셜 네트워크 게임은 영속적 시공간을 바탕으로 게임의 시간성에 대한 기존의 개념을 벗어나고 있으며, 이를 통해 사용자들의 지속적인 게임 플레이와 고강도의 몰입을 유발한다. 게임에서의 영속적 시공간이란 플레이어가 게임 플레이를 중단하더라도 현실 시간에 맞춰 게임의 시간이 지속적으로 유지되는 것을 뜻한다. 영속적인 시간구조를 지닌 장르로는 전략형 웹브라우저 게임, 소셜 네트워크 게임, MMORPG 등을 들 수 있다. 최근에는 게임에서도 이러한 시간관을 차용하는 경우를 쉽게 확인할 수 있다.

예를 들어 유명한 소셜 네트워크 게임인 〈팜빌〉은 자신만의 농장 건설을 소재로 삼고 있는데, 농작물의 파종과 수확이 이 게임의 주요한 메커니즘이다. 농작물은 파종에서 수확하기까지의 기간이 다양하게 분포한다. 예를 들어 딸기는 35분 만에 수확이 가능하지만, 가지는 48시간 이후에야 수확이 가능하다. 30여 종에 달하는 다양한 농작물은 수확 가능 기간의 2배 기간까지만 정상적인 형태로 수확할 수 있다. 예를 들어 딸기는 35분 만에 수확이 가능하기 때문에 늦어도 70분 안에는 수확을 해야 하며, 그렇게 하지 않으면 딸기가 부패해 수확이 불가능해진다. 따라서 플레이어는 얼마 만에 한 번씩 게임에 접속해 농작물을 수확할지 전략을 세워야만 한다. 자주 접속하는 플레이어라면 파종부터 수확까지의 기간이 짧은 농작물을 선택하겠지만, 가끔씩 게임을 즐기려는 플레이어는 그 기간이 긴 농작물을 선택할 것이다.

소셜 네트워크 게임의 영속적인 시간구조는 게임을 플레이하지 않는 순간에도 끊임없이 게임 속의 세계가 진행 중이라는 메시지를 플레이어의 의식 속에 주입한다. 농작물을 심은 플레이어는 게임을 중단한 시간에도 게임 속 상황을 계속 머릿속에 떠올리게 마련이다. 이러한 메시지의 구속은 스마트폰의 메시지 기능과 결합했을 때 더욱 강화될 수 있다. 때문에 이러한 상황에서는 게임의 시작과 끝이 명확해야 한다는 명제의 근거가 약화된다. 게임의 시작과 끝을 구분하는 기준은 플레이 시간의 시작과 끝이 아니라 플레이어의 의식 속에 그 게임에 대한 열망이 남아 있는가의 여부로 바뀌게 된다. 소셜 네트워크 게임의 시간구조는 영속적인 시간구조를 게임의 요소들로 치환시켜 플레이가 중단되었을 때도 플레이어의 의식 속에 남게 한다. 이로써 기존 게임이 가지고 있던 시간성의 한계를 넘어 플레이어의 의식을 계속 장악하게 되는 것이다.

반대로 MMORPG는 영속적인 시간구조를 바탕으로 하고 있지만 이 게임들은 동기적인 플레이를 바탕으로 진행된다. 게임에 접속한 모든 플레이어는 잠재적 동료이거나 잠재적 적으로 간주된다. 언제든 쉽게 플레이어 간에 전투가 발생할 수 있으며, 이는 게임 캐릭터의 생존에 위해가 될 가능성이 있어 지속적으로 긴장감을 높이는 효과를 발휘한다. 재미있는 것은 서버당 수천 명이 동시에 접속할 수 있는 MMORPG보다 수십 명 정도가 접속해 동일한 목표를 위해 투쟁하는 멀티 플레이어 게임에서 긴장감이 더욱 증폭된다는 점이다. 이를 극단적으로 추구한 예시를 〈러스트〉 같은 스팀 게임에서 찾아볼 수 있다.

〈러스트〉는 MMORPG는 아니지만 50명에서 200명 정도가 동시에 접속해서 즐기는 멀티 플레이어 게임이다. 인원제한이 있기 때문에 플레이어끼리 서로 만날 가능성이 높아지며, 게임의 경쟁구도는 더욱 치열해진다. 이 게임은 사용자들의 경쟁을 더 격렬히 추구하게 만들기 위해 〈팜빌〉과 같은 영속적 시간구조의 게임들처럼 게임에 접속하지 않은 사용자들에게도 게임 상황이 의식 속에서 떠나지 않게 만든다. 이 게임에서는 플레이어가 게임을 종료하면 게임 속 캐릭터가 서버에서 사라지는 것이 아니라 접속을 종료한 자리에서 잠을 자게 된다. 그리고 이 잠자는 캐릭터를 공격하면 그가 가진 아이템을 모두 얻을 수 있게 된다. 이 특이한 PvPplayer vs player 방식은 플레이어에게 자기 캐릭터의 생명이 항상 안전하지는 않다는 생각을 갖게 해서 의식적으로 안전한 장소에서 접속을 종료하게 만든다.

영속적인 시간구조 같은 게임의 시간성은 그 자체로 시간만을 표상하는 것이 아니라 게임 플레이 과정과 밀접한 연관이 있다. 결국 게임에서의 시간성은 게임 외적으로만 관계가 있는 것이 아니라 게임 내의 플레이 과정과 그 디자인에 따라 매우 다르게 구현된다. 이는 장르에 따른 구분보다는 게임 플레이와 게임 디자인에 따라 플레이 양상이 달라진다는 점이다. 즉, 영속적 시간은 게임의 시공간 한계를 부수며 담론 외적인 게임의 가역적 변환에 저항하고 세계관의 완전성을 추구하는 결과를 낳는다. 동기적synchronous 멀티플레이와 비동기적asynchronous 멀티플레이[12)의 차이는 게임 속 경쟁 관계를 동시적으로 반영해 게임의 긴장감을 높이는 결과를 가져온다.

요약하자면 이와 같은 세이브/로드 기능이나 영속적인 시간구조 또는 온라인게임의 사회관계 같은 게임을 둘러싼 맥락은 게임의

---

12) 동기적 멀티플레이란 같은 시간, 같은 서버에서 여러 사용자가 서로 상호작용을 하면서 게임을 즐길 수 있는 멀티플레이를 말한다. 반면 비동기적 멀티플레이는 플레이어들끼리 게임 내에서 서로 상호작용을 할 수는 있지만 같은 시간대에 하는 것이 아니라 각자의 플레이 시간에 게임에 접속해 상대방의 게임 플레이에 간접적으로 영향을 미칠 수 있는 멀티플레이를 뜻한다.

재접속률을 높이고 몰입을 강화하는 효과가 있다. 경우에 따라서는 이와 같은 몰입이 일상생활을 방해하고 학업이나 업무에 지장을 초래할 정도가 되기도 한다. 우리는 이와 같은 현상을 일반적으로 '게임중독'이라 불러왔다. 물론 게임업계나 학계에서는 '중독'이라는 단어가 일종의 질병을 연상시킨다는 이유로 좀 더 정화된 용어인 '과몰입'을 사용하자는 주장을 펼쳐왔다. 게임과몰입과 게임중독 또는 게임장애gaming disorder라 불리는 증상에 대한 논의는 현 시점에서도 여전히 논란의 여지가 크다.

4) 게임과몰입, 게임중독, 게임장애

2013년 1월 신의진 의원을 비롯한 국회의원 17인은 '중독예방 관리 및 치료를 위한 법률안'을 발의한다. 알코올, 마약, 도박 등의 사행성 행위와 인터넷 및 게임을 4대 중독 대상으로 꼽아 국가적으로 이를 일종의 질병으로 명명하고 이를 정부에서 관리하겠다는 것이 그 골자다. 그중 인터넷게임중독에 관한 법률안의 제안 이유는 다음과 같다.

한국정보화진흥원의 조사에 따르면 최근에는 전업주부들도 인터넷게임중독에 빠져 가정파탄으로 이어지는 사례가 적지 않게 발견되고 있는 등 이제 인터넷게임중독 치유의 문제는 비단 아직 성숙하지 못한 성장기 청소년의 문제를 넘어서서 온 국민이 누구나 겪을 수 있는 문제로 대두하였음. 인터넷게임에 중독된 국민들의 치유를 지원하여 인터넷게임중독을 극복하게 함으로써 건강한 가족생활을 영위할 수 있도록 하는 것은 더 이상 미룰 수 없는 과제가 된 것임. 한편, 인터넷게임중독의 문제는 인터넷게임을 통하여 수익을 얻는 인터넷게임 관련사업자가 함께 해결해야 할 문제임에도 불구하고 현재 이에 관하여 인터넷게임 관련사업자가 부담하는 재정적 책임의 범위는 극히 미미한 실정임. 따라서 인터넷게임 관련사업자의 매출액의 일정 부분에 해당하는 금액을 인터넷게임중독 치유 등을 위한 부담금으로 부과하고 이를 관리할 수 있는 기금을 설치할 수 있는 근거를 마련하는 한편, 이를 통하여 인터넷게임중독 치유 등을 위한 인터넷게임중독치유센터를 설립, 운영하도록 하는 등 인터넷게임중독 치유를 위한 법률적 기반을 마련하려는 것임.

이 법안은 2016년 5월 29일 19대 국회의 임기가 만료되면서 자동으로 폐기되었지만, 법안 준비 시점부터 큰 이슈가 되면서 사회적 논란이 확대되었다. 일단 이 법안은 당시 시점에서 의학적으로 확정되지 않았던 용어인 '인터넷게임 장애'를 인터넷게임중독으로 임의로 명명한 뒤 이를 알코올, 마약, 도박중독 등 다른 중독 증상과 유사한 부류로 분류했다. 이를 계기로 게임 이용자를 중심으로 법안 반대 여론이 형성되었고, 다수의 방송 토론과 공청회가 개최되면서 게임을 이용하지 않는 기성세대 정책 입안자들의 게임에 대한 편견을 확인하는 계기가 마련되었다.

이 법안 이전부터 존재한 셧다운제나 선택적 셧다운제는 모두 게임을 사회적으로 유해한 매체로 간주하고 청소년을 이로부터 보호하기 위해 제정된 법률이었다. 이 점을 감안하면 이 법안을 관장했던 보건복지부나 여성가족부의 게임에 대한 인식이 매우 부정적이라는 사실을 알 수 있다. 이는 인터넷게임 장애라는 행위를 명명하는 용어만 봐도 알 수 있다. 즉, 해외에서 사용하는 인터넷게임 장애나 게임 탐닉addiction에 해당하는 용어를 게임 중독poisoning이라는 용어로 대체하면서 질병 같은 뉘앙스를 풍기기 위해 노력한 흔적이 보인다.

'중독예방 관리 및 치료를 위한 법률안'은 자동 폐기되었지만, 현 정부 들어서도 게임을 일종의 질병으로 지정하려는 움직임은 여전히 보건복지부와 정신의학 분야 의사들을 중심으로 해서 체계적으로 진행 중이다. 세계보건기구WHO는 인간의 질병 및 사망 원인에 관한 표준분류법인 국제질병사인분류ICD의 재정에 관여하고 있는데, 1990년에 재정된 10판인 ICD-10을 개정해서 ICD-11[13]을 2018년 6월 18일에 발표했다. ICD-11은 정신이나 행동의 이상과 관련된 질병의 하위분류로 '지속적 남용이나 중독행위에 의한 장애' 중에서 알코올, 마약 등의 지속적 남용과 도박, 게임 등의 중독행위에 의한 장애를 구분하고 있다. 질병코드 6C51을 부여받은 '게임장애'에 대해서는 다음과 같이 서술하고 있다.

게임장애는 온라인 또는 오프라인 게임을 통해 지속적이거나 반복적인 게임 행동 패턴의 특징을 가진다. 1) 게임 제어를 조절하지

---

13) http://www.who.int/classifications/icd/en/

못하는 행동(발병, 빈도, 강도, 지속시간, 종료, 맥락) 2) 게임 플레이가 생활의 이익 및 일상 활동보다 우선하는 정도까지 게임에 우선순위를 부여하는 것 3) 부정적인 결과가 발생하는데도 게임을 지속하거나 단계적으로 확대하는 행위. 이러한 게임장애 행동 패턴은 개인, 가족, 사회, 교육, 직업 또는 기타 중요한 영역에서 심각한 장애를 초래할 정도로 심각하다. 게임 행동 패턴은 연속적이거나 일시적이며 반복적일 수 있다.[14]

게임장애가 ICD-11에 추가됨에 따라 앞으로는 정식 질병으로 취급될 전망이다. ICD-11은 내년으로 예정된 WHO 총회를 통해 정식으로 채택될 예정이며, 2022년 1월부터 효력이 발생된다. 한국의 경우 2020년에는 국내에서 쓰는 한국표준질병사인분류KCD에 ICD-11을 적용할 계획이 없다는 통계청의 발표에 따라 2025년까지는 게임장애가 포함된 ICD-11이 적용되지 않을 전망이다. 그러나 게임장애의 질병 등재가 얼마나 객관적인 지표와 연구의 과정을 거쳐 이루어졌는지에 대해서는 학계에서도 이견이 많은 상황이다.

2018년 3월 9일에 열린 '게임문화의 올바른 정착을 모색하기 위한 토론회'에서 중앙대 정신의학과 한덕현 교수는 "ICD-11의 게임장애에는 중독의 핵심 증상인 '금단'과 '내성'에 대한 기술이 빠져있다"고 지적한 바 있다. 그는 "주변 환경을 고려하지 않고 게임장애에 대한 진단 기준이 만들어진다면 정작 게임과몰입 등으로 도

---

14) https://icd.who.int/browse11/l-m/en#/http%3a%2f%2fid.who.int%2ficd%2fentity%2f1448597234

움이 필요한 사람은 도움을 받지 못하게 될 가능성이 있으며, 이는 과몰입 치료에도 도움이 안 된다. 게임장애 진단 기준을 만든다면 제대로 된 대상과 임상실험을 바탕으로 기준이 제정되어야 한다"고 지적했다.

세계보건기구가 제대로 된 임상실험 결과 없이 서둘러 게임장애를 질병으로 지정하려 한 데는 국내외 의사 및 보건 의료 직종의 입김이 강하게 작용했다고 볼 수 있다. 게임장애가 정식 질병으로 등재되면 이를 치료하기 위한 인력의 고용이나 상담센터 등의 설치를 통해 관련 직종의 수입이 당연히 늘어날 것이기 때문이다. 게임과몰입과 장애를 둘러싼 이러한 사회 여러 분야와 직종들의 파워 게임은 여전히 지속되고 있다.

3. 게임 플레이의 실제적 층위

1) 게임 이용 데이터와 실태

이 장에서는 실질적인 게임 이용 데이터들을 참고해서 게임 플레이가 이루어지는 실제적 층위를 재구성해보고자 한다. 다행히도 게임 분야는 로그파일 분석이나 데이터 수집이 비교적 용이해서 이용률이나 순위 등의 측정이 다른 매체보다 활발한 편이다. 한국콘텐츠진흥원을 중심으로 매년 콘텐츠산업백서나 게임백서가 발간되어 각 분야별 산업간 비교나 매출 순위 등이 공개되고 있으며, 플랫폼별로 게임 판매량·점유율·순위 등의 정보를 게임트릭스[15]나

스팀 차트[16], VG Chartz[17] 등의 사이트를 통해 손쉽게 찾아볼 수 있다.

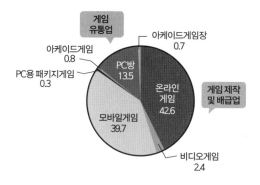

[그림 2] 2016년 한국 게임시장의 분야별 비중[18]

한국 게임시장의 큰 특징 가운데 하나는 온라인게임과 모바일게임의 비중이 지나치게 높은 반면, 상대적으로 콘솔게임이나 PC 패키지게임이 차지하는 비중은 매우 낮다는 점이다. [그림 2]에서 볼 수 있듯이 한국 게임시장은 유통 부분에 해당하는 PC방과 아케이드게임장을 제외하면 제작 및 배급업에서 비주류에 해당하는 비디오게임과 PC용 패키지게임, 아케이드게임이 차지하는 비중이 모두 합해도 3.5%를 넘지 않는다.

---

15) 게임트릭스는 한국 온라인게임의 PC방 점유율 통계를 매일 집계하는 사이트이다. http://www.gametrics.com

16) 스팀 차트는 밸브Valve에서 운영 중인 PC 다운로드 게임 플랫폼의 일간·주간·월간별 인기 게임 이용자와 동시접속자 등의 통계를 제공하는 사이트이다. http://www.steamcharts.com

17) VG Chartz는 게임 역사 전반에 걸쳐 플랫폼, 게임, 장르별 판매 순위, 판매량의 통계를 제공하는 사이트이다. 주로 비디오게임 분야에 강점이 있다. http://www.vgchartz.com

18) 한국콘텐츠진흥원 산업진흥정책본부,《2017 대한민국 게임백서》, 한국콘텐츠진흥원, 2017, p.5.

[그림 3]에서 알 수 있듯이 앞서 언급한 비디오게임, PC용 패키지게임, 아케이드게임 시장이 세계 시장에서 차지하는 비중을 모두 합치면 거의 절반에 가까운 49.6%에 달한다. 이 점을 감안하면 국내에서는 이 시장이 거의 존재하지 않는다는 사실을 실감할 수 있을 것이다. 이처럼 모바일게임과 온라인게임 중심의 기형적인 구조는 한국 게임시장의 고질적인 병폐의 하나로 자주 지적되어왔다. 문제는 이러한 특정 플랫폼 중심의 시장구조가 변화될 가능성이 거의 보이지 않는다는 점이다.

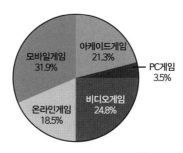

[그림 3] 플랫폼별 게임시장 점유율[19]

한국 게임시장의 또 다른 특징 하나는 플레이어들이 특정 게임을 고정적으로 상당히 오랜 기간 동안 플레이한다는 점이다. 2017년 7월 8일 현재 한국에서 점유율이 높은 온라인게임을 살펴보면 특정 게임과 특정 장르로의 쏠림 현상이 심각하다는 것을 알 수 있다. [표 1]에서 볼 수 있듯이 1위 〈배틀그라운드〉와 2위 〈리그 오브 레전드〉의 점유율을 합하면 53%가 넘는다. 이 점유율은 부분적으

---

19) 앞의 책, p.13.

로 변동되지만, 10위권 내의 게임이 교체되는 경우는 상당히 드문 것이 한국 게임의 현실이다. 1998년에 나온 〈스타크래프트〉와 〈리니지〉는 현재의 기술적 관점에서 볼 때 그래픽적인 재현과 게임 플레이에서 상당히 부족한 면이 있는데도 여전히 마니아를 중심으로 지속적으로 인기를 끌고 있다.

〔표 1〕 한국 온라인게임의 점유율 순위

순위	게임 타이틀	점유율(%)	장르	제작사	배급사	출시연도
1	배틀그라운드	27.32	FPS	펍지 주식회사	펍지 주식회사/ 카카오 게임즈	2017
2	리그 오브 레전드	26.35	RTS	라이엇 게임즈	텐센트	2011
3	메이플스토리	8.48	MMORPG	넥슨	넥슨	2003
4	오버워치	7.98	FPS	블리자드	블리자드	2016
5	피파온라인	46.24	스포츠	EA	넥슨	2018
6	서든어택	2.78	FPS	넥슨지티	넥슨	2005
7	스타크래프트	2.76	RTS	블리자드	블리자드	1998
8	던전앤파이터	2.49	MORPG	네오플	넥슨	2005
9	리니지	1.04	MMORPG	엔씨소프트	엔씨소프트	1998
10	디아블로 3	1.01	MORPG	블리자드	블리자드	2012

• 출처 : 게임트릭스(http://www.gametrics.com) 2017. 7. 8.

이 가운데 신작 게임이라 할 수 있는 게임은 〈배틀그라운드〉와 〈피파온라인 4〉뿐이다. 〈피파온라인 4〉의 경우 해마다 약간씩 업그레이드를 해서 새로운 버전의 게임을 내놓는 프랜차이즈 스포츠 게임의 특성상 전작인 〈피파온라인 3〉의 인기를 계승했다고 보는 것이 맞다. 그렇다면 새롭게 진입한 게임은 한 편뿐이다. 이로 미루어 볼 때 플레이어들은 새로운 게임을 발굴하여 즐기기보다는 기존에 생성된 게임의 맥락에 의존해 몇몇 게임만을 선별적으로 오랫동안 즐겨왔다는 것을 알 수 있다.

이처럼 한국 온라인게임 시장이 과거 작품들과 특정 장르로 고착화한 데는 여러 가지 이유가 있을 것이다. 대규모의 투자가 동반돼야 하는 온라인게임의 특성상 신작 투자에 조심스러울 수밖에 없다. 또한 대부분의 MMORPG는 몇 년 이상을 플레이할 수 있는 방대한 시공간 구조를 갖추고 있어서 플레이하는 데 시간이 오래 걸린다. 더불어 RTS와 FPS, 스포츠게임 장르는 캐릭터의 성장보다는 순간적인 전략과 컨트롤에 의존하기 때문에 짧은 시간 동안 주변 사람들과 함께 게임을 즐길 수 있다는 장점이 있다. PC방에서 이루어지는 온라인게임들은 친교적 기능을 하며, 게임의 조작법과 관습에 익숙한 플레이어들만 참여할 수 있는 구조로 되어 있다. 그러나 MMORPG는 RTS나 FPS 게임에 비해 1회 플레이 시간이 긴 편이고, 친교라는 목적의 동기적 플레이가 RTS나 FPS 장르에 비해 낮은 편이다. 다시 말해 MMORPG는 개인이 익명의 다른 플레이어들과 게임을 즐기는 경우가 많기 때문에 MMORPG에서는 이전에 플레이했을 때 저장된 게임의 맥락이 지속적으로 반복된 플레이를 유도하는 원인이 된다.

한국 게임시장은 [그림 4]에서 볼 수 있듯이 2000년대 중반부터 2010년대 초반까지 연평균 10%가 넘는 고속성장을 구가하면서 한국의 콘텐츠산업 중 가장 촉망받는 분야가 될 수 있었다. 여기에는 스마트폰이라는 새로운 플랫폼이 모바일게임을 제작·유통할 수 있는 완전히 새로운 시장을 창출하면서 관련 분야의 성장을 촉진시킨 것이 크게 작용했다.

그러나 2013년 들어 한국 게임시장은 2006년 바다이야기 사태 당시 경험했던 마이너스 성장을 몇 년 만에 다시 경험하게 된다. 여기에는 다양한 이유가 있겠지만, 스마트폰게임 시장의 포화와 중국 게임 개발사들의 성장에 따른 수출부진 등을 주요 이유로 꼽을 수 있다. 이처럼 시장이 다소 정체 기미를 보이자 게임업계는 예전과 같이 높은 성장을 구가할 수 있는 배경이 될 새로운 플랫폼 찾기에 열을 올리기 시작했다. 최근 많이 회자되는 가상현실VR은 침체된 게임시장을 구원할 것으로 여겨진 차세대 플랫폼이었다.

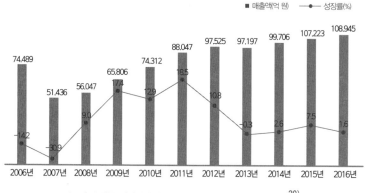

[그림 4] 한국 게임시장의 전체 규모 및 성장률(2006~2016)[20]

20) 한국콘텐츠진흥원 산업진흥정책본부,《2017 대한민국 게임백서》, 한국콘텐츠진흥원, 2017, p.5.

2) 새로운 플랫폼을 향한 강박

VR^{virtual reality21)} 역사의 출발은 1968년 유타 대학의 이반 서덜랜드Ivan Sutherland가 고안한 헤드 마운티드 디스플레이HMD로 거슬러 올라간다. VR는 최소 50년 이상의 역사를 가진 분야지만 VR가 산업적으로 의미 있는 조망을 받기 시작한 것은 최근의 일이다. 오큘러스 VR의 창업자인 팔머 러키가 2011년 자신이 직접 제작한 HMD를 FPS게임 개발자로 유명한 존 카맥에게 보여주면서 개발자들 사이에서 큰 반향을 불러일으켰다. 이후 2012년 8월 킥스타터 사이트를 통해 최초 개발자 버전인 오큘러스 DK1이 공개되면서 대중에게 처음으로 공개되었다. 이러한 붐은 페이스북에서 오큘러스 VR를 약 20억 달러에 인수하면서 절정에 달했고, 오큘러스에서 제작한 HMD 역시 DK2를 거쳐 소비자 버전을 성공적으로 론칭하기에 이른다.

또한 삼성전자가 오큘러스와 기술 제휴해 2014년 말 모바일용 HMD인 기어 VR를 내놓았고, 2016년 10월 소니가 플레이스테이션 4와 연결해서 사용하는 플레이스테이션 VR를 내놓으면서 PC-모바일-콘솔 등 대부분의 플랫폼에서 대중적으로 사용할 수 있는 VR기기의 라인업이 갖춰졌다. 또 HTC와 밸브가 합작해서 제작한 또다른 HMD인 HTC 바이브가 2016년 4월에 출시되면서 HMD는 PC시장에서 경쟁구도를 갖추기 시작했다. 룸 스케일을 사용한 HTC

---

21) VR는 컴퓨터를 사용한 인공적 기술로 만들어낸, 실제와 유사하지만 실제가 아닌 특정한 환경이나 상황 또는 그 기술 자체를 의미한다.

바이브는 오큘러스 못지않은 하드웨어 성능을 보여주면서 좋은 평가를 받았다.

한편, VR가 대중화하기 위해서는 스마트폰처럼 많은 이용자들이 VR 기기를 구매해야 한다. 그러나 2010년대 중반에 출시된 PC용 하이엔드 HMD의 경우 초기 시판가격이 대부분 1,000달러를 상회하는 비싼 가격대여서 큰 호응을 얻지 못했다. 기어 VR는 100달러가량의 저렴한 가격으로 판매되었으나 하드웨어 성능이 떨어지고 관련 소프트웨어의 보급이 늦어지면서 잠깐의 붐에 그치고 말았다. 플레이스테이션 VR 역시 "PC-고가형, 모바일-저가형"이라는 시장의 이분법 속에서 중간에 해당하는 400달러 정도로 HMD를 판매했으나 유저들은 착용이 불편하고 멀미가 유발되어 오랜 시간 플레이를 하기 어려운 VR 게임을 외면했다.

이 때문에 국내의 대표적인 게임 기업들은 VR 시장으로의 신규 진입을 주저하며 시장의 규모 확대나 다양한 성과가 입증된 이후에야 본격적으로 투자를 진행할 것으로 보인다.[22] 최근 VR를 둘러싼 다양한 관심의 이면에는 다소 침체된 게임시장의 돌파구를 마련하기 위한 처절한 몸부림이 느껴진다. 현재 국내에서 VR 게임을 개발 중인 개발사들은 대부분 중소 규모의 스튜디오들이어서 다른 게임과 비교할 때 마케팅이나 홍보가 부족할 수밖에 없다. 물론 2017년 스튜디오 HG가 개발한 〈오버턴〉이나 비트게임즈에서 제작한 〈비트 세이버〉처럼 성공 사례가 없었던 것은 아니다. 그러나

22) 한국게임개발자협회, 《가상현실게임 개발 가이드 및 사례 연구》, 한국콘텐츠진흥원, 2018, p.3.

VR가 스마트폰 시장에 버금가는 새로운 플랫폼을 창출했다고 말하기는 어려울 것이다. 이처럼 현재 한국 게임업계에는 그간 고성장을 이뤄온 게임시장의 전통에 대한 강박이 여전히 존재하고 있다.

1. 재미는 게임을 즐기는 데 필수적인 요소여야 하는가? 명시적인 재미를 추구하지 않더라도 게임이 성립될 수는 없는가?

2. 인간이 게임에 몰입하는 데 난이도나 기술, 그리고 사회적 맥락 외에 작용할 수 있는 요소에는 어떤 것들이 있는가?

3. 플레이어가 온라인게임에서 좋은 결과를 거두려면 평소 알고 지내던 주변 사람들과 게임 플레이를 하는 것이 유리한가, 아니면 게임 커뮤니티 내부의 새로운 사용자들과 더 잘 어울리는 편이 유리한가?

4. 게임이 사용자를 중독시키는 게임장애를 유발하는 요인인지 여부를 객관적으로 판단하기 위해서는 어떤 판단 요소가 필요한가?

5. 최근 정체 상태에 빠진 한국 게임시장을 활성화하려면 정부가 게임업계에 어떤 형태의 지원을 확대해야 하는가?

참고자료

• 라프 코스터 저/안소현 역,《라프 코스터의 재미이론》, 디지털미디어리서치, 2005.

• 미하이 칙센트미하이 저/최인수 역,《플로우 : 미치도록 행복한 나를 만나다》, 한울림, 2004.

• 에스펜 올셋 저/류현주 역,《사이버텍스트》, 글누림, 2007.

• 예스퍼 율 저/이정엽 역,《캐주얼 게임》, 커뮤니케이션북스, 2012.

• 한국게임개발자협회,《가상현실게임 개발 가이드 및 사례 연구》, 한국콘텐츠진흥원, 2018.

• 한국콘텐츠진흥원 산업진흥정책본부,《2017 대한민국 게임백서》, 한국콘텐츠진흥원, 2017.

06

놀이

양기민

주요 개념 및 용어 : 헤오르테/스콜레, 호모 루덴스, 매직서클, 아곤/알레아/미미크리/일링 크스, 놀이세계

이 장에서는 놀이와 게임의 가치와 의미를 축소하려는 사회적 편견에 맞서 현대사회에서 놀이 가치를 재정립해보고자 한다. 이를 위해 놀이에 대한 역사적·철학적 논의를 알아보고 고대·근대·현대사회에서 놀이 개념이 어떻게 변화하고 있는지를 살펴본다. 또한 놀이 관련 주요 이론가인 호이징하, 카이와, 핑크 등의 개념을 통해 놀이의 문화적 특성과 요소, 확장 가능성을 살펴볼 수 있다.

놀이와 게임의 관계에 대한 점검도 필요한데, 이는 아직까지도 학자들 간에 견해 차이가 존재하고 합의되지 못한 개념일 수 있다. 놀이를 게임 자체로 바라보거나 놀이를 게임의 구성 요소로 볼 수도 있고, 게임을 확장하는 도구로 볼 수도 있으며, 플레이어의 실천 양식으로 볼 수도 있다. 놀이의 개념적 정의를 넘어 실제 게임 과정에서 놀이가 어떻게 작동하고 있는지를 생각해볼 필요가 있다.

이 장의 최종 목적은 놀이에 대한 이론적 학습을 통해 놀이란 무엇인가, 나아가 게임에서 놀이란 무엇인가를 성찰, 해석하는 한편, 현재 우리 사회에서 놀이가 가진 가능성을 상상해보기를 바란다.

1. 서론

1) 놀이의 정의

어쩌면 놀이를 설명하거나 정리하는 것은 쉬운 일일 수도 있다. 우리가 재미를 위해 하는 행위가 놀이다. 그러나 비트겐슈타인 Ludwig Wittgenstein은 언어의 의미는 '언어놀이'를 통해 획득되며, 언어와 놀이는 인간 삶의 형식 속에서 다양하게 이루어진다고 전제한다. 언어와 놀이는 우리에게 너무 자연스러운 '문화'이자 내재적으로 축적된 삶의 경험의 일부다. 문화나 경험은 객관적으로 설명하기도 단순화하기도 어렵다. 그래서 체득된 문화적 개념을 명료하게 언어로 설명하려 노력하기보다는 몇 가지 구분 과정을 통해 이해할 필요가 있다.[1]

우리가 아주 잘 알고 있다고 생각하는 경험들은 각자의 의식이 작동하여 보편적인 사고로 이론화해 정의를 시도하다 보면 자신의 경험이 지나치게 개입되면서 불충분하거나 억지스러워질 수 있다. 놀이는 우리에게 너무 자연스러운 문화이자 내재적으로 축적된 삶의 경험 일부인데, 그렇기 때문에 각자에게뿐 아니라 시대적 상황과 환경마다 다르게 해석되거나 변주되면서 지나치게 의미가 축소될 수 있다.

노르베르트 볼츠Norbert Bolz는 "놀이란 정의내리기가 어려울 뿐

---

1) 비트겐슈타인은 다양한 놀이를 하나로 정의하기보다 가족 유사성을 기반으로 나열을 통해 공통성을 탐구했다. 그에게 놀이는 하나의 단일한 형태가 아니라 서로 겹치고 교차하는 유사성의 복잡한 그물과도 같다.

아니라 게임 등의 소비 및 미디어 기술의 발달로 인해 나날이 확장되어가면서 설명을 더욱 어렵게 하기도 한다"고 지적한다. 우리는 감각적으로 놀이인가 아닌가를 분리하며, 놀이라는 활동의 경계선이 분명히 존재한다고 생각하지만, 볼츠에 따르면 놀이라는 개념을 위한 뚜렷한 경계선은 존재하지 않는다. 그는 엄밀히 말하면 놀이가 무엇을 의미하는지는 누구나 알고 있지만 놀이라는 개념은 정의할 수 없다고 주장한다.[2]

조금 편리하게 검색해보면, 국어사전에는 놀이[3]의 개념이 "여러 사람이 모여서 즐겁게 노는 일. 또는 그런 활동"으로 광범위하게 정의되어 있다. 하지만 이러한 정의가 고정적인 것도 아니다. 우리는 게임 기술의 발전을 통해 굳이 여러 사람이 모이지 않아도 잘 놀고 있다. 여러 미디어 플랫폼에서 혼자 또는 여러 명이 함께 플레이할 수도 있고, 게임 세계 안에서도 플레이어 혼자 놀이하거나 여러 플레이어가 함께 놀이할 수 있다. 게임은 기술과 더불어 놀이라는 전통적 문화 양식을 다양하게 변형시키고 있다.

게다가 우리는 놀이라는 말을 다르게 사용하기도 한다. 굳이 게임이 아니더라도 '공상'을 하면서 시간을 때우는 등의 일상적 행위도 '혼자 놀기'로 의미화하며 놀이를 해석하고 실천한다. 이렇게 혼자서도 충분히 할 수 있는 것이 놀이인데 사전에서 굳이 '여러 사람이 모여'라는 전제를 달아놓은 것은 놀이가 지닌 '사회적' 특성

---

2) 노르베르트 볼츠 저/윤종석 외 역, 《놀이하는 인간》, 문예출판사, 2017, p.51.
3) 표준국어대사전에서는 이 외에도 "일정한 규칙 또는 방법에 따라 노는 일", "(일부 명사 뒤에 붙어)'모방'을 하거나 흉내를 내면서 노는 일"의 뜻을 나타내는 말" 등으로 정의하고 있다.

때문이다. 놀이라는 활동은 사교적이고 사회적이라는 가치와 의미가 전제되어 있기 때문이다.

하지만 놀이는 사회적으로 비판과 몰이해와 저평가를 받아온 개념이다. 종종 일상생활에서 놀이는 게임game이라는 용어와 구분 없이 등치되기도 하고 때론 분리되기도 한다. 혹은 오락entertainment, 娛樂으로 산업적 기능이 더욱 부각되기도 한다. 이렇게 정의와 구분이 불분명하고 어려운 데 비해 놀이-게임-오락 등이 비생산적인 활동으로 인식되면 쉽게 싸잡아서 비판하기도 한다. 그리고 상황에 따라서 놀이와 게임을 분리하고, 최근에는 놀이에 대한 긍정성을 높이며 상대적으로 게임을 차별하는 등 수많은 오해가 발생하고 있다. 그러므로 게임을 이해하기 위해서라도 놀이의 의미를 되짚어보는 것이 중요하다.

지금의 게임이 어떻게 놀이와 연결되어 있는지를 살펴보려면 "놀이란 무엇인가"라는 질문에 대답해야 한다. 놀이에 대해 이야기하기 위해서는 번거롭더라도 우회적으로 과거에서부터 놀이가 역사적으로 또는 문화적으로 어떻게 이야기되었는가를 살펴보려 한다. 그래야 우리 시대가 또는 각자가 생각하는 놀이의 의미와 가치를 재규정하면서 게임과 놀이를 어떻게 구분해야 할지, 게임 안에서 놀이의 가치 또는 행위들을 어떻게 해석할지 실마리를 찾을 수 있기 때문이다.

2. 놀이에 관한 역사적·이론적 흐름

1) 고대의 놀이에 대한 관념

놀이가 인간의 본질적 활동이자 사회적인 활동이라는 인식은 생각보다 오랫동안 여러 분야에서 연구되어왔다. 철학, 교육학, 인류학, 사회학, 정신분석학 등 인간을 연구하는 인문 분야에서 놀이는 학문에 따른 다양한 정의를 통해 놀이에 대한 확장된 해석을 시도하였다. 일단 인문학 가운데서 철학을 기반으로 보면 놀이에 대한 철학적·존재론적 탐구의 전통은 고대로까지 거슬러 올라간다.

헤라클레이토스는 "인생이란 이리저리 움직이는 어린아이의 장기놀이와 같은 것"이라며 삶을 '놀이하는 아이aion'로 묘사한다. 놀이를 삶과 연관시켜놓은 부분, 실제 우리 삶에서 놀이가 중요하다는 의미는 비유적으로 전달된다. 하지만 놀이를 아이들이나 하는 것으로 치부하기도 한다. 놀이를 미성숙한 행위라고 보는 것은 역사적으로 형성된 편견이다. 특히 플라톤이 그랬다.

플라톤은 "인간은 신의 놀이도구"라고 말하며 인간과 놀이를 동시에 폄훼하기도 하였다. 플라톤에게 놀이는 두 가지로 구별되어 나타난다. 하나는 유치한 아이들의 놀이라는 의미의 '파이디아paidia'이며, 또 하나는 어른들의 진지한 놀이로서 '축제' 또는 '제전'을 뜻하는 '헤오르테heorte'이다. 플라톤은 파이디아가 모방하는 행위에 불과하며 현실을 상대하는 진지함이 없다고 보았다. 그는 파이디아를 철저하게 성인이 되기 이전 예비교육 단계에서만 활용하게 하였다. 이러한 관점에 기반을 두고 놀이를 아이들의 본질적 행위이자 본능으로만 협소하게 규정해 많이 연구하는 학문이 교육학[4]이다.

교육학에서는 아이들의 발달 단계에서 놀이의 중요성을 강조하고, 놀이 또는 게임을 학습에 차용하기 위해 노력하였다. 이는 놀이라는 것이 인간의 본질적 활동이라는 것을 인정하기는 하지만, 생애주기에서 어린 시절에 일시적으로 나타나는 긍정적 활동이자 보조적 활동이라는 전제에서 출발한다. 그래서 아이들이 노는 것은 당연하지만 어른들이 노는 것은 미숙한 행동처럼 보인다. 이런 관점에서는 좋은 놀이와 나쁜 놀이가 구분되고, 놀이가 한시적이거나 일시적인 특정시기의 활동으로 제한되기를 바란다. 게임에 대한 부정적 편견이나 청소년기의 게임에 대한 억압에는 놀이에 대한 부정적 편견이 작동하며, 이는 역사적으로 반복되는 논란이다.

물론 플라톤이 놀이의 가능성을 전부 부정한 것은 아니다. 헤오르테는 신성과 소통하는 가운데 공동체의 안녕과 번영을 기원하는 놀이로 나타난다. 축제 또는 제전으로 번역될 수 있는데, 플라톤은 "슬픔을 안고 태어난 인간들을 불쌍히 여겨 고통에서 벗어나 잠시 흥겹게 즐기며 쉴 수 있도록" 축제를 만들었고, 이는 어른들의 공동체 활동으로서 중요하다고 생각하였다. 게임의 어원을 인도·유럽어족의 단어 겜ghem(흥겹게 뛰다)이라고 추측하듯 놀이는 일상의 고달픔을 보상하는 차원에서 가치가 있다. 하지만 이런 놀이는 기획된 놀이이자 삶을 보상하는 수단일 뿐이다.

---

4) 놀이에 대한 교육학적 접근의 시각은 주로 장 피아제를 검토하길 바란다.

국민국가가 완성된 이후 현대에 와서는 이런 놀이 활동이 국가적 기획으로 스포츠 등의 형식으로 나타나고 있다. 한국에서는 2002년 월드컵 응원이 대표적이라 할 수 있다. 성스러움과 놀이를 연결시킨 이러한 관점은 놀이로 일상과 비일상을 분리하면서 이분화시키며 삶의 보상책의 하나로 축소한다. 하지만 지금도 어떤 게임 세계에서는 여러 게이머들이 모여서 일상적으로 축제와 파티를 벌이고 있을 것이다. 놀이는 개인이 여유시간에 자신에 대한 보상 활동으로 할 수도 있지만, 굳이 삶의 특별한 보상이라고 하지 않더라도 일상적으로 필요한 활동이다.

철학사에서 플라톤과 종종 비교되는 철학자 아리스토텔레스는 놀이를 일상적인 활동으로 생각하긴 하였다. 그는 놀이를 인간이 여유를 즐기면서 삶의 완성을 이뤄가는 스콜레schole 중 하나로 바라본다. 스콜레는 주로 여가를 활용해 자유시간을 즐기는 활동을 의미한다. 이는 새로운 것을 창조하기 위하여 자기 자신을 온전히 몰두시키면서 행복을 추구하는 활동이다. 하지만 여가 생활 중에서도 놀이는 선호하는 활동이 아니다. 여가 생활이 삶의 행복을 느끼기 위한 관조적 활동이라면 놀이는 상대적으로 비생산적·비윤리적인 것으로 생각하였다.

이는 현대사회에서 가장 왕성한 여가 활동인 게임이 다른 여가 활동보다 무가치한 것으로 취급받는 편견과 유사하게 작동하는 논리다. 여기에는 노동사회와 분리된 상태에서 인간이 정신적·신체적 고양 활동만 추구해야 한다는 금욕적 편견이 내포되어 있다. 여가는 노동 시간을 위해 부수적으로 필요한 것, 여가 시간은 노동을 더 열심히 하는 데 도움이 되도록 활용해야 하는 것이라는 목적론적 전제가 깔려 있다. 플라톤이나 아리스토텔레스의 놀이에 대한 편견은 지금까지도 놀이나 게임에 대한 사회적 편견과 유사하게 작동하고 있다.

2) 근대사회와 탈근대사회에서 놀이의 가치, 노동-놀이 통합 사회로의 이행

근대에 와서는 놀이가 다양한 가능성을 인정받기도 하였다. 근대철학을 성립한 것으로 평가받는 칸트Immanuel Kant는 놀이를 실천적인 목적과 지성적인 개념에 종속되지 않는 자유로운 것으로 인정하였다. 또한 쉴러Friedrich von Schiller는 놀이를 미적 인간성의 표상으로 규정하며, 놀이가 인간의 가능성을 자유롭게 한다고 주장하였다. 그는 인간은 세계를 구성하는 놀이 안에 존재하고, 주체적으로 놀이를 하면서 존재한다고 하며 놀이를 인간의 고유한 활동으로 인정하였다. 인간은 놀이를 하면서 존재하고 놀이를 할 때 비로소 완전한 인간이 된다고 하였다.

이렇게 놀이의 철학적 가치와 상대적 자율성을 인정하였는데도 놀이는 여전히 지금의 삶에서 다음 단계로 이행하기 위한 수단과 도구적 평가에 머물러왔다. 어른이 되기 전까지의 행위이거나 노동 활동을 위한 인간의 필수적 여가 활동의 하나로 인식할 뿐 놀이 그 자체의 의미와 가치는 여전히 생략되었다.

산업사회에서 놀이는 노동과 반대되는 개념으로 단순화해 인식된다. 노동 중심적 관점에서 보면 놀이는 생산 활동의 부산물인 여가 활동의 하나로 부차적인 시간 소비 활동 정도로 인식된다. 여가 행위에서도 놀이는 회복을 위한 '쉼' 또는 노동에 대한 보상으로 인식된다. 노동해야 할 사람들이 일하지 않고 게으름을 피우거나 책임을 등한시할 때 "놀고 있네"라는 말이 도덕적 비난처럼 사용되기도 한다. 놀이는 상대적으로 자유롭지만 허락받아야 하는 소극적 활동, 곧 노동을 위한 종속적 활동으로 인식하였다.

니체Friedrich Nietzsche에 이르러 놀이는 철학에서 주변개념이 아니라 중심개념이 되었다. 니체는 말년의 자서전에서 "나는 위대한 과제를 대하는 방법으로 놀이보다 더 좋은 것을 알지 못한다. 이것이 바로 위대함의 징표이자 본질적인 전제조건이다"[5]라고 놀이를 자신의 철학을 대변하는 개념으로 표현한다. 흔히 니체의 철학은 인간과 주체 중심의 철학에서 과감히 탈피했다고 한다. 니체는 정통 형이상학의 질서를 파괴하면서 인간 스스로 자신의 의지에 따라 새로운 질서를 만들 수 있다고 보았다. 니체는 저서 곳곳에 자신의 의지를 자유롭게 실현하고 생성할 수 있는 가능성을 언급하면서 예술 또는 놀이를 강조하였다. 하지만 니체의 철학에서 언급되는 놀이는 대부분 예술과 구분되지 않거나 예술 속에서 놀이적 요소를 해석한 것이다. 그는 놀이의 개념과 작동원리를 이해하지 않은 채 새로운 에너지를 부여하는 활동이자 파괴된 세계를 새롭게 생성하는 도구로서 놀이의 추상적 가능성을 상징적으로 이야기했을 뿐이다.

---

5) 정낙림, 《놀이하는 인간의 철학》, 책세상, 2018, p.25.

니체 이후에 영향을 받은 포스트모더니즘[6]의 여러 철학에서도 놀이는 직접 언급되지 않지만, 중심이 해체된 다원주의 시대, 영역 간의 담장이 급격히 와해되는 혼종의 시대를 설명할 때 중요한 개념으로 활용되었다. 최근의 철학에서 놀이를 향한 관심은 정도의 차이는 있지만 근대성을 극복하는 과제와 밀접한 관계가 있다. 현대 철학자들이 놀이에서 발견한 가치에는 몇 가지 공통점이 있다. 첫째, 놀이는 주체 중심이 아니라 놀이하는 과정 자체를 중요하게 본다. 이는 이성적 존재를 중심으로 하는 것이 아니라 참여 과정에서 의미가 변화되거나 생성된다는 점이 중요하다. 둘째, 놀이는 우연적이고 불연속적이며 맥락 의존적인 불완전한 세계와 닮아 있다. 이성 중심의 과학과 철학의 한계를 인정하며 이를 재해석하고 설명하는 데 유효하다고 본다. 셋째, 놀이에 담긴 생성과 우연, 순간의 속성은 인간의 상상력과 창조의 뿌리가 될 수 있다. 사회적 편견과는 달리 현대 철학 안에서는 놀이의 가치를 재발견하고 의미를 확장해가고 있다.

3) 현대사회에서 놀이와 노동의 변화

노명우는 저서《호모 루덴스, 놀이하는 인간을 꿈꾸다》에서 현대 사회에서 놀이뿐 아니라 노동의 가치와 의미도 많은 변화가 있다는 점을 지적한다. 과거 신분제 사회에서 놀이와 노동은 각각 자유

---

6) 20세기 후반 탈구조주의 또는 해체주의라는 이름으로 진행된 프랑스 현대철학. 자크 데리다, 질 들뢰즈, 장 프랑수아 리오타르 등의 철학에서 놀이는 직간접적으로 관계가 있다.

민과 노예에게 배타적으로 귀속되어 있었기 때문에 노동과 놀이는 물과 기름처럼 섞일 수 없었다. 그러나 신분제가 붕괴된 오늘날의 사회에서는 노동과 놀이가 한 사람 안에서 서로 충돌한다. 현대사회에서는 전적으로 노동에만 종사하는 사람도 놀이에만 몰두하는 사람도 없다. 노동과 놀이는 모든 사람이 하는 활동이다. 따라서 현대사회에서 놀이는 노동과의 관계에서 파악된다. 현대의 놀이 영역은 박탈적 비노동에서부터 보편적 탈노동에 이르기까지 다양한 스펙트럼 위에 분포되어 있다.

오늘날 우리는 모두 노동의 의무를 지고 살지만 하루 24시간 중 노동에서 벗어나는 시간이 있으며, 이를 비노동 시간이라 한다. 비노동은 두 가지 형태로 나타난다. 첫째는 박탈적 비노동이다. 이는 노동을 하고 싶지만 여러 가지 이유로 노동에서 밀려난 이의 활동으로 박탈적 놀이와 짝을 이룬다. 둘째는 제한적 비노동이다. 이는 직업 노동은 하지만 퇴근 후 잠시 노동에서 벗어난 상태를 말하며, 이런 자유 시간에 사람들이 몰입하는 놀이는 제한적 비노동과 관련된다.

비노동과 달리 노동을 할 필요성이 사라진 상태를 탈노동이라 하며, 탈노동은 두 가지 형태로 나타난다. 첫째는 특수한 탈노동이다. 고대의 귀족이나 현대사회의 부자처럼 특수한 조건을 갖추어 노동의 필요성에서 벗어난 사람들에게 해당된다. 둘째는 보편적 탈노동이다. 이는 생산력이 증대해 인간이 힘든 노동을 하지 않아도 필요한 재화를 충분히 생산할 수 있는 여건이 마련되었을 때 나타난다. 특수한 탈노동과 달리 보편적 탈노동은 노동에서 벗어날 가능성이 누구에게나 열려 있다. 노동 개념의 변화는 상대적으로 반대자로 인식되었던 놀이의 개념과도 연관되어 변화하게 만든다. 이제는 노동과 놀이가 전통적인 사회에서처럼 명확히 구분되는 개념이 아니라 우리 사회에서 중요한 활동으로 동시에 인정받으며 다양한 활동으로 변이되고 있다.

〔표 1〕

비노동 ↑ 노동 ↓ 탈노동	박탈적 비노동	⇄	박탈적 놀이	개인적 ↑ 놀이 ↓ 사회적
	제한적 비노동	⇄	자유 시간의 놀이 취미 세계의 놀이	
	특수한 탈노동	⇄	특수한 직업의 놀이 유한계급의 놀이	
	보편적 탈노동	⇄	디지털 세계의 놀이 미래의 놀이	

• 출처 : 노명우의 책《호모 루덴스, 놀이하는 인간을 꿈꾸다》.

디지털 세상에서는 개인방송 등의 놀이 활동이 새로운 오락산업의 상품이자 일로 전환되기도 한다. 인터넷에서 활동하는 놀이, 즉 댓글놀이 등이 사회에 직간접적으로 영향을 미치기도 한다. 프로게이머와 같이 놀이 활동이 직업이 되고, 게임을 비롯한 놀이는 거대한 엔터테인먼트 산업을 만들어냈다. 놀이와 노동은 특히 기술의 발전과 적극적으로 결합해 새로운 문화를 생성하고 융합하는 중요한 출발점이 된다. 놀이는 단순히 인간 본성을 위한 여가 활동이 아니라 노동 중심의 사회를 탈피할 수 있는 중요한 개념이자 실천으로 작동하고 있다. 이제 사회가 놀이의 변화를 만들어가는 것이 아니라 오히려 놀이가 사회를 변화시키고 있다.

3. 놀이와 문화, 규칙과 세계

자급자족을 하며 스스로 노동을 조절하던 원시시대에도 놀이와 노동은 대립적인 것이 아니었다. 사냥과 채집을 가기 전 공동체의 협동심을 고양하기 위해 춤추고 의식을 행한 뒤 돌아와서는 함께 축제를 즐겼다. 벽화에 그림을 그려 사냥을 대신하던 놀이 의식의 흔적이 남아 있으며, 불확실성을 추측하는 주사위처럼 놀이는 종교로 작동하기도 하였다. 부족 간의 전쟁을 스포츠로 대체하는 등 문명의 변화 속에 놀이는 인간의 핵심적인 문화와 밀접하게 연관되어 있다.

네덜란드의 역사학자 요한 호이징하Johan Huizinga의 주장대로 놀이는 단순히 문화의 한 구성요소가 아니라 오히려 문화 자체가 놀이로부터 형성되어왔다. 그래서 인간을 '호모 루덴스homo ludens(놀이하는 인간)'라 한 것이다. 호모 루덴스는 호모 에코노미쿠스homo economicus(경제적 인간)이나 호모 소시올로지쿠스homo sociologicus(사회적 인간)가 설명하지 못하는 인간의 존재 가치와 삶의 즐거움, 창조적 과정을 해명할 수 있다.

놀이의 현대적 확장으로서 게임은 역시 기존의 경제·사회적 틀을 바꿨을 뿐 아니라 새로운 문화 자체를 '창발'하는 역할을 하였다. 놀이에 대한 관점이 놀이의 선악 구분 또는 필요성이나 가치에

대한 인정 등 소모적 논란에 더 이상 머물지 않고 놀이(혹은 게임)
가 현재 우리의 인식과 사회를 어떻게 변화시키는지를 강조한다.

1) 호이징하의 놀이, 호모 루덴스 그리고 매직서클

놀이에 대한 연구의 시초로 많은 학자가 호이징하의《호모 루덴
스》를 언급한다. 이 책이 놀이에 대한 최초의 학문적 접근을 시도
하였다고 평가하는 이유는 이전 학자들과는 달리 놀이를 부차적인
연구 대상이 아니라 "문화 자체가 놀이로부터 시작되었다"고 과감
하게 주장했기 때문이다. 호이징하는 인간의 공동생활 자체가 놀
이 형태를 하고 있다고 설명하고, 문화의 근원이 놀이에 있다고 주
장한다. 예를 들어 로마 사회는 콜로세움의 놀이 없이는 유지될 수
없었다는 주장처럼 한 사회를 지탱하는 중요한 요소로 놀이를 설
정하였다. 놀이에 대한 호이징하의 구체적 정의를 살펴보자,

놀이란 일정한 시간과 공간의 한계 속에서 자유롭게 동의한 그
러나 완전히 구속력이 있는 규칙에 따라 행해지며, 그 자체에 목적
이 있고, 긴장과 즐거움의 감정, 아울러 일상생활과는 다른 의식을
동반하는 자발적인 행위나 활동이다.[7]

호이징하가 지적한 놀이의 형식적 요소 세 가지를 구체적으로
살펴보면 다음과 같다.

---

7) 요한 호이징하 저/김윤수 역,《호모 루덴스》, 까치, 1981, p.56.

첫째, 놀이는 '자유로운 것'이다. 자유라는 본질에 의해 놀이는 자연의 필연적 진행 과정과 구분된다. 따라서 놀이는 내적 동기에 의한 자기 목적 활동이다.

둘째, 놀이는 '실제의 생활을 벗어나서 아주 자유스러운 일시적 활동의 영역으로 들어가는 것'이다. 이는 놀이가 현실과 일정 부분 분리된 행위임을 의미한다.

셋째, 놀이는 장소와 시간의 제한으로 인해 일상적인 삶과 구분되는 경험이다. 이는 장소의 격리성과 시간의 한계성을 말한다.

호이징하에게 놀이의 개념은 무수히 확장되고 해석될 수 있는 개념어가 아니라 실존하는 현상이자 주체들의 일상적 실천이다. 하지만 그가 생각하는 놀이의 고유한 특성을 설명하려면 공간에 대한 논의가 필수적이다. 놀이의 경험을 특별한 것으로 만드는 분리된 공간이 필요하다. 놀이 공간의 예외적 성격을 강조하기 위해 호이징하는 '매직서클magic circle'이라는 개념을 제시했다. 그는 놀이를 독립된 범주로 파악하고 놀이를 통해 주체를 위한 새로운 시공간이 형성된다고 주장하였다.

매직서클은 일상과 분리된 마법의 공간이다. 놀이는 이 경계 안에서 새로운 질서를 확립하고 참여자들에게 특정한 행위를 유도하며 색다른 경험과 의미 생성의 가능성을 제공한다. 놀이는 놀이 규칙과 제한에 따르겠다는 참여자(플레이어)들의 암묵적 약속에서 힘이 발생된다. 매직서클은 언제 어디서나 놀이를 하는 동안 보이지 않게 형성된다. 개인과 참여자들은 매직서클 안에서 공간과 신체, 도구를 가상적으로 다양하게 재구성하며 놀이를 실천한다.

그에게 놀이는 시공간적으로나 실제 삶과 현실적 이해관계를 벗어나 순수하게 자발적인 가상세계의 창조 행위다. 우리가 기술을 통해 발명한 새롭게 생성된 놀이적 세계인 '게임세계'가 매직서클이다. 하지만 이러한 게임적 환경이 매직서클 안에만 갇혀 있는 것은 아니다. 오히려 현대의 게임 환경에서 놀이는 현실과 비현실을 끊임없이 교환하고 왕래하며 경계를 흐리는 다양한 층위의 활동을 만들기도 한다.[8] 게임 안팎에서 우리는 끊임없이 놀이를 하고, 게임은 꼭 직접 하는 것이 아니라 보는 것이 되기도 하며, 〈포켓몬〉과 같은 모바일게임처럼 현실과 게임 세계를 분리하지 않는 등 다양하게 확장하고 있다.

놀이를 포괄적으로 정의한 호이징하의 논의를 놀이나 게임에 구체적으로 적용하기에는 일정 부분 한계가 있다. 그에게 놀이는 문화이므로 사실 법률 같은 활동도 확대해석을 하면 놀이로 보이기 때문이다. 하지만 호이징하의 논의가 중요한 바탕이 될 수 있는 것은 놀이로서 새로운 세계가 창조되었다는 관점 때문이다.

2) 카이와와 놀이의 분류

호이징하가 놀이의 역사문화적 맥락을 기초로 해서 설명했다면 상대적으로 로제 카이와Roger Caillois는 《놀이와 인간》이란 책을 통해 놀이 자체에 집중했다고 할 수 있다. 카이와는 놀이가 분리되어 있는 공간에서 진행되며 비생산적이라는 호이징하의 의견에 동의

---

8) 강신규, 〈현실로 들어온 놀이〉, 《문화과학》, 통권 제92호, 2017.

한다. 그는 추가적으로 놀이는 진행 방향을 결정할 수 없는 불확실성을 내제하고 있으나 놀이를 통해 새로운 규칙이 만들어지고 그 규칙에 따라 지배된다고 인식한다.

카이와는 놀이의 본질로서 형식적인 측면과 규칙을 중시하면서 놀이를 좀 더 체계적으로 발전시키려 하였다. 그는 체계화하고 규칙화하려는 '루두스'와 규칙을 무효화하고 무질서하게 만들려는 '파이디아'의 대립적 경향이 놀이에 동시에 나타난다고 생각하였다. 이러한 경향을 통해 놀이의 네 가지 기본 요소로 아곤agon(경쟁), 알레아alea(운), 미미크리mimicry(모의), 일링크스ilinx(현기증)를 제시했는데, 이를 규칙과 의지의 축에 따라 다음과 같이 분류해 정리해볼 수 있다.

[그림 1] 놀이의 네 가지 기본 요소

(1) 아곤(경쟁, 갈등)

놀이는 대부분 경쟁이라는 형태를 취한다. 경쟁은 승자와 패자를 명확히 하여 경쟁자들이 이상적인 조건 아래 싸우도록 기회의 평등을 인위적으로 설정한 투쟁이다. 아곤은 규칙에 입각해 상대적 경쟁을 통해 자신의 우수성을 인정받고 싶어 하는 인간의 욕망을 자극한다. 그러므로 규칙과 의지가 중요하다.

(2) 미미크리(모의, 모방)

놀이는 몇 가지 약속에 따라 정해지고 허구적인 하나의 폐쇄된 세계를 일시적으로 받아들이는 것을 전제로 한다. 놀이는 가상의 환경 속에서 활동을 전제하거나 운명에 복종하는 것뿐만 아니라 그 안에서 자신이 가공인물이 되어 상황에서 주체적으로 판단해 행동하는 것으로 성립한다. 따라서 미미크리는 규칙에서는 상대적으로 자유롭지만 어떤 것을 따라 하거나 흉내 내는 것 또는 가상의 인격을 설정하고 행동을 통해 재미를 느끼는 것이다.

(3) 알레아(운, 우연)

아곤과는 정반대로 놀이하는 자에게 달려 있지 않은 결정, 놀이하는 사람이 어떠한 영향력을 행사할 수 없는 결정에 기초한 놀이를 지칭한다. 의지를 포기하고 운에 자신을 맡기는 놀이, 즉 우연 놀이가 이에 해당한다. 알레아는 타인과의 경쟁이 아니라 운명과의 경쟁이다. 종종 이런 놀이를 사행성으로 치부하는데, 그것은 놀이 결과의 폐해에만 집중해 논의하기 때문이다. 문화적으로 놀이는 종교와도 가까웠다. 주사위를 던지듯 신의 의지를 시험하는 종교적 행위가 놀이로서 변형되기도 하였다. 이는 단순히 개인의 운을 시험하는 것이 아니라 사회적인 확장이다. 개인과 사회의 불평등한 관계들 안에서의 도전이자 불투명한 미래에 대한 도전이기도 하다. 흔히 말하는 사행성놀이도 사실상 사회적 관계 안에서 운을 경쟁하는 형태다.

(4) 일링크스(현기증, 몰입)

일링크스는 안정적인 상태가 아니다. 놀이 순간에서 느끼는 아찔함을 통해 얻는 즐거움이다. 통제할 수도 없고, 의지가 반영되지 않으며, 규칙에 따르지도 않는 어지러운 상황에서 정신과 신체를 자극하는 쾌감이 있다. 이는 감각적 즐거움으로 여러 신체 활동에서도 맛볼 수 있다. 이러한 현실적 체감을 연장하기 위해 놀이기구들과 4D, VR와 같은 기술이 지속적으로 발전하고 있다.

일링크스는 직접적 자극 상태의 즐거움 외에도 정서적 감정으로 스릴과 같은 어떠한 감정적 흥분 상태를 지향한다. 이것은 직접적인 자극으로 다가오기도 하지만 놀이를 통해서 재미를 느끼고자 하는 주요 목적이 되기도 한다. 단순히 직접적인 심리적 자극이 아니라도 팀플레이를 하는 동안 플레이어들 간에 느끼는 동질감 같은 정서적 반응도 일링크스라고 할 수 있다.

이 4가지 범주는 놀이 안에서 단일한 성격으로 나타나기도 하지만 서로 조합되거나 보완되기도 한다. 특히 게임이 발전하면서 이 4가지 성격은 하나의 게임 안에서 다양하게 작용한다. 예를 들어 우리가 어떤 MMORPG를 할 때 플레이어와 플레이어 간에 레벨 경쟁을 하는 요소와 함께 아이템을 수집하면서 운이 작용한다. 게임 안에서 캐릭터의 성격과 의미를 부여할 뿐만 아니라 마치 게임 세계를 살아가는 듯한 몰입감과 체감을 준다. 이러한 놀이 요소는 새로운 게임이 등장하면 할수록 자극의 양을 강화하기 위해 더욱 복합적으로 결합하고 작동한다. 결국 놀이의 즐거움은 단순하지 않은 복합적 형태다.

3) 세계 상징으로서의 놀이, 오이겐 핑크의 '놀이세계'

오이겐 핑크Eugen Fink는 니체의 논의를 비판적으로 계승한 학자다. 그는 1950년대부터 놀이가 개인적 오락이나 휴식을 넘어 상품이 되어 삶을 지배하는 상황을 목도한다. 그는 이 사회에서는 놀이가 더 이상 어린아이의 전유물이 아니라 어른에게도 필요하다고 전제한다. 또한 다른 철학자들과 달리 놀이를 개념으로 생각하기보다는 우리의 삶에 실존하는 것으로 보았다. 놀이가 인간의 실존 범주인 죽음, 노동, 지배, 사랑과 같은 무게를 지닌다고 생각한 핑크는 놀이는 재미·의미·공동체·규칙·도구로서 작동하고 있다고 보았다. 그리고 최종적으로 놀이세계spielwelt 개념을 제시했다. 그는 놀이가 가져오는 감정을 '행복의 오아시스'로 표현한다. 사막의 오아시스가 생존에 필수적이듯 놀이를 통해 얻는 잠깐의 행복한 시간이 인간에게 필수적이라는 점을 비유한 것이다.

핑크는 놀이의 개념을 더욱더 확대해 세계의 상징으로 바라본다. 인간의 놀이를 넘어 세계의 놀이로 확장되는데, 개방되고 복잡한 세계에서 단지 인간만 놀이를 하는 것은 아니다. 이미 이 세계가 놀이를 하고 있고 인간도 거기에 속해 있을 뿐이라는 것이다. 앞서 언급한 헤라클레이토스의 단편에 언급된 어린아이처럼 우리는 어쩌면 누군가 또는 무언가가 놀이하는 세계라는 질서 안에서 인생이라는 놀이를 하고 있을 뿐이다.

　이러한 관념이 다소 추상적으로 보이지만 현재의 세계화와 자본주의 경제 체제의 발전 그리고 기술과 게임의 발전 속도와 경향을 보면 주식시장, 비트코인처럼 놀이 원리를 기반으로 세계가 확장되고 있다. 현대 세계에서 인간 주체는 개인의 자발적 의지도 있지만 세계의 질서와 변화에 적응하기 위해 놀이를 한다. 놀이가 인간의 삶 속에 깊숙이 들어오고 사회가 이미 놀이를 중요한 작동 방식으로 여기면서 인간은 소비하듯 비자발적인 놀이 행위를 하며 살아간다고 할 수 있다.

　결국 (최소한의) 게임 안에서 플레이어의 행동은 결국 놀이지만, 이는 플레이어의 의지에 따라 작동되는 것이 아니라 시스템의 구속과 명령에 따르는 형태의 놀이일 수도 있다. 이는 놀이가 단지 재미를 추구하는 활동이 아니라 노동과 통합되거나 실제 우리의 삶 안에서 강력한 영향을 미칠 수 있는 중요한 활동이자 규율이 될 수 있다는 이야기다. 핑크는 "우리는 진지함을 놀이하며, 진정성을 놀이하며, 현실성을 놀이한다. 우리는 노동과 투쟁을 놀이하며, 사랑과 죽음을 놀이한다. 심지어 우리는 놀이조차 놀이한다"고 놀이의 중요성을 언급한다. 현대사회에서 놀이는 세계를 작동하는 주요 원리이자 근원적 활동으로 작동되고 있다. 게임이론과 같은 경제이론과 재미를 기반으로 한 산업들, 정치 등 모든 현상이 재미를 추구하는 방식으로 놀이와 적극적으로 결합하기도 한다.

4. 게임, 시스템, 세계 안과 밖에서의 놀이

앞에서 길게 설명한 여러 놀이 이론을 현대적인 게임 콘텐츠를 분석할 때 직접 적용하거나 설명하기에는 어려움이 있다. 브라이언 서튼 스미스Brian Sutton-Smith는 "사람들은 저마다 고유한 방법으로 게임을 정의한다. 인류학자와 민속학자들은 역사적 기원에서, 군인과 사업가와 교육자들은 사용이라는 측면에서, 사회과학자들은 심리적·사회적인 기능의 입장에서 정의한다"고 지적한다. 그리고 추가적으로 이를 통해 현대에 와서 게임을 중요한 사상의 기능으로 여기는 것이 확실해졌다고 말한다. 그래서 놀이와 게임을 통일해서 정리하기가 어렵다는 것이다.

이 글은 인문학을 기반으로 게임을 바라보자는 취지에서 놀이를 해석하기 위해 인문학적 기원을 따라오긴 했지만, 놀이와 게임의 관계를 규명하려는 게임계의 입장과 노력이 필요하다. 그런데 게임학자들에게는 놀이와 게임의 관계가 여전히 합의되지 않은 채 여러 견해가 존재한다. 곤잘로 프라스카 등 루돌로지스트ludoligist들은 모든 게임이 기본적으로 놀이가 될 수 있다는 입장이다.[9] 그러나 놀이를 포섭한 게임은 기존의 놀이와 차별된다는 견해도 있다. 샐런Katie Salen과 짐머만Eric zimmerman[10]은 통상적으로 놀이가

---

9) Gonzalo Frasca, "Ludology meets Narratology:Similitue and differences between (video) games and narrativ", 1999.
10) 케이티 샐런·에릭 짐머만 저/윤형섭·권용만 역,《게임 디자인 원론 1》, 지코사이언스, 2010.

게임을 포함하는 넓은 범주로 이해되지만, 오히려 게임 속에 놀이
가 있다고 주장한다.

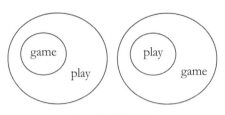

Fig. 1(a) Fig. 1(b)

[그림 2] 게임과 놀이의 관계. • 출처 : 케이티 샐런과 에릭 짐머만의 책《게임 디자인 원론》.

샐런과 짐머만에 따르면 게임과 놀이의 관계는 바라보는 시각에
따라 게임이 놀이의 부분집합이 될 수도 있고, 아니면 놀이가 게임
의 부분집합이 될 수도 있다. 그들이 보기에는 세상의 모든 놀이가
게임이 되거나 게임화하는 것은 아니다. 게임이 되려면 분명한 규
칙이 있어야 하고, 그 안에서 상호작용이 일어나며, 뚜렷한 보상 등
과 같은 시스템이 구성되어야 한다. 놀이는 게임에서 가장 중요한
구성 요소지만 다양한 장르와 개별 게임의 특징 안에서 다양하게
작동하므로 어떤 게임을 주목하느냐에 따라 달리 해석될 수 있다.

서로 다른 주장이 공존한다는 것은 놀이와 게임의 관계를 상위
범주와 하위 범주로 구분하는 문제가 아니다. 박근서의 주장처럼
게임을 더욱 깊이 연구하기 위해서는 놀이와 게임을 별개의 차원
으로 가정하며 둘사이의 관계를 살펴보는 것이 필요하고, 놀이와
게임을 단순 규정하려는 차원의 논란은 불필요할 수 있다.[11]

이미 현실에서 수행하는 놀이를 목적으로 하는 게임들은 일찍이

등장하였다. 대표적으로 〈심즈〉 같은 인생 시뮬레이션 게임이 있다. 이는 가상의 세계 안에서 가상의 캐릭터를 설정하고, 캐릭터 간에 교류를 하며 다른 인생을 살아가는 놀이 세계를 구축하였다. 대부분의 게임은 로그인과 캐릭터를 활용해 인형놀이를 확장한 것 같은 시스템을 유지한다. 놀이 요소는 게임 기술과 시스템에 의해 직접적으로 활용된다. 포커와 고스톱, 바둑 등의 전통놀이를 재현한 게임, 블록 쌓기 놀이를 확장 변형한 〈마인크래프트〉, 가장 대표적인 현실 놀이인 스포츠를 재현한 수많은 게임들에서 볼 수 있듯 이미 놀이는 게임으로 번역되었다.

아무리 시스템을 구축한 게임 안에서 실재와 같이 놀이 활동이 이뤄지고 있다고 해도 모든 플레이어가 그 안에서 게임 규칙만을 따르는 것은 아니다. 플레이어들은 각자 사람들을 방해하거나 혼자 만족감을 얻는 행위를 하는 등 자신이 재미있다고 생각하는 놀이를 실천하고 있다. 게임의 요소 중에서 놀이를 중심으로 본다면 놀이의 경험을 게임과 등치할 수 있거나 게임을 좀 더 큰 테두리에 놓는 것이 가능하다.

게임은 하나의 세계이므로 모든 게임 플레이어가 사회에서처럼 게임 시스템에서 요청하는 행위만을 하지는 않는다. 오히려 게임 세계 안에서 플레이어는 자유롭게 놀이를 하려고 한다. 게임 안에서 다양한 사람들과 교류하고, 게임 플레이 외의 여러 행동을 하면서 자신만의 놀이 방식을 개발하기도 한다. 우리는 게임을 하면

---

11) 박근서, 《게임하기》, 커뮤니케이션북스, 2009.

서 주어진 퀘스트와 보상을 추구하는 행위만 반복하는 것이 아니다. 게임 세계 안에서 사람들과 교류하고 머무르기도 하고 빈둥거릴 때도 있다. 게임을 새로운 세계로 받아들였을 때 우리는 게임 안에서 목적적인 활동도 하지만 비목적적인 놀이적 행위도 한다. 사회에서도 게임에서도 우리는 정해놓은 시스템과 목표만을 추구하지 않는다. 놀이란 정해진 규칙과 시스템을 거부하는 행위이기도 하다.

　게임 유저들은 게임 시스템 안에 갇혀서 제한된 행위만 수행하는 수동적인 수용자가 아니다. 게임의 규칙에 따르지만 규칙에만 머무르지 않는다. 보상이 필요하지만 보상만을 위해 플레이를 하는 것은 아니다. 게임 안에서 플레이어들은 자신들의 창조성과 능동성을 발휘해 놀이적 행위를 스스로 개발함으로써 새로운 시스템의 개선에 직간접으로 영향을 주고 있다. 때론 다른 플레이어를 방해하기도 하고 게임 안에서 문제점을 찾아내어 해킹하기도 하며 변이시키기도 한다.

　플레이어들은 단지 게임을 놀이로만 소비하는 것이 아니라 게임 안에서 다양한 자기만의 실천을 행한다. 이들은 게임 세계 안에서 각자 수많은 변주를 통해 하나의 게임을 공동으로 수행한다고 할 수 있다. 게임은 여러 플레이어의 놀이 의지와 역량을 총합한 시공간이라 볼 수 있다.

　순수한 노동만큼이나 순수한 놀이는 사라져가고 있다. 우리는 어디에서나 놀이를 할 수 있고 놀잇감으로 만들어버린다. 놀이와 게임은 단순 등치하거나 쉽게 비교할 수 있는 것이 아니다. 놀이하는 세계에서는 놀이가 노동이 되고 산업이 되고 자본이 되는 불확실한 세계가 지속될 것이다. 그래서 앞으로 놀이는 단순히 재미를 추구하는 행위가 아니라 여러 상호작용 안에서 의미를 내포하며 새로운 세계를 만들어가는 힘이 될 것이다. 이미 현대인들은 놀이를 하듯 생각하며 살아가고 있다. 게임은 이러한 우리의 삶과 놀이의 특성 및 가능성을 가장 압축적으로 보여주는 현장이다. 게임 안에서든 밖에서든 놀이는 삶의 의미이자 목적을 넘어 이제는 살아가는 것 자체가 되어가고 있다. 지금 놀이는 가장 중요한 창조의 키워드다.

1. 과거부터 이어진 놀이에 대한 편견 혹은 가치는 무엇인가?

2. 현대사회에서 놀이의 사회적·문화적 가치와 의미는 무엇인가?

3. 놀이 분류를 활용해 게임의 놀이적 특성을 알아보는 방법은 무엇인가?

4. 놀이와 게임에 대한 각각의 정의와 차이점은 무엇인가?

5. 놀이에 대한 개념을 확장해 게임 또는 사회를 어떻게 분석할 것인가?

참고자료

· 강신규, 〈현실로 들어온 놀이〉, 《문화과학》, 통권 제92호, 2017.

· 김겸섭, 《노동사회에서 구상하는 놀이의 윤리》, 지성인, 2018.

· 노명우, 《호모 루덴스, 놀이하는 인간을 꿈꾸다》, 사계절, 2015.

· 박근서, 《게임하기》, 커뮤니케이션북스, 2009.

· 정낙림, 《놀이하는 인간의 철학》, 책세상, 2017.

· 로제 카이와 저/이상률 역, 《놀이와 인간》, 문예출판사, 1994.

· 요한 호이징하 저/김윤수 역, 《호모 루덴스》, 까치, 1981.

· 케이티 샐런·에릭 짐머만 저/윤형섭·권용만 역, 《게임 디자인 원론》, 지코사이언스, 2010.

· Sutton-Smith, B., *The Ambiguity of Play*, Harvard University Press, 1997.

07

게임의 탈주

박근서

**주요 개념 및 용어 : 탈주, 탈주선, 파이디아/루두스, 경쟁/운/흉내/현기증, 주이상스, 모래
상자 게임, 모드, 머시니마, 프랙 무비, 몽타주**

게임의 전형적인 형태는 주어진 규칙에 따라 경쟁하고 그 결과에 따라 승패를 결정하는 놀
이다. 하지만 모든 게임이 이런 형태는 아니고, 최근의 게임들은 오히려 이런 전형성에서 벗
어나는 것이 일반적이다. 이러한 게임의 변화는 게이머들의 문화, 구체적으로는 그들의 플
레이 양상과 관련이 있다. 규칙에서 벗어나 플레이하는 것, 게임의 제한과 한계를 넘으려는
시도들, 이러한 문화적 양상을 가리켜 들뢰즈와 가타리의 개념을 빌려 '탈주'라 부를 수 있을
것 같다. 게임의 탈주는 어떤 것이며, 구체적으로 어떤 양상을 보이는지 살펴본다.

---

1. 서론 : 탈주를 이야기하는 까닭

게임에서의 '탈주^{flight}'를 논하기 위해서는 먼저 탈주의 의미를
이야기할 필요가 있다. 들뢰즈와 가타리[1]에게 있어서 탈주는 고정

---

1) 질 들뢰즈·펠릭스 가타리 저/김재인 역,《천 개의 고원》, 새물결, 2001.

된 사고의 틀이나 규범적인 제약으로부터 끊임없이 탈출하고 벗어나려는 기획과 실천을 말한다. 규범적 제약으로부터의 끊임없는 탈출과 벗어남은 어떤 면에서 규범적 제약이 존재하지 않는 상태를 지향하게 한다. 그러므로 탈주는 '동물 되기becoming animal'와 관련될 수 있다. 이는 인간을 겹겹이 가두고 있는 규범의 껍데기를 뜯어내고 생명의 원초적 지평(공재면)을 드러내는 것이다. 게임을 이러한 탈주의 개념과 연관 짓는 일은 어떤 면에서 아이러니해 보인다. 왜냐하면 탈주는 반문화적 또는 탈문화적인 것을 지향하는 반면 게임은 인간 문화의 첨단에 자리하기 때문이다. 하지만 탈주가 동물로의 회귀나 문화의 부정을 의미하는 것이 아니라면 이는 게임을 더 적극적으로 사유할 수 있는 이론적 바탕을 제공한다.

　탈주는 코드화의 기획 또는 영토화와 정주 욕망에 사로잡히지 않는 끝없는 과정이다. 그러므로 탈주는 선으로 묘사되며(탈주선), 그 끝은 진행을 의미하는 화살표 머리로 표시된다.[2] 그리고 탈주의 과정에서 그려지는 탈주선은 유일한 경로가 아니라 여러 대안적 경로 가운데 하나일 뿐이고, 그 과정 자체는 연속적이지만 관찰 가능한 가시적 형태는 일종의 마디가 있으며 불연속적으로 인지된다. 이러한 탈주 개념은 게임과 관련해 볼 때 게임의 원초적 가능성을 억압해온 어떤 인식론적 틀(격자)과 존재론적 제약을 지속적으로 해체하는 동시에 새로운 대안을 생성하는 과정(코드화, 재코드화)으로 이미지화할 수 있다.

---

2) 앞의 책, p.262.

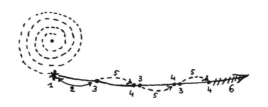

[그림 1] 탈주선 ・출처 : 들뢰즈와 가타리의 책,《천 개의 고원》.

그러므로 탈주의 개념을 게임에 적용하려면 게임을 단순한 사물 objects이 아니라 행위와 실천practices의 집합으로 보아야 한다. 물론 게임을 행위와 실천의 문제로 보자는 말은 루돌로지와 내러톨로지 의 문제와 관련된다. 내러톨로지라고 해서 게임의 서사를 영화의 그것과 등치시키는 것은 아니며, 루돌로지의 놀이라고 해서 완전 히 자유로운 파이디아의 차원에서 게임을 규정하지 않는다는 점에 서 완전히 매핑되지는 않는다. 하지만 내러톨로지는 서사의 구성 과 이야기의 전후관계를 따져 그 의미를 묻는 일에 이끌릴 가능성 이 크고, 루돌로지는 게임을 하는 주체의 행위와 경험에 초점을 둘 가능성이 크다는 점에서 비슷한 관계 쌍을 이룬다.

그렇다면 게임에서 탈주를 논의하자는 것은 결국 루돌로지의 문 제의식에 부합하는 것인가? 배타적인 의미에서가 아니라면 어느 정도 그럴 수 있다. 하지만 텍스트라고 해서 규범만을 생산하는 것 은 아니며, 내러티브의 제약이 곧 상상력의 한계를 의미하지는 않 는다. 그러므로 게임을 단순한 사물이 아니라 행위와 실천의 집합 으로 파악하자는 말을 루돌로지의 관점에서 봐야 한다는 말로 오 해해서는 안 된다. 그것은 오히려 문화에 대한 접근 방법의 근본적 문제 제기와 연결되어 있다. 여기에서 문화에 대한 접근이란 구체적으로는 '문화연구'의 태도와 관점을 말한다. 문화를 인간 정신의 지고함이나 그 산물이 아니라 인간의 삶의 방식으로 파악하려는 입장이 여기서 말하는 문화에 대한 접근방식이다. 텍스트 또는 문화적 생산물로서의 게임 자체도 중요하지만, 그것을 둘러싼 사람들의 행위와 실천을 사회적 맥락에서 파악하려는 노력과 그 결과가 곧 문화연구이다. 그것이 게임에 대한 이 글의 일차적 태도인 것이다.[3]

여기에서 게임에서의 탈주란 그러므로 어떤 게임 텍스트가 탈주의 경향을 보인다거나 어떤 텍스트는 코드화된 기존 사회의 전복을 꾀한다는 식의 논의가 아니다. 부분적으로는 텍스트의 문제를 포함하거나 중요하게 다뤄야겠지만, 근본적으로는 게임을 통해 문화적 향유 또는 경험을 수행하는 사람들은 주어진 용법과 부여된 규범에서 벗어나 창발적인 경험 집합을 생성한다는 현실의 게임 구사에 초점을 둔다. 게임을 구사해 게임 수용자 또는 게이머의 창의적·개성적인 플레이 스타일을 구축하고 고유의 매직서클을 형성한다는 데 초점을 두었다는 점에서 게임의 문화적 실천에 대한 논의는 상당 부분 루돌로지의 문제 제기와 연결되는 측면이 있다. 물론 앞서 언급한 대로 이를 배타적으로 주장할 수는 없지만, 이러한 측면이 게임의 탈주를 좀 더 쉽게 이해하게 해준다는 점 또한 부인할 수 없다.

---

3) 박근서, 《게임하기》, 커뮤니케이션북스, 2009.

게임에서 탈주를 논의하게 되는 까닭은 현상적으로 게임의 규칙과 질서(만약 그런 것이 있다면)에서 벗어나 멋대로 놀고 멋대로 만들고 멋대로 나누는 수용자/게이머들과 그들의 그러한 문화가 일상적이며 다수인 것처럼 만연되어 있기 때문이다. 게임의 본령이 주어진 텍스트를 따라 읽고 그 의미를 주억거리며 되새기는 것이 아니라 적극적으로 개입하고 구사해서 능력껏 즐거움을 끌어내야 하는 특별한 '놀잇감'이라는 점에서 이는 당연한 귀결일지 모른다. 하지만 지금까지 우리의 문화 환경에서 중심을 이루고 있던 매체들 또는 다른 문화적 대상들이 게임과는 정반대의 차원에서 출발해 현재에 이르고 있다는 점에서 이는 게임 또는 게임을 둘러싼 문화적 실천의 한 특성으로 볼 수 있다. 이는 게임을 더 잘 이해하기 위해 살펴봐야 할 문제이며, 다른 한편으로는 게임이 우리의 문화 나아가 우리 사회에 미칠 영향을 가늠하기 위해서도 눈여겨보아야 할 부분이다.

2. 탈주의 가능성 : 게임의 원초적 지평

1) 재미, 게임의 힘

게임을 하는 이유는 즐거움을 얻기 위해서다. 다른 이유를 이야기할 수도 있겠지만, 게임을 하는 가장 큰 이유는 누가 뭐래도 즐거움이다. 즐거움이란 생명 또는 자기 정체성을 위협하는 온갖 위협과 위험에서 오는 부정적 정서의 반대편에 있는 긍정적 정서다.

즐거움의 정서 가운데서 게임은 특히 재미와 관련이 있다. 재미는 즐거움을 불러일으키는 것으로 정의되며, 특히 게임과 관련해서는 '놀라움'을 수반하는 것으로 이야기된다. 놀라움이란 기대 이상의 가치를 보여주는 데 대한 긍정적 반응이며, 흔히 새로움이나 절묘함으로 표현되는 상황이나 대상들의 특성과 관련이 있다. 그러므로 게임은 재미에 의해 유발되는 즐거움을 목적으로 수행되는 특정한 형태의 놀이다.[4]

게임에서 재미의 양상은 두 가지로 대별된다. 하나는 일상의 일로부터 벗어나 그것이 부과하는 규범과 규율로부터 자유를 누리는 데서 오는 즐거움과 행복감에 관련된 것이며, 둘째는 게임을 잘 수행함으로써 얻는 성과나 그 과정에서 얻어지는 고양감이라고 할 수 있다. 첫째의 경우, 재미보다는 오히려 더 근원적이고 포괄적인 정서라 할 수 있는 즐거움에 가까운 경험을 준다. 이는 피아제의 '파이디아paidia' 개념과 연결된다. 반면 둘째는 전형적 의미의 재미를 경험하는 경우에 해당한다. 칙센트미하이는 이러한 재미를 '몰입' 개념을 통해 설명하였고,[5] 라프 코스터는 이를 게임의 진행 과정과 연결해 설명하였다.[6] 목표 지향적이며 전략적인 행위를 통해

---

4) 물론 게임이 모두 놀이인 것은 아니다. 그리고 게임이 반드시 재미있고 결과적으로 즐겁거나 꼭 그래야 한다는 것도 아니다. 시리어스 게임이 그렇다. 그러므로 여기서의 논의는 게임의 주류라고 할 오락 목적의 게임에 대한 이야기로 받아들여주기를 바란다. '(오락적 목적의) 게임은 재미를 통한 즐거움을 목표로 한다'는 말은 논리적으로 볼 때 동어반복이다. 따라서 이러한 언어적 분석은 게임에 대해 새로운 정보를 주지는 못하지만 게임을 여러 차원에서 생각하고 그 의미를 풍부하게 하는 데는 좋은 출발점을 제공할 수 있다.
5) 미하이 칙센트미하이 저/최인수 역,《몰입》, 한울림, 2005.
6) 라프 코스터 저/안소현 역,《재미의 이론》, 디지털미디어리서치, 2005.

놀이의 승패를 자신에게 유리하게 이끌어가는 것은 전형적인 게임의 과정으로 피아제의 '루두스ludus'와 연결된다.[7]

(1) 피아제의 놀이의 두 유형 : 파이디아 + 루두스

파이디아는 자발적이며 무정형적인 놀이의 양상을, 루두스는 규칙과 규범으로 통제된 놀이를 의미한다. 이 둘의 차이를 들뢰즈 식으로 표현하자면, 파이디아라는 무정형의 신체에 코드화의 선분을 그어 형태 또는 형식을 갖춘 루두스를 생성한다고 이야기할 수 있다. 게임의 본성이라는 측면에서 보면 파이디아에 부여된 규칙과 질서를 부정적 의미의 코드라고 할 수는 없다. 들뢰즈와 가타리도 마찬가지지만 코드 또는 코드화 자체에 긍정과 부정의 가치를 부여하는 것은 의미가 없다. 이는 게임에서도 마찬가지다. 코드화의 과정에서 발생하는 부정적 효과, 즉 독점적 코드의 발생과 바람직하지 않은 초코드화의 진행은 게임 자체의 본성에서 기인하는 것이 아니다. 게임은 어떤 면에서 가능성의 지평면일 뿐이고, 여기에 어떤 선분을 긋느냐는 결국 게임하는 과정[8]에서 개입하는 문화적 실천의 양상에 따라 결정된다.

물론 게임의 형식과 내용에 따라 그런 가능성을 제한하고 조장하는 효과가 있는 것은 당연하며, 일부 게임의 경우는 그런 효과를

---

7) 이는 게임과 게임이론이 만나는 지점이 될 수도 있다. 게임이론은 디지털게임의 제작과 기획 또는 그것의 문화적 의미 등과는 거리가 있는 게임 상황에서의 전략적 선택이나 합리적 의사 결정에 대한 이론이다.

8) 플레이만을 의미하는 것이 아니다. 게임을 만들고 유통하는 과정, 그것을 통해 어떤 문화가 생성되는 과정도 '게임을 하는' 것이다.

의도적으로 배치하기도 한다. 하지만 이를 게임의 본성과 연결하는 것은 불합리하다. 그렇다고 해서 파이디아만으로 게임이 된다고 할 수도 없다. 게임의 현실적인 양상은 단지 즐거움을 주는 어떤 것이 아니라 구체적이고 형태를 갖춘 어떤 게임으로 나타나기 때문이다.

다른 한편 카이와는 놀이를 경쟁agon, 흉내mimicry, 현기증ilinx, 운alea으로 구분하였다. 이는 파이디아·루두스의 구분과는 다른 차원에서 게임 또는 재미의 네 가지 양상이라고 볼 수도 있다.[9] 경쟁은 이를 통해 승패를 겨루는 놀이, 흉내는 사물이나 사람 또는 동물의 모습과 행동을 흉내 내는 놀이, 현기증은 몸을 움직일 때 느끼는 신체적 즐거움을 동반하는 놀이, 운은 확률적으로 승패나 행위의 대가가 주어지는 우연의 놀이를 말한다. 이러한 구분은 게임과 게임이 주는 즐거움이 단일한 층위나 단순한 차원의 정서나 경험이 아니라 복잡하고 다양한 것이라는 점을 보여준다. 더욱이 이런 구분은 상호배타적 범주가 아니므로 실제로는 게임이 주는 경험과 그 재미의 양상이 더욱 복잡하고 다양할 것이다.

(2) 카이와의 놀이의 네 유형 : 경쟁, 흉내, 현기증, 운

카이와의 놀이 유형 가운데 경쟁은 특히 앞에서 언급한 전형적인 게임 또는 루두스에 근접하며, 현기증은 파이디아에 근접한다. 이는 카이와의 범주와 피아제의 범주가 서로 다른 차원에서 결합해 개념

9) 로제 카이와 저/이상률 역, 《놀이와 인간》, 문예출판사, 1994, pp.39~57.

화할 수 있다는 단서가 된다. 완전히 일치하는 것은 아니지만, 대략 경쟁·운·흉내·현기증 순서로 파이디아적 성향이 강해지고, 그 반대 순서로 루두스적 성향이 강해진다.[10] 이는 [그림 2]와 같이 도식화해서 표현할 수 있다. 물론 이는 경향적 특성일 뿐 필연적이거나 법칙적인 것은 아니다.

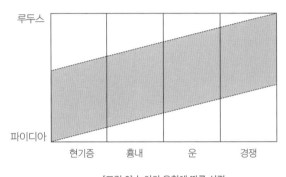

[그림 2] 놀이의 유형에 따른 성격

카이와의 놀이 유형 역시 파이디아·루두스의 구분과 마찬가지로 개별 게임에 배타적으로 적용되는 범주가 아니다. 다만, 이러한 게임의 특성에 대한 개념적 논의가 주는 가장 큰 함의는 게임이 단지 보이는 것이 전부가 아니라 다양한 가능성의 지평면이 있고, 그 아래에는 순수한 가능성의 차원이라 할 수 있는 즐거움과 재미의 추구라는 원초적 지평이 존재한다는 점이다. 이는 게임이 탈주선을 그릴 수 있는 중요한 힘intensity이 될 수 있다. 파이디아를 통해 개념화된 이 지평은 카이와의 범주를 통해 모든 게임에 적용되

10) 박근서, 《게임하기》, 커뮤니케이션북스, 2009, p.63.

어 다양한 형태로 현실화할 수 있음을 보여준다. 이는 파이디아라는 지평면에 루두스의 선분을 그려 코드화함으로써 게임이 현실화하는 과정에서 경쟁·운·흉내·현기증, 이 네 가지 계기가 섞여 들어가 다양한 양상으로 구체적 형태를 갖추게 된다고 할 수 있다.

2) 절충적 내러티브, 게임의 의미

앞에서도 언급했듯이 게임은 단일한 수준의 단순하고 평면적인 대상이 아니다. 현실에서의 게임, 특히 우리가 다루는 비디오게임이나 컴퓨터게임의 경우 매우 복잡한 중층적 구조로 되어 있어 특성을 한마디로 정의하기가 거의 불가능하다. 그러므로 게임의 탈주를 논의하면서 루돌로지의 관점이냐 내러톨로지의 관점이냐를 두고 선택을 요구하는 것은 현실적으로 의미 없는 일이다. 내러티브가 게임에 필수적인 것은 아니지만 그것이 있어서 게임은 더욱 고도화될 수 있고, 현실의 게임 상당수는 이미 내러티브를 매우 중요한 요소로 포함하고 있다. 더욱이 상호작용성이 다차원적으로 발생하며 이로부터 복잡한 양상의 이야깃거리를 생산하는 비디오게임에서 내러티브는 중요한 고려 대상이다. 게임이 문화적 텍스트이고 우리의 문화적 활동의 한 과정이자 결과라고 한다면 그것은 의미를 가진 무엇이라고 할 수 있으며, 이는 그것이 지닌 또는 그것에 의해 생성되는 내러티브와 관련될 수 있다.

게임에서 내러티브는 두 가지 차원에서 보아야 한다. 하나는 텍스트로서의 게임이 내재하고 있는 자체 이야기, 다른 하나는 그것을 수행(게이밍)하는 수용자(게이머)들이 생성하는 외재적 이야기다. 이 두 차원의 이야기는 게임이라는 시스템을 매개로 상호작용하며 하나의 이야기 지평으로 통합되거나 절충될 수 있는데, 이것이 게임을 하는 수용자들이 구체적으로 경험하는 현실적 내러티브가 된다. 이는 인간과 시스템, 인간과 인간의 상호작용이 얽히고설키는 다사용자 게임이 중요해지는 상황에서 더욱 주목해야 할 부분이다.[11] 주어진 이야기는 있지만 반드시 '읽을' 필요는 없고, '읽더라도' 모두 똑같은 순서 또는 표준화된 플롯을 경험하지는 않는다. 책을 매체로 하는 전형적 의미의 스토리텔링이 생성하는 내러티브가 게임에서는 오히려 드문 사례다.[12]

독자와 텍스트의 상호작용으로 내러티브가 절충된다는 것은 이미 책을 매체로 하는 문학이론에서도 널리 이야기되고 있다.[13] 내러티브는 계약의 산물이다. 계약은 본래 당사자 사이의 명시적·의식적인 합의를 전제로 하는 것이지만, 내러티브의 계약은 대개 묵시적이다. 계약이 묵시적인 경우는 결과가 어떻게 되든 상관없을 만큼 사소한 일이거나, 계약의 내용이 늘 그렇게 반복되는 일상에 가까워 따로 확인할 필요가 없을 경우에 해당할 것이다. 물론 계약 당사자들 사이의 신뢰 또는 현저히 굽어진 권력관계 등이 묵시의 이유가 될 수 있다. 계약이란 당사자들의 자발적 동의에 기초하는

---

11) 이인화가 《한국형 디지털 스토리텔링》(2005)에서 주목한 〈리니지 2〉의 사례가 대표적이다.

12) 〈파이널 판타지〉 시리즈와 같이 규정적인 내러티브를 채용한 게임도 있기는 하다. 하지만 다사용자 온라인게임이 보편화되면서 이런 종류의 게임보다는 서사적 제약이 약하고 게임 진행의 자율성(자유도)이 높은 쪽이 대세를 이루고 있다.

13) Barthes, R. tr. Stephen Heath(1977). "The Death of the Author" in Image, Music, Text. New York: Hill and Wang. pp.142~8.

것이지만, 이 자발적 동의의 의미가 절대적이고 보편적인 자유와 평등을 전제로 하지는 않는다. 어떤 계약이든 맥락이 있다. 여기에서 맥락이란 무엇보다 계약 당사자들 사이의 관계다. 내러티브의 계약도 마찬가지다. 내러티브를 사이에 둔 계약은 무엇보다 쓴 자와 읽는 자의 계약이며, 이 계약의 가장 중요한 맥락은 둘의 관계이다. 이러한 계약 이행의 최종적 결과는 절충된 내러티브로 나타난다.

절충된 내러티브는 문학에서 대개 스토리로 구체화된다. 플롯 형태로 정렬되어 주어진 텍스트의 내러티브는 문학 수용자(독자)의 머릿속에서 절충된 형태로 재구성되는데, 이를 스토리라 부른다.[14) 책과 게임이 크게 다른 점 중 하나는 책의 스토리가 독자의 머릿속에 구현되는 가상의 결과라고 한다면, 게임의 스토리는 가시적 체험의 대상이 되는 현실적·물질적 결과라는 점이다. 책이라는 텍스트는 고정불변의 상태로 존재하며, 그것의 의미에 대한 독자의 해석이 관념의 형태로 떠돈다. 그러나 게임의 절충 결과는 모니터에 그대로 드러나며, 게이머의 실체적 경험을 구성한다. 이러한 차이가 나타나는 이유는 게임이 단순히 관념적 또는 상상적 수준에서 상호작용하는 미디어나 콘텐츠가 아니라 물리적·물질적인 수준에서 직접적으로 상호작용하는 것이기 때문이다.

통상적 의미에서 책에 관한 '사용자 인터페이스UI:user interface'의 문제나 '사용자 경험UX:user experience'이 제기되는 수준은 게임의

그것과는 차원이 다르다. 이 또한 이 미디어 또는 콘텐츠가 수용자들과 상호작용하는 양상이나 수준이 확연히 다르기 때문이다. 게임에서 사용자 인터페이스를 통한 상호작용의 결과로 형성되는 사용자의 경험 가운데는 구체적·물리적인 내러티브의 경험이 존재한다. 그리고 이는 사용자, 즉 게이머의 적극적이고 능동적인 행위로 형성된 '그들의' 이야기다. 책 속의 이야기들은 이미 전개된 내러티브를 제시하고 그것에 대한 독자의 반응에 따라 상상적으로 구성될 뿐이지만, 게임의 이야기는 게이머의 상호작용에 따라 구체적으로 실현된다. 그러므로 책 속의 이야기는 텍스트로서 내러티브의 전개가 중요하지만 게임은 그것이 전개되기 위한 조건과 배경, 즉 세계관이 중요하다. 어떤 의미에서 게임은 이야기가 아니라 그 이야기를 펼칠 세계를 던져준다. 절충적 내러티브는 세계관이라는 가능성의 지평면 위에 게이머가 절단하고 채취한 흔적을 기록한 일시적이며 잠정적인 스토리다.

3) 게임의 즐거움 : 주이상스의 문제

게임을 하면서 만들어내는 이야기는 모두 게임을 하게 하는 힘, 즐거움을 준다. 게임을 하는 이유는 문화적이다. 우리는 밥을 먹거나 물을 마시듯 게임을 하지는 않는다. 게임은 상대적으로 잉여적인 활동이며, 다른 시간을 보충하고 보완하는 삶의 한 부분에 위치한다. 게임을 하지 않는다고 생물학적 삶이 파괴되거나 사회적 삶이 주저앉지는 않는다. 그러므로 게임은 설렁탕 대신 자장면을 먹는 것과는 비교할 수 없는 수준의 '욕망'이다. 그것은 어떤 면에서

후식으로 먹을 아이스크림이나 케이크를 고르는 것만큼 또는 그 이상으로 잉여적이다.

그러므로 게임의 동력은 생물학적 욕구의 충족을 추동하는 생명력과는 차이가 있다. 그것의 힘은 생명의 근본이 되지만 그 자체가 생명의 조건은 아니다. 앞에서 이러한 동력 또는 에너지를 즐거움으로 규정했다. 그러므로 게임은 '쾌락의 원리pleasure principle'에 따라 수행된다고 할 수 있다. 사람들은 즐거움을 구하기 위해 게임을 한다. 이러한 게임의 즐거움에는 두 가지 측면이 있다. 첫째는 우리가 살고 있는 이 세계의 법, 언어, 제도, 규범, 이성 등과 같은 틀(격자) 안에서 누리는 안락하고 쾌적한 즐거움이다. 둘째는 이러한 쾌적함과 안락함에서 벗어나 과도한 삶excess of life의 지경에 들어가거나 쾌락의 원리를 넘어서 향유하는 즐거움이다. 첫째는 우리의 상식에 부합하는 일반적 의미의 즐거움이지만, 둘째는 이해하기 어려운 면이 있다. 이러한 특별한 의미의 즐거움을 자크 라캉은 '주이상스jouissance'라고 부른다.[15]

그 의미를 명확히 구체화하고 간단히 설명하기는 어렵지만, 여기서는 일단 주이상스를 통상의 규범적 틀 안에서 구가되는 안락한 즐거움을 버리고 고통마저도 감내하는 탈규범적 즐거움이라고 규정하려 한다. 롤랑 바르트는 통상의 즐거움을 '플레지르plaisir'라 부르고 이에 대비되는 규범 밖의 즐거움을 주이상스라고 불렀다.[16]

---

15) Lacan, J. tr. Bruce Fink(1998). The Seminar of Jacques Lacan. New York: W.W.Norton & Company: pp.2~3.
16) 롤랑 바르트/김명복 역,《텍스트의 즐거움》, 연세대학교출판부, 1990, p.21.

그러므로 바르트는 플레지르의 텍스트를 행복감을 담아 채우고 전하는 텍스트, 주이상스의 텍스트를 상실감을 부여하며 마음을 불편하게 하는 텍스트라고 하였다.[17] 프레지르는 규범 안에 있는, 따라서 지켜야 할 규칙과 그것의 결과에 대한 지향이 상대적으로 분명한 특성이 있지만 주이상스는 그렇지 않다. 라캉은 주이상스에는 목적이 없다고[18] 했는데, 이와 상통하는 이야기다.

단순하게 등치시킬 수는 없지만, 파이디아는 주이상스에 친화적이고 루두스는 플레지르에 친화적이라고 할 수 있다. 파이디아가 지향하는 즐거움이 무정형적이고 원초적인 차원의 즐거움이라면 플레지르의 즐거움은 주어진 조건에서 규범적 행동을 충실히 수행했을 때 주어지는 즐거움이라 할 수 있기 때문이다. 그렇다면 게임 특히 경쟁agon의 성격이 강한 게임은 상대적으로 주이상스라는 원형질적 즐거움을 규율화하고 규범화한 결과라고 할 수 있을 것이다. 하지만 현실적으로 전형적 경쟁 게임이나 플레지르에 고착된 게임은 거의 없다. 마찬가지로 현기증 게임이라고 해서 순수하게 주이상스만을 주는 게임도 찾아보기 힘들다. 이는 앞에서 게임을 통한 문화적 탈주의 근거로 이야기한 즐거움의 원초적 지평이 순수하고 직접적으로 주어지지는 않는다는 점을 환기시킨다. 결국 탈주의 문제는 게임 자체가 그것을 가지고 있느냐 아니냐의 문제라기보다는 게임하는 사람의 실천과 그 과정에 달려 있다.

---

17) 앞의 책, p.15.
18) Lacan, op. cit. p.3.

이것은 게임의 내러티브 문제에서도 마찬가지라고 할 수 있다. 왜냐하면 게임이 제공하는 소통의 시스템은 특정한 방식으로 구조화되어 있기는 하지만, 원칙적으로 시스템과 게이머 또는 게이머와 게이머의 상호작용을 통해 절충되기 때문이다. 게임의 내러티브는 하나의 완성된 텍스트로 주어지는 것이 아니라 그것이 생성될 수 있는 세계관의 형태나 내러티브의 출발점을 제시하기 위한 전사의 형태로 주어진다. 그러므로 게임의 본격적인 내러티브는 게임을 하는 가운데 그것에 참여하는 여러 주체와 대상들 사이의 상호작용으로 생성된다. 물론 이러한 상호작용이 내러티브 결정에 미치는 영향의 정도는 게임마다 다르고 장르에 따라서도 다소 차이가 있다. 이러한 차이에 따라 게임 텍스트가 내러티브적으로 강제하는 규율의 강도가 달라질 수 있는데, 이 규율을 어떻게 수용할 것인지의 문제도 역시 게임하는 사람의 실천과 그 과정에 달렸다. 그리고 이는 게임 내러티브의 차원에서 탈주선을 그리는 문제와 연결된다.

3. 게임의 문화, 탈주선 그리기

게임에서 탈주의 문제는 무엇보다 그것이 주는 즐거움을 자유롭게 구가하려는 경향과 관련이 있다. 고도의 기획과 기술에 의해 만들어진 게임은 문화적으로나 물리적으로나 촘촘하게 구성된 격자 위에 존재한다. 하지만 그것이 지향하는 바는 잉여 시간에 잉여 만족을 추구하는 것이어서 어떤 필연적 목적이나 현실의 절실함과는 거리가 멀다. 그러므로 게임에서의 규범은 낮은 수준의 강제력을 지닌다. 규범에는 물리적 수준이 아니라 문화적 차원의 힘이 있다. 당위라는 것은 필연적이거나 불가항력적이지 않다. 지킬 수 있어야 규범이듯 어길 수 없다면 규범이 아니다. 그러므로 게임은 탈규범의 계기를 내재하고 있다.

탈규범의 계기에 이끌리는 순간 게이머는 안락함을 포기해야 한다. 예를 들어 주어진 텍스트의 경계를 벗어나 사용자 모드를 깔거나 사용자 패치를 써서 본래 기능이나 세계관을 변경하는 게이머들은 필연적으로 소프트웨어적 충돌, 최적화되지 못해 시스템에 부담을 줄 만큼 방대해진 크기, 온라인 접속 및 다른 게이머와의 상호작용상의 극심한 제약 등을 감수해야 한다. 모드를 하기 위해서는 많은 시간을 공부하고 연구하는 데 써야 한다. 소프트웨어적 충돌이나 자잘한 그래픽 깨짐 현상을 해결하기 위해 수없이 설치와 삭제를 반복하거나 심지어 OS를 새로 설치해야 하는 일까지 감내해야 한다. 규범 밖의 플레이는 쉽지 않다. 주어진 텍스트를 단순히 소비함으로써 누릴 수 있는 안락하고 쾌적한 행복감을 포기하는 대신 그들은 다른 즐거움을 찾는다. 고통이 수반되고 고난이 뒤따른다 해도 그들은 포기하지 않는다.

1) 모래상자

마르쿠스 페르손Markus Persson의 〈마인크래프트〉(모장, 2009)를 플레이하는 방법은 다양하다. 몇 가지 게임 설정을 선택함으로써 온갖 괴물이 창궐하는 지옥을 경험할 수도 있고, 한가로운 평화의 세계가 될 수도 있다. 플레이어는 세상의 모든 크리처들을 사냥하겠다는 목표를 세울 수도 있고, 세상 전체를 뒤덮는 거대한 요새를 건설할 수도 있다. 〈마인크래프트〉처럼 플레이어를 제약하는 규칙이나 규범 또는 게임의 진행 과정에 대한 제약 등이 매우 약해 뭔가를 자유롭게 할 수 있는 게임을 '자유도'가 높다고 표현한다. 자유도가 높은 게임 가운데 특히 게임의 목표를 게이머 스스로 설정할 수 있게 한 경우를 '모래상자sand box 게임'이라 한다.

월 라이트Will Wright의 〈심시티〉(맥시스, 1989)도 〈마인크래프트〉와 마찬가지로 모래상자 게임이다. 표면적으로는 도시를 건설해서 잘 운영하는 것이 게임의 목표라 할 수 있지만, 그것을 목표로 정할지 여부는 전적으로 게이머에게 달렸다. 기본적으로 게임에 승패가 있거나 정확히 어떤 시점에서 게임이 종료된다는 제약이 없기 때문에 게이머는 어느 정도 완성된 도시를 평생 운영하며 살 수도 있고, UFO와 외계인을 보내거나 홍수, 번개, 지진 등으로 파괴할 수도 있다. 크리스 소여Chris Sawyer의 〈롤러코스터 타이쿤〉(해즈브로, 1999)도 비슷한 경우다. 재정에 제한을 두거나 게임의 목표를 설정해 플레이할 수도 있지만, 기본적으로는 게임에 관한 모든 것이 플레이어의 선택에 달렸다. 롤러코스터 같은 매력적인 놀이기구를 만들어 테마파크의 관람객 수를 늘리고 이익을 극대화해서 돈을 버는 것이 이 게임의 공식적인 목표지만, 이것은 전적으로 게이머의 의지에 달려 있다.

게임의 발전에서 두드러진 하나의 경향은 특정 장르의 모래상자 게임에서나 볼 수 있었던 높은 자유도가 다양한 많은 게임에서 구현되고 있다는 점이다. 즉, 〈심시티〉나 〈롤러코스터 타이쿤〉과 같은 시뮬레이션 장르에서 두드러졌던 모래상자 게임이 모든 장르의 모든 타이틀로 확장되고 있다. 인터넷을 통해 전 세계 게이머들이 네트워킹되기 시작하면서 게임의 자유도는 더욱 강화되고 있다. 게임은 어떤 면에서 우리가 사는 세계를 특정한 방식으로 시뮬레이트하고 있다. 게임 속 세계는 점점 더 현실 세계를 닮아가고 있으며, 플레이어는 현실 세계에서 자신의 삶을 꾸리듯 자유롭게 게임을 즐긴다.

메인 퀘스트라고 불리는 게임의 기본 과제가 주어지고 그것을 해결하는 가운데 중심이 되는 내러티브가 전개되는 대부분의 RPG는 표면상 규범과 규칙의 제약이 강한 게임으로 보인다. 하지만 최근의 RPG에서 메인 퀘스트와 메인 스토리는 필수라기보다는 부가적인 요소가 되고 있다. 이를 수행하지 않더라도 게임이 가능하고, 그게 아니라도 즐길 만한 게임적 요소는 얼마든지 있다. RPG가 다중사용자게임의 중심적 장르가 되면서 자유도는 더욱 높아지고 있고, 시뮬레이션 장르 못지않은 모래상자가 되고 있다.

모래상자 게임은 그 자체가 규칙과 규범이 약한 경우지만 게임 수용자가 그리는 탈주선과 관련이 있어 보인다. 게임이 전반적으로 모래상자의 방향으로 자유도를 점점 높여가는 것은 기존의 규칙과 규범 밖에서 자유롭게 플레이하려는 게이머들의 경향이 게임 제작에 영향을 미쳤기 때문이다. 자유도는 게임을 주어진 규칙과 규범에 따라 승패 또는 성공과 실패를 판단하고 그 우열을 판가름

하는 전형적인 게임 형식에서 벗어나게 만든다. 이는 규칙과 규범 밖에서 플레이하고 주어진 세계 밖으로 탈주하려는 게이머들의 욕망과 지향을 드러낸다. 게임은 점점 더 플레이어들의 특정한 욕망이 아니라 그들의 욕망이 자유롭게 그려지는 가능성의 지평면으로 접근하고 있다.

2) 모드하기

이드 소프트웨어의 〈둠〉은 거의 대부분의 하드웨어에 이식되었다. 이드 소프트웨어의 존 카멕John Carmek이 게임의 소스코드를 공개했고, 작업은 다른 회사나 개인에 의해 진행되었다. 정작 이드 소프트웨어는 애초 MS-DOS용으로 개발된 〈둠〉을 다른 플랫폼에 이식하는 데 소극적이었다고 한다. 윈도용 〈둠〉도 이드 소프트웨어가 아니라 마이크로소프트가 진행했다고 한다. 〈둠〉은 컴퓨터나 비디오게임 콘솔에서는 물론 오실로스코프, ATM기, 공학용계산기, 프린터 액정에도 이식되었다. 물론 상업적으로 의미가 없는 이 기기로의 이식을 기존 기업들이 상업적 목적으로 추진할 이유는 없었다. 소스코드가 공개되자 많은 게이머가 관심을 가졌고, 프로그래밍에 재주가 있는 사람들이 이를 다양하게 변형했다. 게이머들의 〈둠〉 개조는 다른 플랫폼으로의 이식에서 그치지 않았다. 주인공 캐릭터인 해병 대신 심슨, 심지어 피카추나 록맨, 건담이 등장하거나 세계관이 완전히 달라진 〈둠〉들이 나오기 시작했다.

기존의 게임을 수정하거나 변경해서 새로운 게임으로 만드는 것을 모드mod(modification의 줄임말)라 한다. 기존 게임의 변경 범위는 부분적일 수도 있고, 전체적일 수도 있다. 특히 원래 개발사나 기업이 아니라 게이머나 팬들이 제작한 모드를 사용자 모드^{user mod}라고 한다. 게임의 소스코드는 개발사로서는 상당히 중요한 자산이므로 이를 공개하는 것은 쉽지 않은 결정이다. 그러나 많은 개발사가 게임을 게이머들의 입맛에 맞게 수정하거나 변경할 수 있는 도구를 제공하고 있다.

베데스다 소프트웍스의 경우 〈엘더스크롤〉(1994~)에 시나리오, 공간, 아이템 등을 변경할 수 있는 툴을 제공함으로써 게이머들이 쉽게 모드를 만들 수 있게 지원하고 있다. 특히 〈엘더스크롤 5 : 스카이림〉(2011)의 경우, 다수 게이머들의 플레이가 모드에 의존하고 있는 만큼 모드의 양도 방대하다. 특히 〈엘더스크롤〉 모드를 가장 많이 보유하고 있는 넥서스nesusmods.com에는 2018년 2월 현재 5만 2천 건이 넘는 모드가 업로드되어 있다. 특히 원래 게임과는 다른 무기, 방어구, 아이템 등을 만들어 업로드한 모드도 1만 2,200건이 넘어 전체 모드의 1/4에 달한다. 모드를 만들기 위한 소스코드나 이를 이용하는 방법 등에 대한 안내도 500건이 넘게 업로드되어 있다. 밸브가 운영하는 DLC 전문 사이트 스팀Steam의 '스카이림 창작 마당'(스팀 커뮤니티의 스카이림 워크숍 메뉴)에도 2만 8천 건이 넘는 모드가 올라와 있다.

모드는 간단히 장신구나 무기를 추가하는 것에서부터 화질을 개선하거나 시스템 자체에 변경을 가하는 것, 맵을 추가하거나 세계관을 바꾸는 것에 이르기까지 다양하다. 대다수의 모드는 게이머들이 만들고, 개발사는 이를 문제없이 활용할 수 있게 보조 프로그램 또는 패치를 제공하거나 공식 모드라 불리는 자체 제작 모드를 제공한다.[19] 모드 플레이가 일반화되면서 〈엘더스크롤〉 같은 게임의 경우 오히려 원본 게임(흔히 바닐라 또는 바닐라 상태라 부름)을 플레이하는 게이머들이 소수가 되고 있다.

모드 가운데 가장 유명한 사례 중 하나는 〈하프라이프〉(밸브, 1998)의 유저 모드였던 〈카운터스트라이크〉(1999/2000)를 개발사가 정식으로 출시한 일이다. 〈카운터스트라이크〉는 1999년 게이머들이 모드로 개발해 공개하였고, 2000년 정식 출시되어 2007년 온라인화해 현재까지 가장 인기 있는 FPSfirst person shooter의 하나로 자리 잡고 있다. 〈카운터스트라이크〉의 모더(모드를 만드는 사람)들은 해당 모드가 정식 출시되면서 개발사에 모두 정식 채용되었다.

게임 안에서의 자유에 만족하지 못한 게이머들은 게임 밖을 향하기 시작했다. 〈심시티〉가 아무리 자유도가 높아도 도시 건설 시뮬레이션이라는 본래의 틀 밖에서 게임을 할 수는 없었다. 바닐라 상태에서도 매우 높은 자유도를 보인 〈엘더스크롤〉 역시 주어진 게임 안에서는 주어진 세계관과 아이템, 시스템에 만족해야 했다. 그러므로 게이머들은 가능성의 지평면을 게임의 표면이 아니라 심층으로 끌고 내려가 그것의 근원에 다가가기 시작했다. 모드하는 게이머들의 세계는 지표 위의 세계가 아니라 그 너머 안쪽 깊숙한 곳으로 확장된다. 많은 시간을 투자해야 하고 골치 아픈 시행착오

---

19) 개발사에서 제작, 배포하는 모드는 공식적인 패치나 업그레이드 또는 확장판 등과의 구분이 모호하다. 그러므로 좁은 의미에서 모든 게이머가 만든 유저 모드만을 가리킨다.

를 겪어야 하지만, 그것이 그들의 즐거움이다.

3) 머시니마

게임에 대한 진지한 논의들이 시작되면서 '컷신cut scene'의 성격과 의미에 대한 논의가 있었다. 컷신은 게임의 진행을 스토리텔링 과정과 연결 지어 특정한 미션이나 퀘스트를 마치면 '특전'처럼 주어지는 일련의 영상을 말한다. 초기 게임들의 경우 컴퓨터의 성능이나 그래픽 관련 기술이 충분치 않아 플레이 영상과 컷신의 품질 차이가 심했다. 그런 데다 게임 진행 과정에서는 스토리텔링과는 전혀 관계없는 플레이를 하게 해놓고는 컷신을 통해 내러티브를 이해시키는 방식이 일반적이었다. 이러한 이유로 컷신은 게이머의 전체 플레이에 이질적이며 불필요한 부분이라는 비판이 있었다. 즉, 게임이 플레이 부분과 컷신이라는 두 부분으로 구분된다고 할 때, 게임의 본질을 지탱하는 부분은 플레이지 컷신이 아니라는 것이다.

스퀘어[20]의 〈파이널판타지〉(1987~)는 특히 컷신의 품질이 높은 것으로 유명하다. 게임의 디자이너였던 사카구치 히로노부가 2001년 직접 감독한 3D 애니메이션으로 제작되기도 했다. 게임 플레이에서는 몬스터를 사냥하거나 주어진 퀘스트를 해결하느라 정신없

---

20) 일본에 있는 스퀘어는 2003년 에닉스와 합병해 현재 스퀘어 에닉스가 되었다. 에닉스는 이른바 일본의 국민 게임 또는 국민 RPG라는 〈드래곤퀘스트〉를 만든 회사로 유명하다. 스퀘어 에닉스의 출범과 함께 오랫동안 〈파이널 판타지〉를 디자인해온 사카구치 히로노부는 2004년 독립해서 미스트워커를 설립했다. 〈로스트 오디세이〉는 2007년 사카구치 히로노부가 마이크로소프트와 손잡고 엑스박스 360을 위해 만든 타이틀이다.

이 게임 속의 맵을 여기저기 돌아다니다가 중간 보스를 잡거나 퀘스트를 해결하고 해당되는 컷신을 볼 수 있게 된다. 이러한 플레이와 컷신의 괴리는 컴퓨터 성능의 발전과 컴퓨터 그래픽 기술의 발전으로 점차 사라졌다. 게임 플레이 그래픽의 품질이 컷신의 품질과 크게 차이 나지 않는 수준까지 발전했기 때문이다.

아울러 게임의 자유도가 높아지고 다양한 내러티브 기제들이 발전함으로써 기존의 플레이와 컷신 사이의 위화감이 없어졌을 뿐 아니라 플레이와 컷신을 엄격히 구분해서 게임을 진행할 필요도 줄어들게 되었다. 예를 들어 사카구치 히로노부가 미스트워커를 통해 발표한 〈로스트 오디세이〉의 초반 그래픽은 이런 면에서 컷신과 플레이 영상이 구분되지 않는 심리스seamless 수준을 보여준 것으로 유명하다.[21] 이러한 노력으로 게이머들은 주어진 내러티브에 좀 더 몰입하게 될 수 있었고, 게임 플레이와 스토리텔링을 더 잘 연결해서 이해할 수 있게 되었다.

하지만 게임의 자유도가 높아짐에 따라 게임 내러티브가 제시되는 방식도 변화를 겪을 수밖에 없었다. 즉, 주어진 내러티브만으로는 게이머들의 다양한 게임 진행 과정을 스토리텔링할 수 없기 때문이다. 그러므로 게이머들이 직접 스토리텔링을 영상화하는 경우가 생겨났다. 플레이 영상과 컷신의 품질 차이가 사라지면서 플레이 과정 자체가 일종의 스토리텔링이 되기도 하였다. 자유도가 높

---

21) 초반의 심리스 영상과는 달리 플레이가 조금만 진행되면 전체적인 영상 품질이 하향되는 것을 볼 수 있다. 전체 게임을 초반과 같은 수준의 품질로 제작하기에는 기술적·재정적으로 한계가 있었기 때문인 듯하다.

은 게임에서 게이머의 플레이 영상 자체는 그 게이머의 고유한 스토리텔링이 될 수 있기 때문이다. 나아가 모드 제작이 활발해지면서 게임 자체를 영상 제작에 맞게 개조해 촬영하거나 제작사가 지원하는 무비 제작 툴을 이용해 영상물을 제작할 수 있게 되었다. 이렇게 게임엔진으로 만들어진 영상물을 '머시니마machinima'라 한다.

머시니마와 비슷한 경우로 프랙 무비frag movie가 있다. 주로 FPS의 킬 장면을 모아 BGM과 함께 하나의 영상물로 편집한 것을 말한다. 프랙이라는 말은 〈퀘이크〉(이드 소프트웨어, 1996)를 비롯한 FPS 게임에서 상대방을 죽이는 것을 이렇게 표현한 데서 유래한다. 음악과의 싱크로나 전문 편집 등의 기술에 신경을 쓰지 않고 단순히 킬 장면만 모아놓은 것은 프랙 무비라 하지 않고 몽타주montage라 한다. 프랙 무비와 달리 머시니마는 영화나 애니메이션처럼 대부분 내러티브가 있지만, 이것이 게임의 내용이나 원래의 내러티브와 관련이 있어야 하는 것은 아니다.

머시니마의 등장은 게임을 개발사가 의도하지 않은 방식으로 사용하는 또 다른 사례다. 특히 1996년 〈퀘이크〉의 게임 클랜이었던 레인저스가 제작한 최초의 머시니마인 '다이어리 오브 캠퍼' 이후 이 게임엔진을 이용한 영상물이 봇물을 이루었다. 이와 같이 〈퀘이크〉를 이용한 머시니마들을 '퀘이크 무비'라 한다. 2000년 1월 휴 핸콕Hugh Hancock은 머시니마 사이트machinima.com를 개설해 이를 하나의 일반적 문화 현상으로 확산시켰다. 이후 머시니마 엑스포(2008~), 머시니마 필름 페스티벌(2002~) 등과 같은 팬 중심의 영화제가 열리고 있다.

머시니마는 게이머들이 게임을 사용하는 방법에 대한 문제이기도 하고, 게임의 내러티브에 개입하는 하나의 전략이기도 하다. 게임엔진을 내러티브엔진으로 전환해 용도를 변경하는 일은 애초 게임 제작자들이 의도한 것과는 거리가 있었을 것이다. 주어진 규범과 규칙을 벗어나서 게임을 멋대로 사용하는 것은 분명 탈주선상에 있는 게임 문화의 한 양상이다. 아울러 이를 통해 게임의 내러티브를 무력화하거나 게이머 스스로 대안을 제작해 제시하는 것은 게임의 세계관, 내용, 내러티브에 개입하는 또 다른 탈주선을 형성한다. 이는 게이머의 행위, 즉 게임 플레이에 의미를 부여하는 주체가 누구인지를 분명히 드러낸다. 게임의 의미는 게이머의 행위에 달려 있으며, 게임이라는 텍스트 그리고 그것에 담겨 있는 어떤 의도는 바르트가 말한 '저자의 죽음'과 마찬가지로 아무 의미가 없다.

4. 탈주하는 게임의 의미

게임에서 탈규범적 문화의 양상은 스튜어트 홀Stuart Hall의 해독의 문제와 관련해 '저항적 해독'의 개념으로 풀 수도 있고, 미셸 페쇠Michel Pêcheux의 '나쁜 주체' 또는 바르트의 '신화비평' 등의 개념으로도 해명할 수 있다. 이 개념들의 어떤 부분에서 탈주보다 쉽고 명쾌하게 탈규범적인 게임하기 문화를 설명해줄 수 있다. 이러한 개념들에 대해 탈주가 지닌 가장 큰 장점은 탈규범적 문화 실천의 양상을 하나의 국면 또는 단편적인 사건이 아니라 지속적 과정으로 이미지화할 수 있다는 것이다. 인간과 인간의 문화를 특정한 규범과 질서로 규율하는 과정을 코드화라고 한다면, 탈주는 기존의 코드를 해체하고 대안적 코드를 생성하는 탈코드화, 재코드화의 연속적 과정으로 보인다.

이는 한편 맹목적인 과정으로 보일 수도 있고 헤겔적 의미의 악무한惡無限으로 보일 수도 있다. 그러나 앞에서 살펴보았듯이 그 과정이 어떤 방향성이나 지향점도 없는 허무한 반복은 아니다. 왜냐하면 탈주가 지향하는 바는 가능성의 지평면 자체를 온전히 드러내는 것, 그 위에 그릴 수 있는 모든 가능성을 시험하고 드러내며 이들 사이의 공존을 이뤄내는 것이기 때문이다. 물론 가능성의 지평면 자체를 드러내는 것은 불가능한 기획일 것이다. 적어도 우리가 게임이라는 매체나 콘텐츠 형식을 기호로 쓰는 동안 그것이 드러낼 수 있는 가능성은 어떤 한계 속에 있을 것이다. 그러므로 이러한 탈주선은 가능성의 지평면에 다가갈 뿐 결코 거기에 도달할 수는 없을 것이다. 동쪽을 향한다고 해서 동쪽에 도달할 수 있는 것은 아니다.

게임에서 탈주선은 무엇보다 게이머들의 다양한 탈규범적 문화 실천을 통해 구현되고 있다. 이는 인간을 포획하는 코드의 기획에 맞서는 의지의 인간 또는 의식화한 게이머의 또 다른 기획이라고 보기에는 무리가 있다. 탈주라는 말이 그렇고 그것을 감싸고 있는 들뢰즈와 가타리의 생각이 그렇듯이 이러한 과정은 주체의 의식적 노력이나 의지의 산물이라고 하기 힘들다. 물론 개별적인 탈규범화 또는 해체의 결과들, 이를테면 게임의 장신구를 개조해 색상이나 질감을 바꾸는 일은 그 수준에서 분명한 목표와 성과가 있다.

하지만 그러한 실천들이 모여 게임이라는 전체 틀의 성격을 바꾸고 그것을 중심으로 형성된 문화의 의미를 해체하는 것은 의식적이거나 의도된 기획에 따라 전략적으로 배치된 결과라고 할 수 없다. 이는 개미들이 주변 동료들과의 단순한 소통과 정보교환을 통해 전체 집단의 규모와 기능 체계를 유지하는 것과 같이 작동한다. 게임은 디지털 코드로 구성된 상호작용성이 강한 미디어/콘텐츠라는 특성 때문에 이러한 과정과 결과가 어떤 미디어/콘텐츠보다 가시적으로 잘 드러나는 것일 뿐이다. 하지만 이렇게 변화를 축적하는 시간과 공간의 압축성은 단지 양적인 차이로 끝나지 않는다. 단순한 유기물질에 초래된 작은 변화가 무수한 시간을 축적해 인간과 같은 지적 생명체를 탄생시켰듯 변화는 질적이며 근본적인 방향으로 나아가고 있다. 그 끝을 예단할 수는 없으나 게임의 탈주 또한 이러한 맥락에서 사유해야 할 것이다.

1. 모드나 머시니마와 같은 게이머들의 실천이 게임산업에 어떠한 영향을 미칠 수 있을 것인가?

2. 게임에서 비롯된 문화적 탈주가 다른 미디어에 어떤 영향을 미치고, 전체 사회문화에는 어떤 영향을 미칠 것인가?

참고자료

• 질 들뢰즈·펠릭스 가타리 저/김재인 역, 《천 개의 고원》, 새물결, 2001,

• 박근서, 《게임하기》, 커뮤니케이션북스, 2009.

• 미하이 칙센트미하이 저/최인수 역, 《몰입》, 한울림, 2004.

• 라프 코스터 저/안소현 역, 《라프 코스터의 재미이론》, 디지털미디어리서치, 2005.

• 로제 카이와 저/이상률 역, 《놀이와 인간》, 문예출판사, 1994.

• 이인화, 《한국형 디지털 스토리텔링》, 살림, 2005.

• 시모어 채트먼 저/한용환 역, 《이야기와 담론 : 영화와 소설의 서사구조》, 푸른사상, 2003.

• Barthes, R. tr. Stephen Heath(1977). "The Death of the Author" in Image, Music, Text. New York: Hill and Wang. pp.142~8.

• Lacan, J. tr. Bruce Fink(1998). The Seminar of Jacques Lacan. New York : W. W. Norton & Company.

3부

게임 문화

08

게임 공동체와 팬덤 문화

홍현영

주요 개념 및 용어 : 게임 공동체, 팬덤, 커뮤니티, 다중의 게임

게임을 매개로 구현되는 공동체에 대해 지나치게 많은 기대를 걸었던 시기도 있었다. 그러나 이제는 미디어 공동체, 더 협소한 구획으로는 게임 공동체의 공과와 현실을 가늠할 수 있는 시기에 가까워진 것으로 보인다. 이 장에서는 게임 내 공동체가 어떤 가능성을 담보로 하고 있으며, 유의미한 사건은 무엇이었는지 살핀다. 아울러 공동체 이전에 플레이어들의 집단을 가능케 하는 팬덤의 힘과 특징, 커뮤니티 담론을 기반으로 발생한 문제적 상황들을 조망한다. 이에 대한 대안으로 제시된 다중의 게임이 플레이어에게 가능한지도 고찰한다.

---

1. 게임 공동체는 가능한가?

'공동체community'에 대한 여러 정의 가운데 일반적으로 통용되는 의미는 "정체성이나 특성이 공통된다고 하는 감각"이다.[1] 공동

---

1) 레이먼드 윌리엄스 저/김성기·유리 역, 《키워드》, 민음사, 2010, p.106.

체는 사회society라는 형식적이고 추상적인 구획과는 다른 의미가 있다. 사회보다 직접적이고 유의미한 관계를 뜻할 때 공동체라는 용어가 사용된다. 따라서 직접성, 지역성과 같은 의미와 결합하기 쉽다. 이제까지 없던 형태의 집단생활과 실험을 논의할 경우에도 자주 사용되는 개념이다. 그런데 이 공동체라는 감각이 게임에서도 통용될 수 있을까?

게임 공동체란 육체적으로 접촉해 있지 않으면서도 특정한 정체성이 일치하는, 감각을 공유하는 대안적 집단으로 언급되고는 했다. 공동체의 수용성은 대면 접촉에 의한 교환이 지배적이며, 영토적으로 제한된 공간에서 이뤄진다.[2] 이런 의미에서 영토를 기반으로 한 수용성을 넘어서는 다른 방식의 공동체의 한 예로 사이버 공동체, 그중에서도 게임 공동체에 기대를 걸었던 것이다. 이에 대한 평가와 전망이 합당한가에 대해서는 게임 내 공동체가 어떤 방식으로 재현되는지 사례를 살펴보면서 판단하기로 한다.

모든 놀이는 '타자'를 필요로 한다. 타자가 없이 홀로 하는 놀이에서 재미를 찾기는 쉽지 않다. 혼자 하는 놀이는 오래 계속하기도 어렵다. 놀이에서 타자는 플레이어와 비교의 지점에 서서 상대적 우위를 점유할 수 있는 경쟁의 대상이기 때문이다. 물론 놀이에서 경쟁 형태로만 타자와 관계를 맺는 것은 아니다. 더 효율적인 대립을 만들어내고 유지하기 위해서는 협력도 필요하다. 이와 같은 대

---

2) 린다 맥도웰 저/여성과 공간연구회 역, 《젠더, 정체성, 장소 : 페미니스트 지리학의 이해》, 한울아카데미, 2010.

립을 지속하기 위한 협력을 일컬어 샐런과 짐머만은 '멋진 역설'이라 표현했다.[3] 이 역설을 가장 잘 보여주는 사례는 MMORPG의 진영 간 전투이다.

진영 간의 전투는 자신의 진영에 대한 소속감과 애착을 부여하는 동시에 상대 진영과 대립하는 동기와 정당성을 부여한다. 〈월드 오브 워크래프트〉의 세계관에서 새로운 영토를 찾아 떠난 '호드' 진영과 자신의 영토와 문화를 지키려 하는 '얼라이언스'의 대립을 대표적인 예로 들 수 있다. 공통된 하나의 정체성을 형성하는데 필수적인 소속감을 부여하기 위해 MMORPG에서는 게임 내 공동체를 지향할 수 있는 집단의 임의적 명칭을 만든다. 즉, 혈맹, 길드, 문파, 부족 같은 것들이다. 게임 내 공동체에 소속되어 있지 않으면 진행하기 어려운 퀘스트를 부여하기도 한다. 이러한 측면에서 게임 공동체는 재미를 지속하기 위한 대립과 협력의 관계를 추동하는 것에서 시작하기 쉽다.

게임에서 공동체란 플레이어의 이합집산이며, 공동체 자체의 번영과 존속에 플레이어가 큰 의미를 부여하지 않을 수도 있다. 게임 내부의 길드, 혈맹, 클랜, 문파, 부족이라 지칭되는 단체는 설립 목적이나 존속의 이유로 숭고한 가치를 추구하지는 않는다. 그럼에도 게임 공동체가 자유, 평등과 같은 추상적 가치를 추구하며 이를 위해 투신하는 집단이 될 수 없다고 단언하기는 어렵다. 게임 내

---

3) Katie Salen & Eric Zimmerman, Rules of Play: game design fundamentals, Cambridge, Mass.: MIT Press, 2003.

진영 간의 전투 과정에서 공동체가 지닐 수 있는 정치적 가능성을 보여준 결정적 사건을 먼저 거론하려 한다. 〈리니지 2〉의 '바츠 해방 전쟁'이다.

2. 게임을 둘러싼 공동체의 발현 방식

1) 바츠 해방 전쟁

비교적 최근 국내 굴지의 대기업과 언론의 긴밀한 관계에 대한 보도 내용 가운데 흥미로운 부분이 있었다. 언론사의 간부가 대기업 홍보담당에게 보낸 문자의 "우리는 '혈맹'입니다"라는 표현이다. 이 보도를 접한 커뮤니티의 반응 중 흥미로운 댓글은 "그 대기업이 '집행검'이라도 만들어줬냐"는 것이었다. 혈맹이라는 표현에서 집행검이라는 특정 게임의 아이템이 바로 연상될 만큼 혈맹은 사전적 의미를 넘어서 〈리니지 2〉의 게임 내 공동체를 지칭하는 말로 통용되고 있다는 것을 보여준다. 바츠 해방 전쟁은 그중 사건의 개요와 의미를 분석한 논문, 이를 모티브로 한 소설, 나아가 특정 전시회가 열릴 만큼 게임사에 남을 게임이었다.

〈리니지 2〉 바츠 해방 전쟁의 시도와 실패의 궤적을 학술적으로 정리한 대표적인 글이 이인화의 책 《한국형 디지털 스토리텔링》(2005)이다. 책 제목이 보여주듯 그는 한국형 디지털 스토리텔링이야말로 새로운 서사를 추동하게 만드는 토대라 주장했다. 게임 내 서사에 '한국형'이라는 수식어를 붙인 것은 반대급부로 배치한 〈월드 오브 워크래프트〉를 위시한 서구형 MMORPG가 서사의 자유도에 한계가 있다는 것을 전제로 한다. 퀘스트 위주의 만들어진 서사보다는 서사에 치중하지 않고 플레이어의 선택에 전적으로 맡기는 자유도 높은 캐릭터와 플레이어의 정체성을 일정 부분 투영하게 만들었고, 역동적 서사를 가능하게 했다는 분석이다. 이를 통해 게임 내 공동체의 가능성과 한계를 바츠 해방 전쟁에서 발견하는 것이다.

〈리니지 2〉 내의 시장질서는 철저한 강자독식이다. 고레벨의 플레이어가 다수 속해 있는 혈맹은 성을 중심으로 특정지역을 점거하고 임의로 세금 비율을 정할 수 있다. 해당 서버에서 플레이하는 한 혈맹의 질서에서 벗어나기는 어렵다. 바츠 해방 전쟁을 촉발한 우선적 원인은 바츠 서버를 점령한 DK혈맹에서 상점 거래 물품에 매기는 세금을 일방적으로 인상했기 때문이다. 게임에 참여하는 플레이어 중 대다수를 차지하는 중·저레벨 플레이어는 상점을 이용한다. 사냥에 필요한 물품의 가격을 일괄적으로 인상하는 것은 이들의 플레이에 극심한 지장을 초래하는 일이었다. 이는 지배혈맹에 대한 분노로 이어졌다. 사실 DK혈맹에 대한 분노는 세금인상 이전부터 이미 형성돼 있었다. 혈맹이 좋은 사냥터를 독식하고 혈맹 이외의 구성원들은 접근하지 못하게 자체적으로 차단했기 때문이다. 자동 플레이를 가능하게 하는 프로그램을 돌려 지속적으로 게임에서 통용되는 화폐(아덴)를 벌어온 것이 게임의 본질을 훼손하는 불공정 행위라는 지적도 이어졌다.

바츠 해방 전쟁은 DK혈맹이 점령했던 기란성을 붉은혁명혈맹이

점령하며 '세율 0%'를 선언하면서부터 시작되었다. 불과 2주 만에 다시 성을 탈환당하기는 했지만, 거대혈맹의 힘에 근거한 지배질서에 균열을 낼 수 있었다는 점에서 기란성 정복은 플레이어들에게 큰 인상을 남겼다. 이 사건은 이후 거대혈명에 반기를 든 여러 군소혈맹들의 연합인 바츠해방군 창설의 계기가 된다. 바츠해방군은 혈맹으로 대표되는 불합리한 질서, 현실과 다를 바 없는 공고한 독점권력에 반대하며 자유와 평등을 기치로 내걸었다.

[그림 1] 바츠 해방 전쟁 중 수성을 위해 자신의 시체로 길을 막은 플레이어들.
• 출처 : 이인화, 《한국형 디지털 스토리텔링》, 2005, p.108.

MMORPG에서 고레벨 플레이어를 저레벨 플레이어가 상대하는 것은 불가능하다. 승산이 전무에 가까운 고레벨들과의 전투가 예상되는데도 바츠해방군의 호소는 공감을 넘어 행동을 불러왔다. 거대혈맹의 횡포에 반기를 든 이들에게 공감한 것은 바츠 서버의 플레이어만이 아니었다. 다른 서버에서 활동하던 이들도 자신의 캐릭터 대신 바츠 서버에서 신규 캐릭터를 만들어가며 DK혈맹 고레벨 전사들의 앞을 막아섰다. 장착한 의복과 무기에 빗대어 이들은 '내복단' 또는 '뼈단'이라 불렸다. 내복단은 고레벨을 상대하기 위한 창의적 전술을 고안해냈다. 전투부대 측후면의 힐러를 100명의 내복단이 동시에 공격하는 방식을 시도했으며, 상대방에게 공격할 성과 지킬 성을 노출하지 않는 방식으로 대응을 어렵게 하는 기만전술도 이때의 결과물이었다.

DK혁명은 아덴성 함락으로 공식적인 패배를 당했다. 이날을 '바츠 해방의 날'이라 명명한 '티비게임광'이라는 아이디를 사용하는 플레이어의 회고는 주목할 만하다.

현실을 살면서 수없이 많은 좌절을 맛보고 결국 실망해가고 적응해가면서 어른이 된다고들 말합니다. 그리고 그 과정에서 가장 중요한 꿈을 잃어버린다고들 하죠. 우리가 온라인게임 속에 깊이 빠져들고 그 속에서 어떤 성취감을 느끼려고 하는 것은 어쩌면 잃어버린 꿈들을 찾아 떠나는 여정 중 하나인지도 모릅니다. 오늘 저는 제1서버인 바츠 서버에서 아주 허접한 레벨 15짜리 여엘프 내복단 캐릭을 가지고 진한 감동과 벅차오르는 기쁨과 함께 잃어버린 꿈을 보았습니다.[4]

바츠 해방 전쟁은 게임이라는 매개를 통해 현실에서는 전복하기 어려운 거대조직에 균열을 가해 승리할 수 있다는 것을 보여줬다. 가상의 공동체가 발휘할 수 있는 응집력과 시스템이 규제하는 한계를 넘어서기 위한 대중의 기지가 맞물린 순간이었다. 공성전 당시 상대편이 진입하지 못하게 내복단의 시체를 쌓아가며 싸웠던

4) 이인화, 《한국형 디지털 스토리텔링》, 살림, 2005, p.108. 재인용.

순간은 단순히 게임 내 즐거움의 추구라고 평가할 수만은 없는 영역이다.

그렇기에 바츠해방군의 말로는 안타깝다. 정치적 거점인 아덴성 함락 이후 바츠해방군은 승리의 공과를 다투는 과정에서 분열되었다. 바츠 해방 전쟁은 거대혈맹에 저항하며 새로운 변화를 이끈 운동에 플레이어들이 투신한 과정이었다. 아울러 그들이 내걸었던 자유와 평등이라는 기치의 정당성이 무너진 상태에서 연합이 어떻게 와해되고 기존 세력으로 다시 흡수되는가를 확인할 수도 있었다.

바츠 해방 전쟁이 게임 내부의 질서에 부합하는 방식으로 기존 공동체의 문제점에 반기를 든 사건이라면, 게임 외부의 문제에 이의를 제기하는 방식으로 게임 공동체의 가능성을 보여준 사례도 있다. TGU^{the gathering of Uru}라는 플레이어 집단의 망명 기록이다.

2) <우르> 디아스포라

해마다 많은 게임이 생산되고 그중 일부만 살아남는다. 몇몇의 도발적 시도는 그 자체로 의미 있기는 하지만 기존의 게임 문법에 익숙한 플레이어에게 선택받지는 못한다. 게임의 존립에 필수적인 요건은 플레이어다. 그러나 사업자가 더 이상 수익이 창출되지 않는 게임 시스템의 폐쇄를 결정했을 때 플레이어가 대처할 수 있는 다른 방법은 거의 없다. <우르> 디아스포라는 게임 개발사의 일방적 존폐 결정에 게임 공동체가 어떤 측면에서 다른 선택을 할 수 있는지를 보여준 의미 있는 사건이었다.

<우르>는 2003년 베타 테스트로부터 서버를 내리기 전까지 불과

6개월 남짓 운영되었다. 그러나 1만 명 이상의 플레이어들은 스스로를 '난민refugee'이라 지칭하며 다른 게임 서버에서도 '우르비언'으로서의 정체성을 드러냈다. 온라인게임의 짧은 운영기간 동안 경험한 플레이만을 가지고 플레이어가 디아스포라라는 공동체적 정체성을 형성할 수는 없었을 것이다. 〈우르〉는 '에이지 비욘드 미스트aged beyond myst'라는 게임의 부제에서도 알 수 있듯 PC게임 〈미스트〉의 세계관을 적극적으로 차용했다.

〈미스트〉의 세계관에서 세계는 책으로 표현된다. 각각의 책은 전체 세계의 하위세계에 해당하며 그곳에 거주하는 존재들이 있다. '에이지age'라고 불리는 책을 통한 이동은 하위세계의 문제를 푸는 방식으로 이뤄진다. 〈미스트〉는 눈에 띄는 스크립트나 서사를 제공해주지 않는 게임이다. 따라서 해당 세계의 구조와 배경에 대한 면밀한 분석이 필요하며, 문제를 푸는 데 짧게는 몇 시간에서 길게는 며칠이 걸리기도 한다. 〈미스트〉 세계관의 복잡성은 다른 방대한 세계관의 콘텐츠들이 그러하듯 2차 창작을 이끌어내는 팬덤의 형성에 지대한 영향력을 발휘했다. 〈우르〉는 〈미스트〉의 세계관을 기반으로 한 유일한 실시간 멀티플레이어 게임이었다.[5] 〈우르〉의 독특한 지점은 여타의 MMORPG와 달리 경쟁을 유발하는 점수나 랭킹, 레벨이 없다는 점에도 있었다. 이는 갈등보다는 협력을 통한 공동체를 구축하기에 좀 더 용이한 환경이었다고 볼 수 있다.

---

5) Cellia Pearce & Artemesia, Cummunities of play: emergent culture in multiplayer games and virtaul world, Cambridge, Mass.: MIT Press, 2009.

〈우르〉의 서버가 폐쇄된 뒤 자신들을 우르비언으로 명명한 이들은 〈세컨드라이프〉나 〈데어닷컴〉 같은 여러 게임 사이트로 망명했다. 우르비언들은 자신들이 새로 정착한 공간에서도 기존의 정체성을 유지하기 위해 노력했으며, TGU는 그러한 노력의 일환이었다. 아바타라 지칭되는 플레이어의 게임 내 분신은 해당 게임의 세계관에서만 유효한 존재로 인식된다. 그러나 우르비언들은 특정 게임의 문화적 정체성이 통용되지 않으리라 예상하기 쉬운 다른 영역에서도 정체성의 고수를 시도했다. 물론 이 과정에서 새로 정착한 게임의 기존 플레이어들과 갈등을 빚은 것은 예견된 결과이기도 했다. 〈데어닷컴〉에 정착하려 했던 우르비언들은 토착 플레이어들과의 갈등으로 불과 2개월 동안 여섯 번의 이사를 감행해야 했다.

[그림 2] 〈데어닷컴〉 위샤 섬의 TGU 정착지. 왼쪽 깃발은 TGU 배너, 오른쪽은 자유동맹의 환영 깃발. • 출처: Cellia Pearce & Artemesia, Cummunities of play: emergent culture in multiplayer games and virtaul world, Cambridge, Mass.: MIT Press, 2009, p.106.

우르비언들의 노력은 새로운 서버 내의 안착에 그치지 않았다. 〈데어닷컴〉의 서비스 폐쇄 위기를 구하기 위한 모금활동을 시도한 일, 〈세컨드라이프〉에 자신들의 에이지를 구축하기 위해 기술적인 툴을 배포했던 일은 유한한 게임을 즐기고자 하는 소비자로서의 플레이어 영역을 넘어선 시도다. 기존 게임 시스템의 암묵적 질서에 반기를 들고 자신들의 문화적 정체성을 외부로까지 확장하려 한 이들의 노력은 구조에 대한 저항이자 운동의 흐름으로 볼 수 있다. 〈우르〉 디아스포라 현상을 "게임회사와 게이머 사이에 발생한 사회적 감각의 재분할 시도"[6]라 평가한 것도 같은 맥락이다.

게임 공동체는 단순히 플레이 과정에서 재미를 추구하기 위한 이합집산에 국한되지 않는다. 특정 콘텐츠에 대한 높은 이해도와 관심, 나아가 재해석은 게임을 장기적으로 유지할 수 있게 하는 필수 요건이다. 이에 팬덤, 나아가 팬덤의 공론장을 이루고 있는 커뮤니티의 역할은 지대하다.

3. 게임 팬덤, 커뮤니티의 담론

1) 새로운 해석의 가능성

게임과 다른 매체의 가장 큰 변별점은 플레이어의 상호작용에 있다. 플레이어는 게임이라는 원작을 즐기는 1차 소비자인 동시에 플레이어 간의 끊임없는 상호교류를 기반으로 생성된 2차 콘텐츠의 생산자이기도 하다. 물론 하나의 게임을 즐기고 있다는 공감만으로 공동체라 단언하기는 어렵다. 게임 내 담론을 이끌어내는 주

---

6) 류철균·권보현, 〈디지털 게임에 나타난 미학의 정치〉, 《인문콘텐츠》, 37, 2015, p.99.

체를 의식하고 있는 집단들의 공간을 지칭하는 합당한 단어는 커뮤니티일 것이다. 플레이어는 대부분 게임을 비롯한 특정 주제에 대한 흐름을 의식하고 있지만, 모두가 하나의 게임에 충실한 소속감을 갖지는 않기 때문이다. 우선적으로 2차 생산물을 창작하기 위해서는 특정 콘텐츠에 대한 수준 높은 이해도와 풍부한 경험이 뒷받침되어야만 한다.

특정 콘텐츠에 대한 팬 공동체는 팬덤으로 불린다. 팬덤은 창작자가 지원하는 콘텐츠를 단순히 소비하는 데서 그치지 않는다. 다양한 방식의 원전에 대한 해석과 세계관의 면밀한 분석, 이를 기반으로 한 새로운 창작물을 창조한다. 이러한 2차 생산물의 창의성은 단순히 1차 자료에 기댄 파생물로 판단할 수 없다. 2차 생산물은 무수한 미디어 산업과의 교호작용의 결과로 이뤄지므로 "대부분의 팬들에게 의미 생산은 외롭고 사적인 과정이 아니라 사회적이고 공적인 과정이다."[7]

[그림 3] 〈마인크래프트〉로 만든 로봇.　•출처: 마인크래프트 건축 Project B, 2016.
URL: https://www.facebook.com/1618080855129674/photos/a.1707691036168655.1
073741829.1618080855129674/1745553312382427/?type=3&theater

7) Jenkins Henry, Fans, bloggers, and gamers: exploring participatory culture, New York University Press, 1992, p.75.

미디어 문화의 흐름 속에서 능동적 생산자와 수동적 소비자의 구별은 점차 축소되거나 지워져갔다. 샌드박스 형식의 게임인 〈마인크래프트〉의 다양한 결과물은 게임의 창작 의도를 벗어난 경우도 많다. 지속적으로 인기를 유지하고 있는 〈L.O.L〉 역시 〈도타 올스타즈〉 유즈맵이 기원이었다는 점을 상기할 수 있을 것이다. 팬덤은 2차 창작물에서 나아가 원전을 기반으로 한 새로운 방식의 생산물을 창출하는 능동적 생산자이자 소비자 모두를 아우르는 존재다. 이들은 참여문화라고 명명되는 새로운 방식의 문화생산 모델을 보여준다. 새로운 아미노산의 구조배열을 발견한 이들도 플레이어였다. 〈폴드 잇〉이라는 게임의 형식을 기반으로 한 프로그램에 플레이어들은 적극적으로 참여했으며, 기존의 방식으로는 찾을 수 없었던 결과물을 배출했다. 이런 측면에서 본다면 팬덤은 집단지성이라는 새로운 사회구조를 예견한 존재이기도 하다. 이들은 단순히 특정 미디어 문화의 충실한 수호자 역할에 그치지 않고 정치적 효과를 창출할 수 있는 가능성을 담고 있는 것이다.

그러나 팬덤, 나아가 좀 더 포괄적인 의미에서 커뮤니티의 가능성을 젠킨스와 같이 고평할 수만은 없다. 커뮤니티 구성원들은 공동체에 대한 일종의 소속감을 가지고 있다. 이는 실제 공유의 경험이 기반된 것이기보다는 같은 경험을 했으리라는 기대감에서 비롯된다. 실재 사건의 경험이나 대면을 전제로 상상된 공동체들과 팬수용자들은 다르다. 이들은 하나의 유기적 집단이라기보다는 항상 파편화될 가능성이 있는 '상상의 공동체community of imagination'이다. 나와 같은 경험을 했으리라는 기대감이 있다는 것은 달리 말하면 그 외의 다른 다양한 의견과 논쟁의 장이 활성화되기 어렵다는 것과 같다. 인터넷은 공개된 공간이자 의견을 자유롭게 개진할 수 있는 기회로 활용된다고 생각하기 쉽지만 특정 영역의 팬덤, 나아가 커뮤니티는 독자적인 내부 규칙이나 지향 가치를 제외하고는 문제를 제시할 기회조차 갖기 어렵다.

한 온라인 공동체를 묘사하며 지적한 다음 내용은 주목할 만하다.

논쟁, 정전다움, 커플링, 뉴비와 기존 팬과의 대립은 어떤 팬덤이든 통상 일어나는 일이다. 젠체하는 기회주의자와는 다른 '진짜 팬'이 무엇인가에 대한 논쟁도 벌어졌다. 위계질서는 즉석에서 심판받고 무너졌다.[8]

취미, 취향은 지위, 지표를 드러내는 하나의 방법이 되었다. 게임이라는 자발적 취미는 언뜻 지표와는 무관한 무엇으로 보이기도 한다. 그러나 이 자발성은 오히려 견고한 자기방어의 논리를 구축하기도 한다. 즉, '타자'를 발견하고 혐오의 대상으로 삼는 데 주저함이 없다.

특정한 취향이 자신의 지위를 증명한다고 할 때, 플레이어 담론에서 지위란 확고하고 불변한 계급이 아니다. 그러나 캐주얼 게이머에 대해 하드코어 게이머가 느끼는 우월감도 지위라고 볼 수 있다. 게이머라는 용어에서 연상되듯이 하드코어 게이머로서의 덕목

---

8) 마크 더핏 저/ 김수정 외 역, 《팬덤 이해하기》, 한울아카데미, 2016, p.365.

과 행동이 존재하는 것은 사실이다. 단순히 게임을 하는 (혹은 했던) 사람이 아니라 하드코어 게이머를 자처하는 것은 차별성을 만들려는 시도로 볼 수 있다. '뉴비'와 '고인물'의 격차를 전제하지 않는 게임은 없다. 〈배틀그라운드〉 초보 입문자가 어린이라는 단어가 결합된 '배린이'로, 〈월드 오브 워크래프트〉 신규 사용자가 '와린이'로 불리는 것도 마찬가지다. '~린이'는 훈육의 대상이자 하드코어 게이머들이 알고 있는 기술과 정보, 나아가 가치를 전달받는 대상이다.

지위는 그들이 인정한 방식 외에 다른 방법으로 접근하는 타자를 밀어내는 행동으로 증명되기도 한다. 하드코어 게이머는 자신들이 익숙한 게임 장르에 게임의 계보나 질서에 익숙지 않은 새로운 플레이어가 유입되는 것에 거부감을 느낀다. 그래서 이를 막기 위해 기존 게임의 질적 저하를 가져온다거나 좋은 게임을 판단하는 식견이 부족하다고 새로운 방식 또는 낯선 형태의 게임을 고평하는 이들을 공격하기도 한다. 하드코어 게이머들은 하드코어가 되지 못하는 이들의 게임은 게임이 아니라고(혹은 게임답지 못하다고) 폄하한다.[9] 주류 담론에서 벗어난 소수자를 가장 손쉽게 배제하는 방식은 혐오다. 그리고 혐오를 가치판단의 준거로 사용하는 위험성을 보여준 결정적 사건이 바로 '게이머게이트'다.

---

9) 예스퍼 율 저/이정엽 역, 《캐주얼 게임》, 커뮤니케이션북스, 2012.

2) 한정된 해석이 초래하는 문제점

게이머게이트의 시발점이 된 것은 〈우울증 퀘스트〉라는 인디 게임이다. 2013년 2월에 발매된 이 게임은 개발자 조이 퀸^{Zoe Quin}의 우울증 경험을 기반으로 했다. 평단의 높은 평가와 달리 이 게임에 대한 '포챈^{4chan}', '레딧^{raddit}' 같은 플레이어 커뮤니티의 반응은 좋지 않았다. 플레이어의 의지대로 움직이지 않는 커서가 우울증이 아니라 짜증을 유발한다는 평가가 주를 이루었다. 텍스트 위주의 투박한 게임 툴도 지적 대상이었다. 이렇게 게임에 대한 비평가와 플레이어의 평가가 엇갈릴 당시, 조이 퀸의 전 남자친구는 이 게임이 호평을 받은 이유가 게임저널 〈코타쿠〉의 작가 나단 그레이슨과의 성적 관계 때문이라고 주장했다. 주장의 인과관계가 사실이 아님을 나중에 밝히긴 했으나, 이미 사건은 수습할 수 없을 만큼 커져 있었다.

게이머게이트는 워터게이트 사건처럼 대중적 음모를 폭로한다는 취지로 시작됐다. '#gamergate'라는 해시태그를 붙인 대응방식이 포챈, 레딧 같은 커뮤니티와 트위터를 비롯한 SNS를 통해 퍼져 나갔다. 게임 저널리즘의 윤리성에 위배된다는 것이 항의의 이유였다. 문제는 익명 게시물들이 언론의 윤리성을 문제 삼는 것보다 게임 제작자의 개인정보를 찾아 공개하고, 성적 모욕이나 강간 및 살해 위협을 일삼는 것에 더 적극적이었다는 점이다. 게임 제작자 조이 퀸뿐 아니라 사건을 비판한 문화비평가 아니타 사키시안, 인디 게임 스튜디오 공동설립자 브라이아나 우도 위협의 대상이 됐다. 조이 퀸은 집주소가 노출되는 바람에 살해 위협을 피해 가출해야 했고, 사키시안은 예정된 강연회에서 테러를 하겠다는 트윗 때문에 FBI에 수사를 의뢰하기도 했다.

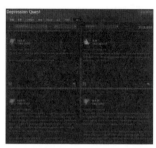

[그림 4] 게이머게이트의 시발점이 된 〈디프레션 퀘스트depression quest〉와 스팀평.
• 출처: Zoe Quin, 2013 Carly Smith, Depression Quest Dev Faces Harassment after Steam Submission - Update, The Escapist, 2013.12.4.
URL: http://www.escapistmagazine.com/news/view/130525-Depression-Quest-Dev-Faces-Harassment-after-Steam-Submission-Update ; STEAM, 2018.

이 유무형의 폭력 흐름에 반대를 표명한 이들도 많았다. 다양한 성별, 인종, 사회적 배경을 가진 게임 개발자와 언론인, 플레이어들은 게이머게이트에 반대하며 '#GamersAgainstGamergate'나 '#StopGamergate2014' 같은 해시태그를 사용하기도 했다. 2014년 블리즈컨에서 블리자드 엔터테인먼트 사장 마이크 모하임이 게이머게이트를 적극적으로 비난한 일은 이 사건을 설명하는 대표적 사례로 언급되고는 한다. 그러나 폭력적 행위의 중단을 요청하는 의견을 표명한 이들은 '하얀 기사', '사회정의 전사'라는 조롱을 받았다.

게이머게이트라는 해시태그 아래 가해진 폭력과 조롱은 희생자를 비난하고 그 진정성을 의심하는 데 목적이 있다. 피해자의 정체성을 재정의하고 왜곡하는 것이다. 같은 맥락에서 캐이틀린은 게이머게이트를 인디 게임 제작자와 비평가, 게임 참여자의 스펙트럼을 확대하려는 사람들과 여성혐오자, 기독교도, 트롤링을 일삼는 사람들 간의 대립으로 해석했다.[10] 논쟁은 본질적으로는 게임으로 간주되는 것과 그렇지 않을 것 사이의 정체성과 연결되어 있다. "여권운동가들이 비디오게임 산업을 분열시키고 있다"는 표현은 이전 시대까지 중심이 되어온 플레이어들의 위기의식을 보여준다.

플레이어들은 전통적인 AAA게임(대중적인 수치의 판매량을 기대하며 대형 게임사가 거대자본을 투자해 제작하는 게임의 통칭)을 하찮게 여기고, 그에 비해 게임과 어울리지 않는 스토리에 찬사를 보내는 방식이 문제라고 불만을 토로했다. 샐터는 이 사건을 '너드의 남성성nerd masculinity'이라는 용어를 사용해 성적 고정관념의 유지를 요구하는 남성 주체의 기술적 융합형태라 평가했다. 컴퓨터 게임 시장에서 백인남성geek은 소비자의 중심축이었다. 그러나 게임 분야에서 여성의 기술 참여와 관심이 늘어나면서 남성 중심의 문화화에 균열이 생겼다. 이에 대한 위기감에 기존 플레이어들은 타자에 대한 회롱과 공격의 방식으로 대응했다. 자신이 선호하는 기술 영역에 대한 통제감을 유지하기 위해 위협과 모욕을 적극적으로 활용한 것이다.[11]

---

10) Caitlin Dewey, The only guide to Gamergate you will ever need to read, The Washington Post, 2014.10.4. URL: https://www.washingtonpost.com/news/the-intersect/wp/2014/10/14/the-only-guide-to-gamergate-you-will-ever-need-to-read/?utm_term=.3e69c82a30ce

11) Michael Salter, From geek masculinity to Gamergate: The technological rationality of online abuse, Crime, Media, Culture, 14, 2017, pp.247-264.

게이머게이트는 게임을 둘러싼 커뮤니티 담론이 실제로 어떻게 영향력을 행사할 수 있는지를 잘 보여준다. 이와 비슷하게 커뮤니티 담론이 기업에 영향력을 미친 한국의 사례로는 〈클로저스〉의 성우 사건, 시간차를 두고 발생한 〈소울워커〉의 부각이 있다.

〈클로저스〉의 캐릭터 티나의 목소리를 연기한 성우 김자연이 SNS에 올린 "소녀는 왕자를 필요로 하지 않는다.Girls do not need prince."는 문구가 인쇄된 티셔츠가 문제의 발단이었다. 여성의 독립성을 주장하는 이 문장은 그 자체의 의미보다는 '메갈리안'이라는 여초 사이트를 지지하는 정치적 표현으로 해석되었다. 〈클로저스〉의 플레이어들과 아울러 사건의 진행 과정에서 유입된 남성들의 반발은 격렬했다. 결국 〈클로저스〉 제작진은 김자연의 작업 분량을 전면 삭제했다. 일련의 상황에서 김자연의 입장을 옹호한 정의당의 남성 당원들이 불만을 표시하는 방법도 대거 탈당이라는 방식으로 이루어졌다. 메갈리안에 대해 다룬 시사주간지 〈시사인〉도 적지 않은 구독자를 잃었다.

2018년 5월에 일어난 〈소울워커〉과 〈클로저스〉의 일러스트 사건도 비슷한 맥락이다. 해당 일러스트레이터가 트위터에서 팔로우한 계정과 리트윗한 내용이 페미니즘과 관련 있다는 플레이어들의 문제 제기에 두 업체가 보인 반응은 달랐다. 전자는 해당 일러스트를 교체했고, 후자는 창작자의 권리를 지키겠다는 답변으로 대응했다. 그러자 〈소울워커〉와 장르적으로 유사하며 비슷한 콘셉트인 〈클로저스〉의 플레이어들은 이에 항의해 〈소울워커〉로 대거 이동했다.

두 사건이 게임의 성격을 규명하는 문제와 밀접하게 연결되었다고 보기는 어렵다. 게임 캐릭터의 목소리를 담당하는 성우나 일러스트 제작자의 SNS를 문제 삼는 것은 그들의 정치적 성향마저 게임업계에 진입할 자격의 잣대였다는 점을 보여준다. 여기에는 창작자의 삶의 지표마저 검열하려는 의도가 담겨 있다. 이와 같은 사례는 게임을 통해 재현되는 형상, 게임과 관련된 제반산업에 대한 소비가 게임 자체에 집중되어 있지만은 않으며, 사이버스페이스의 담론과 밀접히 관련되어 있다는 것을 보여준다.[12] 아울러 게임을 비롯한 커뮤니티의 주요 담론은 지극히 남성 중심적인 경우가 많다는 것도 보여준다. 게임 커뮤니티는 다른 서브컬처 관련 커뮤니티와 연관되어 있으며, 고전적 의미의 플레이상에 가까운 존재들을 사용자로 상정하고 있다. 이들은 젠더를 이슈로 게임의 본질적 측면(?)의 재미가 훼손되지 않기를 바란다.

문제는 이와 같은 남성 중심의 게임 커뮤니티 담론이 플레이어들의 의견을 모두 담고 있는 것은 아니라는 점이다. 한국콘텐츠진흥원의 〈2017 게임이용자 실태조사 보고서〉에 따르면 게임 이용수치에서 여성의 61.9%, 남성은 73.8%가 게임을 이용하거나 이용했다고 답변했다. 남성보다 비율은 낮지만 여성도 높은 비중으로 게임을 접한 적이 있으며 게임을 플레이하고 있다. 이는 캐주얼 게임에 국한되지 않는다. 그러나 게임 커뮤니티에서 여성의 담론은 아

---

12) 최태섭,〈Digital Masculinity : 한국 남성청(소)년과 디지털여가〉, 연세대학교 젠더연구소 편,《그런 남자는 없다》, 오월의봄, 2017.

직까지도 수면 위에 부상하기보다는 조롱의 대상이 되거나 맥락이 삭제된 채 언급되기 쉽다.

앞서 언급한 〈클로저스〉 플레이어들이 〈소울워커〉로 대거 유입하게 된 배경에는 다양한 맥락이 존재한다. 잦은 현금 결제의 유도, 아바타 선택의 자유도 문제, 콘텐츠의 고갈과 함께 사용자가 적은 〈소울워커〉의 토착세력이 새로운 세력을 환대한 분위기도 한몫을 했다. 페미니즘과 결부된 것을 혐오하는 방법을 손쉽게 선택할 때는 사건을 둘러싼 다양한 맥락을 생략하게 된다. 플레이어의 젠더 감수성에 부합하는 전략이 게임 부흥의 향방을 좌우하는 큰 축인 것처럼 회자되었던 〈소울워커〉의 영화榮華는 불과 반년도 지나지 않아 끝났다.

4. 다중의 게임을 향하여

게이머게이트나 〈클로저스〉를 둘러싼 일련의 흐름을 보면 게임이 새로운 가치변화에는 둔감하고 기존의 법칙을 준수할 것을 요구하는 것으로 판단할 수도 있다. 그러나 기존 법칙의 모순과 은닉되어 있는 이데올로기를 비꼬는 방식 역시 게임을 통해 이루어지기도 한다. '제국empire'을 수호하는 존재인 동시에 비판자가 될 수 있는 '다중multitude'이 될 것을 주장한 위데포드와 퓨터의 논의가 대표적이다.[13]

위데포드가 차용한 제국이나 다중 같은 용어와 방법론을 제기한 사람은 네그리와 하트다.[14] 네그리가 생각한 제국은 근대적 의미의 제국이 아니다. 근대적 의미의 제국은 구별 가능한 외부를 가지며, 차이에서 기인한 차별을 정당화한다. 그러나 탈근대 제국은 좀 더 교묘한 방식으로 차이에 대응한다. 차이는 이제 제도 안에 포섭될 수 있는 안전하고 용인될 수 있는 것의 총칭이다. 그러나 이 유연하고 포괄적인 제도는 갈등 유발 가능성을 고려하지 않는 것이기도 하다.

게임 역시 제국의 질서에 포섭되어 있다. 게임은 세계를 합리적으로 시뮬레이션하고 있다고 믿게 만든다. 인종, 젠더, 연령을 비롯한 소수자의 다양성을 재현하려는 블리자드의 시도도 마찬가지였다. 〈오버워치〉는 전투에 적합하다고 생각하기 쉬운 남성의 획일적 표상에서 벗어나 신체적으로 불구이거나 늙은 캐릭터를 제시하고, 조력자에 국한되기 쉬운 젊은 여성에게도 다른 역할을 부여했다. 그러나 여기에는 게임이 제시하는 방식의 유용한 능력을 제공하는 인간되기 외의 다른 방향은 근본적으로 제시될 수 없다.

다중은 마르크스가 하나의 통일된 주체로 상정한 프롤레타리아에도, 사회계급의 무수한 복수성을 주장하는 자유주의적 논지에도 포섭되지 않는 계급적 개념이다. 다중은 통일된 정체성이라는 표현 아래 배제되는 다양성의 영역을 염두에 둔다.[15] 위데포드는 이 논의를 이어받아 제국의 충실한 수호자인 동시에 제국의 이데올로

---

13) 닉 다이어-위데포드·그릭 드 퓨터 저/남청수 역, 《제국의 게임》, 갈무리, 2015.
14) 마이클 하트·안토니오 네그리 저/윤수종 역, 《제국》, 이학사, 2001.
15) 마이클 하트·안토니오 네그리 저/조정환 외 역, 《다중》, 세종서적, 2008.

기에 균열을 가할 수 있는 주체로 다중을 설명한다. 이때 위데포드가 주목하는 것은 제국의 이데올로기에 포섭된 게임 형태와 이것을 일정 부분 계승하면서도 다른 맥락을 창출해낼 수 있는 소비자인 동시에 생산자인 플레이어로서의 다중이다.

라이온헤드 스튜디오에서 만든 〈더 무비〉는 영화제작자가 되어 상업적 성공을 거두는 영화를 만드는 것을 목표로 한 비디오게임이다. 제작사는 이 게임이 코미디나 드라마, 로맨스와 같은 다양한 연예 장르를 만들 수 있다고 광고했다. 게임을 통해 할리우드식 영화제작자가 될 수 있고 많은 사용자에게 평가받을 수 있다는 지점이 전략이었던 셈이다. 불편한 지점을 제거하고 몰입할 수 있는 요건과 자발적 노동을 유도한다는 점에서 〈더 무비〉는 제국의 속성을 고스란히 내포한 게임이다. 그러나 챈이라는 플레이어는 이 게임을 기반으로 프랑스 폭동의 시발점이 된 사건, 즉 두 명의 이주민 소년이 공권력에 의해 살해당한 사건을 다루었다. 다큐멘터리 형식으로 제작된 이 13분짜리 영화는 게임이 보여주는 매끈한 자본주의의 이면에 해당한다.

[그림 5] 〈더 무비〉의 화면과 이를 기반으로 만든 영화 〈더 프렌치 데모크라시〉.
• 출처 : 라이온헤드, 2005. 김남규, 〈피터 몰리뉴의 〈더 무비〉 한글화 및 동시발매〉, 《게임동아》, 2005.8.12. URL: http://game.donga.com/25330/
; 알렉스 챈, 2005. URL: https://www.youtube.com/watch?v=stu31sz5ivk

위의 사례에서 짐작할 수 있듯 다중의 가능성은 창조성과 전복성에서 나온다. 거대자본의 세계에 대항하는 독립 미디어가 되는 과정은 게이머 공동체에게 생소하지만은 않다. 이를 위해서는 기존 게임이 가지고 있던 영토나 재현 방식에 대한 끊임없는 의문과 반성이 필요하다. 문제를 지적하는 방식은 패러디와 같은 비틀기 형식일 수도 있고, 게임사가 제안하는 방식에 저항하는 플레이를 하는 것이 될 수도 있으며, 게임을 창작해서 게임이 보여주지 않는 이데올로기를 부각하는 방법도 있다.

타이쿤류의 게임은 패스트푸드가 전 지구적으로 자원을 소모하며 환경을 파괴한다는 점을 보여주지 않는다. 아울러 메뉴 개발 과정이나 재료 조달 방식이 인체에 유해할 수 있다는 점도 은닉한다. 오직 빠른 속도로 제품을 생산하는 과정을 동화적 표현으로 시뮬레이션할 뿐이다. 그러나 〈맥도날드〉 같은 비디오게임은 타이쿤류가 주목하지 않는 기업 성장의 이면을 잘 보여준다.

공동체라는 이상은 동일성, 즉각성, 공감의 영역에 특권을 부여한다. 공동체가 사회적으로 친근한 관계와 편안함, 상호 동일시되는 관계에 대한 욕망의 표현이라는 점은 납득할 만하다. 그러나 공동체의 주된 담론에서 타자의 위치에 놓이는 존재, 동일성에 의문을 제기하는 차이에 대한 이해는 부족하기 쉽다. 특정 공동체를 꿈꾸는 이들, 또 이를 통해 기대하는 바를 실천하려는 이들은 자신들의 집단에 속하지 않는 타자를 배제하거나 그 차이를 제거하기 위해 노력한다.[16)]

인터넷은 이러한 위험성에 더욱더 노출되어 있다. 일반적으로 인터넷을 상이한 의견의 집합이라고 생각하기 쉽지만, SNS에서 쉽게 발견할 수 있는 언팔로우나 차단, 뮤트 같은 기능은 나와 의견이 다른 사람들의 접근 가능성을 낮춘다. 오히려 인터넷은 자신과 관계있는 이들과의 유대관계를 더욱 공고하게 만드는 미디어다.[17] 게임이라는 매체를 매개로 한 공동체도 이와 마찬가지다. 특정 담론을 주도하는 해석의 장에서 이견을 제시하기는 쉽지 않다.

이 공고한 유대관계에서 느슨해질 필요가 있다. 플레이어, 나아가 모든 인간은 하나의 이해관계로만 이루어진 존재가 아니다. 삶의 여러 가지 지표와 연관된 다양하고 상이한 관계 속에서 한 인간은 다채로운 지위를 가지고 있다. 이 차이를 인식하고 하나의 절대적 가치는 존재하지 않는다는 점을 받아들여야 한다. 타자를 억압하거나 차이를 억누르지 않고 특정 담론에 동화되지 않는 타자성이야말로 담론을 건강하게 만든다. 이를 흔쾌히 받아들일 수 있는 개방적인 사회. 그것을 공동체라 부를 수 있다면 그것은 공동체의 이름을 넘어 다른 형태로 존재할 것이다.

16) 린다 맥도웰, 앞의 책.
17) 아즈마 히로키 저/안천 역, 《약한 연결 : 검색어를 찾는 여행》, 북노마드, 2016.

1. 게임 공동체의 실천은 정치적인가?

2. 게임 공동체의 가능성이 실제 삶과 유기적으로 연결될 수 있는가?

3. 2차 창작물이 원전의 권리를 훼손하는 경우는 없는가?

4. 게임 담론에서 플레이어와 개발자는 젠더 이슈에 어떤 방식으로 대처해야 하는가?

5. 주도적인 담론 밖의 다른 의견을 받아들이는 기회를 어떻게 만들 것인가?

참고자료

• 류철균·권보현, 〈디지털 게임에 나타난 미학의 정치〉, 《인문콘텐츠》, 37호, 2015, pp.91~114.

• 이인화, 《한국형 디지털 스토리텔링 : '리니지 2' 바츠 해방 전쟁 이야기》, 살림, 2005.

• 최태섭, 〈Digital Masculinity : 한국 남성청(소)년과 디지털여가〉, 연세대학교 젠더연구소 편, 《그런 남자는 없다》, 오월의봄, 2017.

• 한국콘텐츠진흥원 편, 〈2017 게임이용자 실태조사 보고서〉, 한국콘텐츠진흥원, 2017.

• 아즈마 히로키 저/안천 역, 《약한 연결 : 검색어를 찾는 여행》, 북노마드, 2016.

• 마크 더핏 저/김수정 외 역, 《팬덤 이해하기》, 한울아카데미, 2016.

• 예스퍼 율 저/이정엽 역, 《캐주얼 게임》, 커뮤니케이션북스, 2012.

• 린다 맥도웰 저/여성과 공간 연구회 역, 《젠더, 정체성, 장소 : 페미니스트 지리학의 이해》, 한울아카데미, 2010.

• 마이클 하트·안토니오 네그리 저/윤수중 역, 《제국》, 이학사, 2001.

• 마이클 하트·안토니오 네그리 저/조정환 외 역, 《다중》, 세종서적, 2008.

• 닉 다이어-위데포드·그릭 드 퓨터 저/남청수 역, 《제국의 게임》, 갈무리, 2015.

• 레이먼드 윌리엄스 저/김성기·유리 역, 《키워드》, 민음사, 2010.

• Cellia Pearce & Artemesia(2009), *Cummunities of play : emergent culture in multiplayer games and virtaul world*, Cambridge, Mass.: MIT Press.

• Jenkins Henry, *Fans, bloggers, and gamers : exploring participatory culture*, New York University Press, 2006.

• Michael Salter(2017), From geek masculinity to Gamergate : The technological rationality of online abuse, *Crime, Media, Culture*, 14, 247-264.

• Katie Salen & Eric Zimmerman(2003), *Rules of Play : game design fundamentals*, Cambridge, Mass.: MIT Press.

전자 매체

• 김남규(2005·8·12), 피터 몰리뉴의 〈더 무비〉 한글화 및 동시발매, 〈게임동아〉. URL: http://game.donga.com/25330/

• 마인크래프트 건축 Project B. URL: https://www.facebook.com/1618080855129674/photos/a.1707691036168655.1073741829.1618080855129674/1745553312382427/?type=3&theater

• Caitlin Dewey(2014·10·4), The only guide to Gamergate you will ever need to read, *The Washington Post*, URL: https://www.washingtonpost.com/news/the-intersect/wp/2014/10/14/the-only-guide-to-gamergate-you-will-ever-need-to-read/?utm_term=.3e69c82a30ce

• Carly Smith(2013·12·4), Depression Quest Dev Faces Harassment after Steam Submission-Update, *The Escapist*, URL: http://www.escapistmagazine.com/news/view/130525-Depression-Quest-Dev-Faces-Harassment-after-Steam-Submission-Update

• URL: https://www.youtube.com/watch?v=stu31sz5ivk

09

e스포츠

강신규

주요 개념 및 용어 : e스포츠, 프로게이머, 보는 게임

대표적인 게임문화로서 e스포츠에 대해 논의한다. 구체적으로는 첫째, e스포츠가 무엇이며 어떤 특성을 지니는지 살핀다. 둘째, e스포츠가 지금까지 그려온 궤적을 살피고 그 과정에서 누적돼온 한계와 가능성을 드러낸다. 셋째, e스포츠의 사회적 의미를 논의한다. 마지막으로, e스포츠의 미래를 전망한다.

1. 들어가며

인터넷 포털사이트뿐 아니라 주요 일간지와 시사지 등에 e스포츠electronic sports를 다룬 섹션이 별도로 만들어진 것은 어제오늘의 일이 아니다. 2000년대 들어 등장한 게임전문 채널에서는 날마다 e스포츠 경기를 생중계하고 있고, 인터넷 동영상 서비스 시청순위 상위권에 e스포츠 경기가 다수 포함돼 있다. 2018년 기준 프로

게임단은 SKT T1, KT 롤스터, 한화 라이프 이스포츠 등 11개이며, 이에 속한 프로게이머는 82명이다.[1] 2006년 88개, 상금 26억 원 규모[2]에 불과했던 국내 e스포츠 대회는 2017년 83개, 상금 67.3억 원 규모로 성장했다.[3] 2017년 기준 국내 e스포츠 산업규모는 973억 원에 달하며, e스포츠를 즐기는 인구도 2천만이 넘는 것으로 알려져 있다.[4] e스포츠가 어떻게 우리 일상에 깊숙이 자리하게 되었는지에 대한 진술을 찾기도 어렵지 않다.

[그림 1]
10만 관객이 운집한 2004년 광안리대첩.
• 출처: OGN(http://ogn.tving.com/ogn)

한국에서 e스포츠가 하나의 새로운 문화로 안착했다는 것을 전 세계에 알린 사건은 2004년 7월 부산 광안리 해변에서 열린 'Sky 프로리그 2004' 1라운드 결승전이었다. 무려 10만 명의 관중이 몰려 화제가 된 이 결승전은 '광안리대첩'으로 불리었다. 같은 시간 부산 사직구장에서 열린 프로야구 올스타전의 관중이 1만 5천 명이었다는 점을 감안하면, e스포츠가 기존 스포츠에 비해 얼마나 우

1) 한국콘텐츠진흥원, 《2018 이스포츠 실태조사》, 2018.
2) 한국콘텐츠진흥원, 《2010 대한민국 게임백서(상)》, 2010.
3) 한국콘텐츠진흥원, 《2018 대한민국 게임백서》, 2019.
4) 한국콘텐츠진흥원, 《2018 이스포츠 실태조사》, 2018.

리의 주목을 받는 여가활동이 되었는지를 짐작할 수 있었다. 이후에도 한동안 e스포츠의 인기는 계속되었고, 조금씩 관중이 줄기는 했지만 광안리대첩도 2010년 7차까지 큰 무리 없이 진행되었다.

물론 2004년과 2018년 e스포츠의 전경에는 많은 차이가 있다. 한국에서는 e스포츠의 인기가 예전만 못하며, 이제 2004년의 광안리대첩 같은 전성기는 돌아오지 않을 것이라는 주장도 나온다. 게임의 중심이 온라인/역할수행게임role playing game(이하 'RPG')과 실시간전략게임real time strategy(이하 'RTS')에서 모바일/캐주얼게임으로 이동한 데다 스타 프로게이머들의 인기도 이전 같지 않으며, 다음에서 더 자세히 언급하겠지만 과거 승부조작사건 등으로 상처를 입은 팬들의 마음도 완전히 치유되지는 않았다는[5] 것이다.

하지만 그런 우려나 회의에도 불구하고 특히 해외에서는 새로운 산업과 문화로서의 e스포츠에 대한 기대가 점점 증가하고 있다. 트위치처럼 게임에 특화된 인터넷 개인방송 플랫폼이 부상하고, ESPN, Sky와 같은 전통적 스포츠 방송사들이 e스포츠 중계에 나서면서 스트리밍 수익을 둘러싼 경쟁이 치열해지고 있는 상황이다.[6] e스포츠가 새로운 마케팅 도구로 부상함에 따라 이용자층이 확대되고 e스포츠의 영향력이 증가하며 그 문화도 다양화·세분화될 것

5) 원태영, "한국 e스포츠의 명과 암", 시사저널e, 2017. 1. 11. URL: http://www.sisajournal-e.com/biz/article/163322: 이명국, "다시 돌아온 추억의 스타, 3040 아재도 PC방 컴백", 〈국방일보〉, 2017. 4. 5. URL: http://kookbang.dema.mil.kr/kookbangWeb/view.do?parent_no=1&bbs_id=BBSMSTR_000000001183&ntt_writ_date=20170406

6) Portafolio, Los E-sports ¿Pueden ser un deporte importante los videojuegos? 2017. 11. 10. URL: http://www.portafolio.co/innovacion/los-e-sports-pueden-ser-un-deporte-importante-los-videojuegos-511549

이라는 전망[7]이 나오고 있다.

e스포츠의 가능성에 과도하게 주목하는 것도, 그것을 지나치게 낮춰보는 것도 적절하지 않아 보인다. 이 장에서는 e스포츠의 과거와 현재를 입체적으로 들여다보고 미래를 전망하고자 한다. 논의의 세부 구성은 다음과 같다.

첫째, e스포츠가 무엇이며 어떤 특성을 지니는지 살핀다.

둘째, e스포츠가 지금까지 그려온 궤적을 살피고, 그 과정에서 누적돼온 한계와 가능성을 드러낸다.

셋째, e스포츠의 사회적 의미를 논의한다.

마지막으로, e스포츠의 미래를 전망한다.

2. e스포츠란 무엇인가

1) e스포츠의 정의

e스포츠는 1990년대 초중반까지 사이버 애슬릿cyber athlete, 디지털 애슬릿digital athlete, 프로게이밍progaming 등 합의되지 않은 여러 이름으로 불렸다. 그러다 2000년 2월 (사)21세기프로게임협회(현 한국e스포츠협회) 창립행사 때 문화부(현 문화체육관광부) 박지원 장관의 축사에 언급된 뒤부터 본격적으로 e스포츠라 불리게 되었다.

---

7) Wiseman, L., The future of esports marketing. Venturebeat, 2017. 11. 9. URL: https://venturebeat. com/2017/11/09/the-future-of-esports-marketing-2/

「이스포츠(전자스포츠) 진흥에 관한 법률」제2조 제1호에는 e스포츠가 "게임물을 매개로 하여 사람과 사람 간에 기록 또는 승부를 겨루는 경기 및 부대활동"으로 정의되어 있다. 여기서 '게임물'은 "컴퓨터 프로그램 등 정보처리 기술이나 기계장치를 이용하여 오락을 할 수 있게 하거나 이에 부수하여 여가선용, 학습 및 운동효과 등을 높일 수 있도록 제작된 영상물 또는 그 영상물의 이용을 주된 목적으로 제작된 기기 및 장치"(「게임산업진흥에 관한 법률」제2조 제1호)를 말한다.

그러나 좀 더 구체적으로 살펴보면 e스포츠를 크게 협의·중의·광의로 구분하는 것이 가능하다. 좁은 의미의 e스포츠는 '게임을 이용한 경기 또는 대회'를 의미하지만, 더 넓은 의미로는 '게임을 이용한 경기 또는 대회현장 참여, 전파를 통해 전달되는 중계의 관전, 이와 관계되는 온오프라인 문화활동' 등을 총칭하는 개념으로 사용된다.

〔표 1〕 e스포츠의 정의

구분	내용
협의적 정의	실제 세계와 비슷하게 가상으로 구축한 전자 환경에서 경쟁과 유희성 등의 요소를 포함하며, 정신적·신체적인 능력을 활용하여 승부를 겨루는 여가활동을 통칭
중의적 정의	1항이 이루어지는 경기 또는 대회의 현장에 직접 참여하거나 전파를 통해 전달되는 것을 관전하는 여가활동을 의미
광의적 정의	1항과 2항으로부터 비롯되거나 관계되는 커뮤니티 활동 등의 온오프라인 문화활동 전반을 내포

• 출처 : 한국e스포츠협회·한국게임산업진흥원, 〈e-Sports 기초연구조사〉, 2006.

2) e스포츠의 특성과 구성주체

e스포츠는 경기장, 선수 간 경쟁, 규칙 등의 스포츠적 요소 및 (스타) 프로게이머, 팬 등과 같은 엔터테인먼트 요소가 결합된 '스포테인먼트sportainment'로 볼 수 있다. 하지만 일반적인 특성 면에서 게임이 e스포츠의 많은 부분을 포함한다 해도 게임 자체가 e스포츠는 아니다. 즉, e스포츠만의 차별적 특성이 존재한다. 이러한 특성은 이른바 e스포츠의 요건과도 같으며, 이를 핵심적 특성과 부가적 특성으로 구분해 살펴보면 [표 2]와 같다.

〔표 2〕e스포츠의 특성

구분		내용
핵심적 특성	공정한 경쟁조건	• 아이템이나 캐릭터의 특성이 승패에 영향을 미치는 게임 배제 – 이를테면 레이싱 게임 경기에서 아이템전은 배제되며, 오로지 스피드전만 진행 – 운이나 우연적 요소가 크게 작용하는 도박류 게임은 제외
	일정시간 내에 종료	• 무제한의 시간이 필요한 역할수행게임 등은 제외
	정신과 신체의 협응	• 빠르고 정확한 판단과 신체적 움직임 요구 – e스포츠에서 요구하는 신체적 움직임은 마우스 및 키보드와 같은 인터페이스 조작에 국한돼 오프라인에서 이뤄지는 스포츠의 신체적 움직임에 비하면 제한적
부가적 특성	사람과 사람 간 경쟁	• 사람 대 컴퓨터(혹은 게임기) 간의 게임은 제외
	참여뿐 아니라 '보는' 재미를 제공	• 직접 참여하면 재미있지만 타인의 경기를 보는 것이 지루한 종목은 e스포츠가 스포테인먼트라는 점을 고려할 때 흥행을 기대하기 어려움.
	유의미한 기록 산출	• 노력과 재능으로 일반인이 따라잡기 어려운 기록 산출 – 골프의 경우 적은 타수로 공을 홀에 넣으면 이긴다는 것을 알지만 실제 적은 타수를 기록하기는 매우 어려움.

• 자료 : 산업연구원, 〈e스포츠 산업의 경제적 효과분석 — 프로구단 운영 및 대회개최의 수익성 분석을 중심으로〉, 2007, 1~2.

e스포츠를 구성하는 주체들은 다음과 같다. 첫째, 실제 경기를 행하는 프로게이머, 선수들의 훈련과 관리를 담당하는 프로게임단 (감독, 코치 등) 등 참여 스포츠로서 e스포츠를 구성하는 '생산주체'가 있다. 둘째, 게임전문 채널, 관련 잡지, 인터넷사이트 등의 미디어와 전용경기장 운영 등을 통해 경기를 관람자에게 직간접적으로 전달하는 '유통주체'를 들 수 있다. 마지막은 관람 스포츠로서 e스포츠를 구성하는 '소비주체'로서 유통된 e스포츠를 소비하고 또 다른 새로운 문화를 생산해내는 e스포츠 수용자들이 이에 속한다. 뿐만 아니라 e스포츠를 통해 수익을 창출하고자 하는 기업과 이를 지원하는 기관들의 구성요소, 관련 대회, 리그, 대상 종목 등의 인프라도 구성 주체에 포함해야 한다.[8]

3. 한국 e스포츠의 궤적 : PC방배 대회에서 인터넷 게임방송까지

1) 태동기 : 1999~2004년

e스포츠는 e스포츠라는 용어가 생기기 전부터 존재해왔다. 1990년대 초반 단순한 네트워크 대전 격투게임들이 나오면서 플레이어 간 경쟁이 시도됐는데, 이때 일본과 미국을 주축으로 이벤트적 요소가 강한 소규모 대회가 생겨나기 시작했다. 그리고 1990년대 후

---

8) 산업연구원,《e스포츠 산업의 경제적 효과분석 – 프로구단 운영 및 대회개최의 수익성 분석을 중심으로》, 2007; 채희상·강신규,〈e스포츠의 스포츠 범주화에 대한 탐색적 연구〉,《한국게임학회 논문지》, 제11권 제3호, 2011, pp.85~95.

반 인터넷이 보급되고 전 세계가 네트워크화하면서 게임도 물리적 한계를 초월해 플레이어와 플레이어가 가상공간에서 직접 대결을 펼치는 형태로 발전해 나갔다.[9]

1998년 PC방의 등장과 〈스타크래프트〉의 출시는 e스포츠의 시작에 결정적인 역할을 했다. PC방은 당시 〈스타크래프트〉 모임과 커뮤니케이션의 장소로 사용되면서[10] 젊은 층을 위한 새로운 놀이 문화의 장으로 자리를 잡았다. 단순히 즐기는 수준을 넘어 게임 플레이를 직업으로 삼는, 이른바 '프로게이머'[11]가 세계 최초로 한국에서 등장하게 된 것도 이때다.

그리고 1999년 10월 세계 최초의 방송 대회라 할 수 있는 '99 프로게이머 코리아 오픈(99 PKO)'이 만화채널 투니버스를 통해 방송되었다.[12] 당시는 게임방송의 틀이 잡히지 않아 방청객 없이 게이머들 간의 대결만 TV로 방송했지만, 이는 단순히 게임을 '하는' 것에서 '보는' 수준으로 확장한 세계 최초의 시도였다.[13]

---

9) 오정연, 〈게임 그 이상, 새로운 스포츠 장르 e스포츠〉, 《NCA Issue Report》, 제17호, 2006.

10) 윤선희, 〈PC방과 네트워크 게임의 문화연구 : 스타크래프트를 중심으로〉, 《한국언론학보》, 제45권 2호, 2001, pp.316~348.

11) 각종 게임 경기 또는 대회에 참가하는, 말 그대로 게임 플레이를 직업으로 삼는 이들을 프로게이머라 부른다. 최초의 프로게이머는 신주영(본명 박창준)으로 알려져 있다. e스포츠계를 대표하는 해설진으로 손꼽히는 김태형 해설위원이 한국인 최초로 배틀넷 래더 토너먼트 우승을 한 인물인데도 신주영이 '최초라는 수식어를 가져간 이유는 그가 프로게이머라는 직업의 성공 가능성을 가장 먼저 제시했기 때문이다. (김미희, 2010·5·9) 신주영의 가장 큰 업적으로는 초창기 저그 종족의 전략 및 전술 정립이 꼽힌다. (김미희, 2010·5·9)

12) 김미희, "스타리그 연대기 1부, e스포츠의 태동기를 말하다", 《게임메카》, 2010. 5. 9. URL: http://www.gamemeca.com/feature/view.php?gid=124981

13) 강신규·채희상, 〈문화적 수행으로서의 e스포츠 팬덤에 관한 연구 : 팬 심층인터뷰 분석을 중심으로〉, 《미디어, 젠더 & 문화》, 18호, 2011, pp.5~39.

팬들의 호응으로 다음 해인 2000년 2월에는 '하나로통신배 투니버스 스타리그'가 개최되었다. 이는 사상 최초로 '스타리그'라는 명칭을 사용하면서 스폰서가 리그명에 포함된 대회였다. 결과는 대성공이었으며, 같은 해 7월 게임 전문채널인 온게임넷(현 OGN)이 만들어지고 본격적인 〈스타크래프트〉 프로리그 시대가 열린다.[14)

프로게임단을 후원하는 대기업들의 광고효과 극대화라는 니즈에 힘입어 프로리그의 규모는 지속적으로 확대되어갔다. 그리고 앞서 언급한 2004년의 광안리대첩은 e스포츠의 인기와 영향력, 홍보효과에 대한 긍정적 시선을 사회에 확산하는 계기로 작용했다.

2) 제1기 : 2005~2010년

2005년부터는 한국 e스포츠가 프로리그를 중심으로 본격적인 성장을 시작했다. 2005년은 온게임넷과 MBC게임에서 별도로 진행되던 프로리그가 (사)e스포츠협회의 출범과 함께 통합된 해이기도 했다. 이후 2007년부터는 프로리그가 주 5일간 방송되었다. 개인리그가 수·금·토·일에 제작·방송되었음을 감안하면 시청자들은 〈스타크래프트〉를 일주일 내내 볼 수 있었다는 의미다.

2007년에는 e스포츠 최고의 아이콘이라고 할 수 있는 임요환 선수의 군입대에 발맞춰 공군 e스포츠 게임단인 '에이스팀'이 창단됐

---

14) 정철운, "요즘 세대에게 게임은 삶이다", 《PD저널》, 2010. 8. 7. URL: http://www.pdjournal.com/news/articleView.html?idxno=28601

다. 팀이 해체된 2012년까지 공군 에이스팀은 프로게이머들의 병역문제 해결과 선수생명 연장에 최적의 수단으로 기능했다.

2008년에는 새로운 중계 플랫폼인 곰TV가 e스포츠 시장에 본격적으로 뛰어들었다. 2007년 곰TV배 MSL로 e스포츠 중계를 시작한 곰TV는 e스포츠가 자사 동영상 재생 플랫폼의 성공적인 시장 진입에 크게 기여할 것으로 판단해 자체 리그인 곰TV '스타 인비테이셔널'을 기획했다. 이 리그는 별도의 TV 송출 없이 인터넷을 통해서만 서비스된 최초의 리그였다.

이 시기에는 긍정적인 일뿐 아니라 부정적인 일도 다수 발생했다. 대표적인 사건은 2007년 프로리그 중계권 파동에서 비롯된 지식재산권 분쟁이었다. 당시 한국e스포츠협회는 프로리그의 중계권을 온게임넷과 MBC게임에 유료로 판매하려고 했으나, 종목사인 블리자드엔터테인먼트(이하 '블리자드')의 개입으로 무산됐다. 이 분쟁은 이후 블리자드에서 세계 최초의 〈스타크래프트 2〉 리그인 'GSL 오픈시즌'을 론칭할 때 한국e스포츠협회 및 온게임넷 등과 협력하지 않고 당시로서는 신생 방송사였던 곰TV와 파트너십을 체결하게 된 주요 요인으로 작용했다.

2010년 5월 벌어진 프로리그 승부조작 사건도 언급하지 않을 수 없다. 당시 많은 팬덤을 보유하고 있던 인기 프로게이머들이 핵심인물로 연루됐을 뿐 아니라 조작이 조직적·구조적으로 이루어졌고 사리사욕을 채우는 것이 목적이었다는 점에서 이 사건은 팬들뿐 아니라 한국 사회 전체에 큰 충격을 주었다. 승부조작은 지식재산권 분쟁, 게임 채널의 적자 누적, 대체 종목의 부재 등으로 인해 어렵게 유지되던 프로리그가 사실상 마침표를 찍게 된 사건이었다. 또, '순수', '열정'과 같은 캐치프레이즈를 내걸었던 e스포츠에 대한 부정적 인식이 사회에 확산되는 계기가 되었다.

3) 제2기 : 2011년 이후

2007년 중계권 파동으로 갈등을 빚었던 블리자드와 국내 e스포츠업계는 2011년 블리자드-e스포츠협회 간에 협력관계를 구축한다. 이는 프로리그 승부조작사건 이후 침체기로 접어든 e스포츠를 어떻게든 되살려보려는 업계의 시도이기도 했다. 블리자드로서도 방송사 주도로 리그가 형성되면서 종목사인 자신들에게 주도권이 없었던 〈스타크래프트〉 때와는 달리 〈스타크래프트 2〉부터는 영향력을 확대할 수 있었다. 이러한 계획의 일환으로 2013년 블리자드는 월드챔피언십 시리즈를 출범시키면서 전 세계의 리그를 블리자드의 운영·지원 하에 관리하려 했다. 다만 이후 2012년 온게임넷에서 스타리그를 종료하고 프로리그마저도 스포티비 게임즈^{SPOTV Games}로 넘어가게 됨에 따라 국내에서는 블리자드의 영향력이 점차 감소했다.

2012년 'LOL 인비테이셔널' 개최를 통해 〈리그 오브 레전드〉의 가능성을 확인한 온게임넷은 추후 자사 콘텐츠 제작 역량을 〈리그 오브 레전드〉에 집중했다. 국내 선수들이 해외 유명선수들에 비해 실력이 부족했던 초창기가 빠르게 지나간 뒤, 정식리그 론칭 2년 차인 2013년 월드챔피언십 SKT1에서 우승하고 2014년 한국 개최 후 상암월드컵경기장 유료관객 4만 명을 달성하는 등의 성과를 보이며 〈리그 오브 레전드〉는 온게임넷의 핵심 킬러 콘텐츠로 자리 매김하였다. 이 시기에 찾아온 변화는 지금까지도 e스포츠 리그에 큰 영향을 미치고 있다.

한편, 〈스타크래프트 2〉 리그는 2015년 10월 다시 한 번 발생한 승부조작사건으로 회복할 수 없는 이미지 타격을 입었다. 프로리그 운영에서는 새내기에 불과했던 아프리카TV가 의욕적으로 참여하는 등 여러 시도가 있었지만, 승부조작으로 얼룩진 이미지와 게임의 저조한 흥행으로 인해 2016년 10월 〈스타크래프트 2〉 프로리그는 폐지되고 말았다.

온게임넷 등 국내 방송사 위주로 e스포츠가 진행되었던 초창기와는 달리 현재는 라이엇 게임즈Riot Games, 블리자드 등 종목사가 중심이 되어 리그를 진행하고 있다. 일찍이 블리자드 중계권 파동에서 벌어진 지식재산권 논란을 보거나 겪은 게임사들이 e스포츠 리그 운영의 주도권을 놓으려 하지 않았기 때문이다. 특히 e스포츠 리그의 운영과 흥행이 자사 게임의 흥행에도 적지 않은 영향을 미친다는 사실을 체감한 게임사들은 리그 운영과 관련해 영향력을 점차 확대해 나가고 있다. 이에 따라 게임사들의 투자가 확대되어 e스포츠 리그의 규모가 세계적으로 점차 성장해 나가고 있다는 점은 고무적이다. 하지만 해외 종목사들의 게임에 의존하고 있는 한국으로서는 주도권 상실이라는 현실과 마주할 수밖에 없게 되었다.

4. e스포츠 문화

1) 게임의 미디어적 속성과 e스포츠 수용자의 참여 방식

e스포츠 수용은 게임의 미디어적 속성으로 인해 다른 문화장르의 수용과는 본질적으로 다르게 형성된다. 드라마, 영화, 애니메이션, 대중음악 등의 수용자는 기본적으로 텍스트를 보거나 듣는 행위를 통해 이해한다. 하지만 e스포츠 수용자는 특정 게임 경기를 '보는' 동시에 해당 게임을 '플레이'할 수 있다. 게임은 수용자의 플레이를 통해서만 시작되고 진행되며 끝나기 때문이다. 바로 여기에서 게임을 '하면서 – 보는playing-seeing' e스포츠 수용이 보기만 하는 대부분의 미디어 수용과 다른 이유를 찾을 수 있다.

이러한 특성으로 인해 e스포츠 수용은 더 적극적이고 능동적이며 실천적인 양상을 보일 가능성이 있다. 수용자의 참여를 필요로 하는 게임의 특성은 필연적으로 수용자의 경험 축적과 연관된다. 게임을 플레이하는 수용자가 게임에 흥미를 느끼려면 게임의 규칙과 인터페이스interface에 일정 정도 익숙해질 필요가 있기 때문이다.

게임의 규칙과 인터페이스에 통달하는 데는 시간과 노력이 필요하다. 이 과정에서 수용자는 게임과 관련한 다양한 지식과 능력을 축적하게 된다. 물론 영화, 만화, 드라마 등을 즐기는 팬들도 텍스트의 내용, 구조, 대사, 소품, 음악 등 세세한 것까지 단순한 수용자들은 알 수 없을 만큼의 지식과 능력을 축적한다. 그러나 게임의 경우 수용자들이 소비한 시간은 수용자들에게 게임 플레이에 대한 주관적 만족을 주거나 지식을 쌓게 하는 데 그치지 않는다. 게임에 들인 시간은 게임 속 세계에 대한 익숙함을 체득시키고 게임을 통해 이루어지는 지위, 위상, 아이템, 점수 등 실질적 보상을 준다는 점에서 차별점이 있다.[15] 이러한 실질적 보상은 수용자를 게임에 더 집중하게 만드는 기제가 되기도 한다.

게임을 '하는' 수용자들은 게임 경기를 '보고' 그것에 적극 참여하는 이중의 과정을 거쳐 e스포츠 수용 문화를 형성한다. 게임 경기를 보고 지내는 동안에도 게임을 하는 수용자들의 행위는 지속된다. 그러나 여기서 지속되는 게임 플레이는 이전의 것과는 같지 않은데, 게임 경기를 보는 행위를 통해 게임에 대한 문화적 자산이 축적되었기 때문이다. 이렇게 축적된 자산은 게임을 하는 행위에 반영되며, 종종 강하게 작용해서 게임을 더 잘하고 싶게 하거나 더 많이 하고 싶게 만드는 계기가 된다. 게임을 '하는' 수용자들은 게임 경기를 '보고' 그것을 다시 게임을 '하는' 데 활용한다.

e스포츠 수용의 이러한 측면은 기존 미디어 수용 논의로는 설명될 수 없다. 이는 게임이 참여적 속성이 있다는 점, 그렇기에 팬들이 게임 참여 경험으로 e스포츠에 입문하게 된다는 점 외에 게임에 대한 접근성이 비교적 높다는 데서도 원인을 찾을 수 있다. 무엇보다 게임은 컴퓨터나 비디오 콘솔과 같은 하드웨어만 있으면 플레이할 수 있고, 게임을 하려고 사람들이 한 장소에 많이 모일 필요도 없다. 스포츠라고 명명되기는 했지만 일반 스포츠에 비하면 그것을 하기 위한 신체능력이 크게 필요하지도 않다.

---

15) 전경란, 〈디지털 게임 팬덤에 관한 연구〉, 《게임산업저널》, 19호, 2008, pp.26~45.

그리고 무엇보다도 e스포츠 전용 경기장에서 프로게이머가 입은 것과 같은 옷을 입고 경기를 펼칠 수는 없지만, 프로게이머가 선택한 종족으로 같은 맵에서 같은 전략으로 플레이를 해볼 수는 있다. 물론 일반 플레이어와 프로게이머 사이의 실력차는 대단히 크다. 이는 단순히 컨트롤 때문만은 아니며, 그들이 연구하고 연습해서 보여주는 전략 때문이기도 하다. 이 전략은 기본적으로 창의성과 관련되며, 따라서 기발하고 새로운 전략이 팬들의 입장에서는 창조적인 것이 된다. 그 전략은 팬들을 통해 활용되면서 그들이 지닌 문화적 자산과 어우러져 또다시 새롭게 재창조되어 그들의 일상으로 스며드는 계기가 된다.

e스포츠 커뮤니티에서 게임에 대한 이해와 지식은 수용자의 경험적 차원에 그치지 않고 이를 교류하는 행위로 이어진다. 자원을 효과적으로 관리하거나, 상대 플레이어의 캐릭터를 좀 더 효율적으로 제거하거나, 유닛을 좀 더 효율적으로 컨트롤할 수 있는 방법 등은 온오프라인 공략 모임으로 발전해 나간다. 이를 통해 수용자 개인이 지닌 경험은 그것이 상대방에게 받아들여질 만한 내용이라는 전제 하에 공적인 것이 된다. 수용자들이 공유하고 유지하는 e스포츠를 중심으로 만들어진 정체성은 이러한 교류를 통해 지속적으로 형성되고 발전해 나간다. 이렇듯 다른 미디어 수용과 비교할 때 e스포츠 수용이 지니는 차이점은 분명히 존재한다. 그러나 e스포츠 수용은 기존 미디어 수용의 범위를 벗어나 완전히 새롭게 구성된다기보다는 그것을 확장하는 특징을 지닌다 할 수 있다.[16]

2) 보는 게임으로서의 e스포츠

(1) 게임을 본다는 것

게임 '보기'는 언제나 '하기'와 함께해왔다. 여기서 게임을 본다는 것은 플레이어 스스로 플레이 화면을 보는 것이 아니라 다른 사람이 하는 것을 구경하거나 스포츠 경기나 텔레비전 프로그램처럼 관람/시청하는 행위를 의미한다. 화면 속 게임세계와 상호작용하는 과정은 플레이어뿐 아니라 화면 앞에 있는 다른 사람들도 동시에 볼 수 있다. 그렇기 때문에 꼭 함께하는 것이 아니라 해도 다른 사람과 한 공간에서 게임을 하는 행위는 다른 사람이 게임하는 것을 보는 행위와 자연스럽게 맞물릴 수밖에 없다. 게임 플레이에서 직접 하는 것이 가장 중요하거나 즐거울 수 있는 경험이라 해도 타인이 하는 모습을 보는 것 역시 충분히 흥미롭고 그 자체로 의미를 가지는 일이다.[17]

e스포츠 방송 이전의 게임 보기, 이를테면 전자오락실이나 플레이스테이션방, PC방, 집에서 게임을 보는 것은 그 자체가 게임 '하기'를 전제로 한다. 오로지 게임을 구경하기 위해 전자오락실, 플레이스테이션방, PC방 등을 들락거리는 경우는 거의 없다. 하지만 e스포츠를 통해 게임 보기는 그 자체로 게임을 즐기는 하나의 독

---

16) 강신규·채희상, 〈문화적 수행으로서의 e스포츠 팬덤에 관한 연구 : 팬 심층인터뷰 분석을 중심으로〉, 《미디어, 젠더 & 문화》, 18호, 2011, pp.5~39.
17) 이경혁, 《게임, 세상을 보는 또 하나의 창》, 로고폴리스, 2016.

립적 행위가 된다. e스포츠를 보는 것은 크게 현장에서 직접 경기를 관람하는 경우와 경기장이 아닌 다른 곳에서 미디어 기기를 통해 경기를 시청하는 경우로 구분된다.

e스포츠 방송 시청은 다시 전문 유료방송 채널이나 인터넷 동영상 서비스 플랫폼 등을 통해 중계방송을 시청하는 경우와 인터넷 개인방송 플랫폼이나 채널을 통해 진행자(들)가 게임하는 것을 시청하는 경우로 나뉜다. 두 경우 모두 TV 수상기, 데스크톱이나 랩톱, 스마트폰, 태블릿PC 등의 기기를 매개로 게임하는 사람과 보는 사람이 연결된다. 그것은 동일한 물리적 공간에 있는 사람들 간에 이뤄져온 공동의 경험을 방송을 보는 모든 사람의 경험으로 확장한다. 방송을 매개로 한 e스포츠 보기는 게임과 방송을 즐기는 데 있어 갈수록 중요한 위치를 차지할 것으로 보인다.[18]

(2) e스포츠 중계방송의 수용구조

e스포츠 중계는 경쟁과 규칙, 경기를 하는 사람과 보는 사람, 경기장, 미디어 등의 스포츠적 요소와 프로게이머, 팬 등과 같은 연예오락적 요소가 결합돼 스포츠 중계와 유사하다. 하지만 현장의 조명과 음향, 중계 카메라의 구도와 시점 등은 관람객/시청자를 마치 직접 게임을 하는 듯한 수준으로까지 몰입시킴으로써 (실제 해당 게임을 하는 사람이든 그렇지 않은 사람이든 상관없이) 게임을 하지 않는 상태인데도 보는 사람으로 하여금 경기에 동참할 수 있게 한다.

---

18) 강신규, 〈새로운 방송 콘텐츠로서 e스포츠의 가능성〉, 《미디어 이슈 & 트렌드》, 9호, 2018, pp.75~88.

무엇보다 미디어 기기를 통해 보는 e스포츠 경기는 현장에서 관람하는 것과는 달리 VOD^{video on demand}를 통해서 반복 시청과 지핑^{zipping}이 가능해 시청자들의 게임 실력 향상에도 기여할 수 있다는 특징이 있다. 일반인의 게임 플레이를 구경하는 것과 달리 프로게이머의 경우 수준 높은 경기력이 보장되고, 해설이 포함되며, 스포츠처럼 중계를 해주는 데다 3인칭 시점에서 전체 플레이 모습을 보여주기 때문에 시청자는 게임을 '본다'는 느낌을 더 강하게 받을 수 있다.

모바일 기기를 통해서도 언제 어디서나 중계를 보는 일이 가능하기 때문에 SNS에서 수많은 사람들과 실시간 댓글로 의견을 주고받으면서 지루하지 않게 중계를 보기도 한다. 온라인상에서 불특정 다수와 같은 경기를 보며 의견을 공유하고 공감하는 것은 e스포츠 시청이 낳은 새로운 연대 문화로서 관심사가 비슷한 사람들끼리 한데 모여 꽤 깊이 있는 이야기를 나누는 것이 특징이다. 게임 플레이 자체를 통해 배우기도 하지만, 그보다 게임을 플레이하는 사람들 간의 커뮤니케이션이 주는 즐거움도 존재한다.[19]

(3) 인터넷 e스포츠 방송의 현황 및 수용구조

인터넷 개인방송도 e스포츠를 적극 수용하고 있다. 전·현직 프로게이머가 인터넷 개인방송 채널이나 플랫폼을 통해 소규모 리그

---

19) 강신규·원용진·채다희, 〈메타/게임(meta/game)으로서의 게임 보기〉, 《한국방송학보》, 33권 1호, 2019, pp.5~43.

나 자신이 플레이하는 화면을 송출해 인기를 얻기도 한다. 아프리카TV는 e스포츠 메뉴에 프로게이머 BJ를 위한 별도의 공간(http://esports.sports.afreecatv.com/?control=progamer)을 마련해 시청자들이 프로게이머의 좀 더 친밀한 모습과 만날 수 있게 하고, 더욱 편안한 환경에서 그들의 경기를 즐길 수 있게 해준다.

하지만 무엇보다 인터넷 e스포츠 개인방송의 특징은 전문 BJ들의 방송에서 비롯된다. 실제로 인터넷 개인방송 플랫폼에서 전문 BJ들은 프로게이머보다 큰 입지를 차지하고 있다. 2018년 3월 25일 기준 가장 인기 있는 게임 크리에이터 중 한 사람인 양띵(본명 양지영)의 유튜브 채널 구독자 수는 179만 명, 동영상 누적조회 수는 14억 5,277만 회가 넘는다. 또 다른 인기 크리에이터 대도서관(본명 나동현)의 채널(buzzbean11) 구독자 수는 170만 명, 동영상 누적조회 수는 9억 5,528만 회다. 반면, 프로게이머 출신 이영호의 채널(이영호FlaSh) 구독자 수는 114,309명, 이윤열의 채널(NaDa나다) 구독자 수는 24,231명에 불과하다. 인기 아이돌 EXO의 채널 구독자 수가 810,722명, 동영상 누적조회 수가 44만 회임을 감안하면 유튜브에서 인기 게임 크리에이터 양띵이나 대도서관이 차지하는 위상이 어느 정도인지 알 수 있다.

최근 게임전용 인터넷 개인방송 서비스인 트위치의 인기는 적어도 e스포츠 분야에 있어서는 유튜브를 위협할 정도다. 한국 트위치가 2018년 2월 7일 발표한 〈2017년 트위치 글로벌 총결산〉에 따르면, 2017년 1년간 전 세계 트위치 시청자들의 총 시청시간은 3,550억 분, 일간 고유방문자 숫자는 1,500만 명 이상이다. 총 제휴자는 15만 명 이상이며, 트위치를 통해 이익을 발생시키는 창작자의 증가율은 무려 223%에 달했다. 트위치의 성공비결은 시청의 편리함, 게임 중계에 최적화된 인터페이스, 매달 콘텐츠 제작자에게 후원하는 구독 시스템이나 유료 아이템을 통해 후원하는 '치어 cheer' 같은 수익구조라 할 수 있다. 급증하는 인기에 힘입어 트위치는 블리자드의 1인칭 슈팅게임 〈오버워치〉 공식 e스포츠리그를 2018년 1월부터 진행 중이다.

인터넷 e스포츠 개인방송에서 BJ/크리에이터는 플레이어가 되어 가상공간 속의 캐릭터를 조종한다. BJ와 캐릭터가 물리적으로 분리되기 때문에 방송 속의 BJ와 게임 캐릭터의 역할도 달라진다. 게임 시작 전에는 BJ가 방송의 대상이다가 게임을 시작하면 시각적으로는 게임 캐릭터를 보여주면서 청각적으로는 BJ의 해설이나 기타 멘트, 음악 등을 들려주는 것이 인터넷 e스포츠 방송의 일반적 흐름이다.

물론 인터넷 e스포츠 방송에서도 앞서 살핀 것처럼 프로(급) 게이머들이 e스포츠를 소재로 삼아 경기를 펼치는 경우가 간혹 있다. 하지만 대부분은 공식 e스포츠대회에서처럼 경쟁이 주가 되거나 프로급 플레이를 통해 시청자들의 경탄을 자아내기보다는 BJ가 게임 플레이를 자신만의 스토리텔링으로 풀어내는 형태를 띤다. 중요한 것은 해석이므로 그들이 반드시 게임을 잘할 필요도 없다.[20] 공식 e스포츠 대회가 프로게이머 간의 예측할 수 없는 플레

---

20) 이경혁, 《게임, 세상을 보는 또 하나의 창》, 로고폴리스, 2016.

이에 초점을 맞춘다면, 인터넷 방송에서 중요한 것은 BJ의 창의적인 해석이다. 프로게이머가 방송의 대상이자 객체였다면 BJ는 방송의 대상이면서 스스로 방송을 이끌어가는 해석의 주체다. 이러한 BJ에게 요구되는 덕목은, ① 친근감 있는 소통능력을 통해 공감을 형성하고 방송의 몰입감을 높이는 것 ② 개별 시청자의 취향에 맞춰 게임을 선택하고 시청자가 원하는 바를 채워주는 것 ③ 시청하는 사람들의 채팅 내용을 적극 수용하며 함께 게임을 즐기는 것 ④ 생방송 대처 능력 등이다.[21]

이러한 차이는 전통적 방송제작 생태계와 인터넷 방송제작 생태계의 차이에서 비롯된다. 전통적 방송의 경우 방송에 출연하는 주체와 방송을 제작하는 주체가 엄격히 분리된 형태를 띠었다. 플랫폼도 소수의 전문인 발신자와 불특정 다수의 수동적 수신자를 설정하여 콘텐츠를 일방향으로 전달하는 방식을 취해왔다. 기존의 e스포츠 중계방송도 크게 다르지 않았는데, 전문적인 게임 플레이 주체(프로게이머), 중계 주체, 방송 제작진 등 기존의 방송을 통해 구축된 선형적 제작구조를 답습했다. 반면, 인터넷 방송에서는 게임 플레이 주체와 중계 주체 그리고 제작진 역할이 모두 한 명의 BJ(또는 하나의 팀)에 혼재해 있다. BJ는 게임의 내부와 외부를 오가며 재해석과 편집을 통해 새로운 방송을 만들어낸다. 전통적인 방송에서의 전문인이라기보다는 게임을 향유하는 일반 플레이어이면서 자신의 시청자들과 소통 및 공감할 줄 아는 능력까지 지닌

---

21) 악어, 《BJ로 산다는 것 : 악어편》, 몬스터, 2015; 양띵, 《BJ로 산다는 것 : 양띵편》, 몬스터, 2015.

사람이라 볼 수 있다. 이처럼 인터넷 e스포츠 방송은 방송의 주체, 제작방식, 방송 텍스트 구성 방식에서 기존의 e스포츠 방송과 구분된다.[22)]

인터넷 e스포츠 방송 보기의 특징은 다음과 같다.

첫째, 장소에 구애받지 않으므로 일상성을 갖춘다. 이는 e스포츠 중계를 모바일 기기로 보는 경우와도 유사하다.

둘째, 아케이드, 비디오, PC패키지/온라인 등 다양한 플랫폼의 게임 플레이를 한곳에서 볼 수 있다. e스포츠 종목이 되는 게임이 경쟁과 보기에 특화되어 있다면 인터넷 방송에서의 게임은 보기에만 적합하면 그것이 경쟁적이든 그렇지 않든 채택될 수 있다.

셋째, 음성·문자 채팅을 통해 함께 떠들고 노는 소통의 재미가 있으며, 시청자의 요구가 실시간으로 게임 플레이에 직접 반영된다.[23)]

[그림 2] 인터넷 e스포츠 방송의 시청자 참여 콘텐츠.
• 출처 : 양띵 유튜브 채널(https://www.youtube.com/user/d7297ut).

특히 종종 제작되는 '시청자 참여 방송'에서는 시청자들을 게임 플레이에 직접 참여시키기도 한다. 이러한 콘텐츠에서 시청자들은

---

22) 강신규, 〈게임화하는 방송, 플레이어로서의 시청자 : 인터넷 게임방송과 리얼 버라이어티 쇼를 중심으로〉, 2016 문화/과학 국제 컨퍼런스, 2016. 11.
23) 강신규, 〈새로운 방송 콘텐츠로서 e스포츠의 가능성〉, 《미디어 이슈 & 트렌드》, 9호, 2018, pp.75~88.

단순히 채팅을 통해 BJ에게 의사를 표현하는 수준을 넘어 콘텐츠 자체를 직접 바꿀 수 있는 자격을 획득한다. 즉, 게임에 참여함으로써 방송의 대상이 되는 동시에 설정이나 플레이에 직접 개입하는 창작의 주체로 거듭나게 된다. 시청자 참여 콘텐츠는 시작과 끝이 명확히 주어진 형태로 수용자에게 제공되지 않다가 수용자의 참여를 통해 비로소 진행되는 게임적 속성을 방송 프로그램에 그대로 옮겨온 것이라고 볼 수 있다. 단순히 게임을 구경하는 것이 텔레비전을 보는 행위와 비슷하다면 인터넷 e스포츠 방송을 시청하는 것은 게임을 실제로 하는 행위와 비슷할 것이다.[24]

5. 나오며 : e스포츠의 미래

이상으로 e스포츠의 특성이 무엇인지, 어떤 역사를 거쳐왔는지 그리고 e스포츠가 방송에서 어떻게 활용되며 수용자에게는 어떤 경험을 주는지 살펴보았다. e스포츠의 과거를 중심으로 현재를 기술했다면, 여기에서는 e스포츠가 앞으로 어떤 방향으로 나아갈지에 대해 논의해보고자 한다. 물론 진공의 상태에서 e스포츠의 미래를 점칠 수는 없다. 대신 e스포츠가 끊임없이 변화하는 과정에서 단서를 찾아 현재를 기반으로 한 가까운 미래를 상상해보려 한다.

첫째, 산업 규모의 확대다. 네덜란드의 게임 전문 리서치회사 뉴

24) 강신규, 〈방송의 게임화 연구〉, 서강대학교 일반대학원 신문방송학과 박사학위논문, 2018.

주Newzoo의 조사결과에 따르면, 세계 e스포츠 시장은 2016년 4억 9,300만 달러에서 연평균 35.6%씩 성장해 2020년에는 14억 8,800만 달러 규모에 이를 것으로 보인다. 세계 e스포츠 시장 성장의 원동력은 시청자 규모와 인기도이다. e스포츠의 열정적 시청자 규모가 확대됨에 따라 종목의 인기도가 상승한다. 종목 인기도의 상승은 광고시장에서의 매력도 증가로 이어지고, 더 많은 투자자가 e스포츠에 투자하는 선순환 구조가 구축된다.

2017년을 기준으로 글로벌 e스포츠 시청자 규모는 총 3억 8,500만 명이며, 이 가운데 e스포츠 열성가, 즉 e스포츠를 한 달에 한 번 이상 시청하거나 아마추어 e스포츠 리그에 월 1회 이상 참여하는 플레이어는 약 49.6%에 해당하는 1억 9,100만 명으로 추정된다. 이는 2016년 대비 19.2% 증가한 수치이고, 향후 연평균 20.1% 증가해서 2020년에는 5억 8,900만 명까지 증가할 것으로 예상된다.

시청자 규모의 증가가 양적 증가만을 의미하는 것은 아니다. 열정적인 시청자 집단에서 가장 큰 비중을 차지하는 것은 우리가 흔히 생각하는 대로 21~35세 남성이지만 36~50세 남성 12%, 21~35세 여성 14%, 36~50세 여성 7% 등 더욱 다양한 시청자 집단이 나타나고 있다. 일반적 시청자 집단의 경우에도 21~35세 여성 17%, 36~50세 남성 15%, 36~50세 여성 10% 등 다양한 연령과 성별의 시청자들이 e스포츠를 즐기고 있으며, 이러한 추세는 갈수록 강화될 것으로 보인다.[25]

---

25) Newzoo, 2017 Global eSports market report, 2017.

둘째, 스포츠로서의 가능성이다. 신체활동을 강조하는 기존의 근대 스포츠 개념은 미디어 기술의 발전, 즐거움 추구 방식의 변화, 스포츠 환경의 중요성 증가, 스포츠 관련 기술 및 도구의 발전 등 시대의 변화에 따라 재개념화되고 있다. 이제 인간의 신체와 정신은 근대 스포츠가 추구한 범위를 넘어 새로운 스포츠를 만들어내고 있다. 극한의 물리적 공간에서 인간 신체의 모든 가능성을 사용해 만족을 추구하는 스포츠뿐 아니라 컬링, 사격, 양궁, 골프처럼 작전, 집중력 등의 요소로 경쟁이 이루어지는 스포츠가 인기를 얻고 있다. 그 연장선상에서 e스포츠 또한 가상공간에서 일정 수준의 신체적 반응과 순발력을 바탕으로 집중력, 전략 등 정신적 요소를 극대화하여 경쟁하는 새로운 개념의 스포츠라 볼 수 있을 것이다.[26]

e스포츠가 정식 스포츠가 되면 게임산업의 일부나 파생문화가 아닌 독자적 스포츠산업으로 분류할 수 있다. e스포츠에 대한 법적·제도적·재정적 지원도 활발해지고, e스포츠 전반을 체계화하는 기반을 마련하는 것이 수월해지며, 청소년 선수들이 특기를 살려 대학에 진학할 수 있는 기회를 얻게 된다. 무엇보다 e스포츠에 대한 사회적 인식의 개선에 적지 않은 영향을 미칠 수 있다. 이에 국내에서도 지속적으로 e스포츠를 정식 스포츠로 만들기 위해 노력해왔다.

---

26) 강신규·채희상, 〈문화적 수행으로서의 e스포츠 팬덤에 관한 연구 : 팬 심층인터뷰 분석을 중심으로〉, 《미디어, 젠더 & 문화》, 18호, 2011, pp.5~39.

세계 e스포츠 시장이 성장하고 기존 스포츠로의 편입 노력이 지속되면서 아시안게임뿐만 아니라 올림픽 정식종목으로의 선정 가능성도 높아지고 있다. 2017년 4월 중국의 알리스포츠가 올림픽평의회OCA와 파트너십을 맺으면서 2017년 투르크메니스탄 아시가바트에서 열린 제5회 실내 무도 아시안게임을 비롯해 2018년 인도네시아 자카르타-팔렘방에서 열린 아시안게임과 2022년 중국 항저우에서 개최될 아시안게임에도 e스포츠를 정식종목에 포함하기로 했다.[27] 물론 오랜 시간 발전해온 전통 스포츠 종목과 달리 e스포츠는 게임 종목의 선택에 어려움이 있다는 점, 게임이 수익창출을 위한 특정업체의 콘텐츠여서 이권에 따른 잡음의 가능성을 배제할 수 없다는 점 등 앞으로 해결해야 할 문제가 많다.

셋째, 기술 변화를 적극적으로 수용하는 e스포츠가 등장하고 있다. e스포츠가 기술 변화를 수용한다는 것은 곧 게임을 즐기는 경험이 확장될 가능성이 높아진다는 것을 나타낸다. 가상현실VR 기반 e스포츠, 즉 'v스포츠'가 대표사례다. v스포츠는 e스포츠와 여러 면에서 차이를 보인다. 먼저, 인터페이스가 다르다. VR 콘텐츠는 기존 모니터에서 보는 평면이 아니라 HMDhead mounted display를 썼을 때만 볼 수 있는 공간에서 표현된다. 또 가상공간에서 벌어지는 일을 마우스나 키보드 대신 손이나 다른 신체부위로 표현하는 컨트롤러를 활용한다. 그러다 보니 프로게이머의 신체가 더 많이 활용될 수밖에 없다. 그렇기 때문에 v스포츠는 e스포츠와 운동경기

---

27) 한국콘텐츠진흥원, 《2017 대한민국 게임백서(상)》, 2017.

의 경계를 허무는 것처럼 보이기도 한다. 이는 게임하는 영상뿐 아니라 선수가 플레이하는 모습 또한 관람/시청의 요소가 될 수 있다는 것을 의미한다.

[그림 3] 인텔·오큘러스·ESL의 VR 챌린저 리그
• 출처: Johnson, J., Esports get physical in VR challenger league, 2017. 11. 23.
URL: https://iq.intel.com/vr-esports-get-physical-vr-challenger-league/

인공지능artificial intelligence과 e스포츠의 만남도 주목할 만하다. e스포츠는 알파고 공개 당시 특히 국내에서 알파고의 바둑 다음 상대로 가장 많이 언급된 종목이기도 하다. 바둑이나 체스와 같이 정신적 요소를 극대화해 경쟁을 펼치는 스포츠라는 점, 그러면서도 앞의 두 종목과는 다르게 대부분 턴 방식이 아니고 동시 선택을 해야 하는 부분을 인공지능이 극복할 수 있을지에 많은 관심이 쏠렸다. 또, 바둑기사와 더불어 한국 e스포츠 선수들도 세계 최강으로 손꼽히기 때문에 이세돌 9단에 이어 인공지능과 인간의 대결에 또다시 한국 선수가 뽑힐 가능성이 높지 않을까 팬들의 기대를 모았던 것이 사실이다.[28] 2019년 1월 24일 알파벳의 인공지능 회사인 딥마인드가 개발한 인공지능 '알파스타AlphaStar'가 2명의 프로게

28) 강신규, 〈새로운 방송 콘텐츠로서 e스포츠의 가능성〉, 《미디어 이슈 & 트렌드》, 9호, 2018. pp.75~88.

이머와의 대전에서 10승 1패의 일방적 승리를 거둠에 따라[29] 향후 인공지능 대 인간의 대결이 본격화될 전망이다.

e스포츠는 게임에서 비롯된 문화지만 스포츠, 방송, 그리고 ICT^{information and communications technologies}와도 밀접한 관련을 맺으며 변화해왔다. 하지만 무엇보다 중요한 것은 다른 문화, 미디어, 기술과 연결되는 e스포츠가 다시 게임의 변화를 추동하고 있다는 사실이다. 대표적으로, 최근 출시된 게임 기기나 플랫폼은 e스포츠 중계를 위한 별도의 인터페이스를 탑재하고 있다. 소니 플레이스테이션의 '스크린샷 공유'와 '게임 방송' 기능, 그리고 마이크로소프트 윈도 10의 게임 중계용 기본 앱 '빔' 등이 그 예다. 한편, 트위치는 블리자드와의 협약을 통해 블리자드의 e스포츠 콘텐츠 생중계권과 함께 트위치 프라임 가입자에게 블리자드 게임 관련 특전을 제공할 권리를 확보했다. 이제 e스포츠는 게임과 다른 새로운 방식으로 연결되며, 플레이어가 게임을 즐기는 데 있어서도 선택이 아닌 필수적 요소가 되어가고 있다.

1. e스포츠와 전통 스포츠의 공통점과 차이점은 무엇인가?

2. e스포츠를 직접 관람하는 것은 미디어 기기를 통해 보는 것과 어떻게 다른가?

3. e스포츠 중계방송과 인터넷 e스포츠 (개인)방송이 플레이어/시청자에게 제공하는 경험은 어떻게 구분되며, 그 이유는 무엇인가?

---

29) 이상우, "스타크래프트2 대전서 '프로게이머' 꺾은 인공지능", 《더 기어》, 2019. 1. 27. URL: http://thegear.net/16584

참고자료

• 강신규, 《방송의 게임화 연구》, 서강대학교 일반대학원 신문방송학과 박사 학위논문, 2018.

• 강신규, 〈새로운 방송 콘텐츠로서 e스포츠의 가능성〉, 《미디어 이슈 & 트렌드》, 9호, 2018, pp.75~88.

• 강신규·원용진·채다희, 〈메타/게임(meta/game)으로서의 '게임 보기'〉, 《한국방송학보》, 33권 1호, 2019, pp.5~43.

• 강신규·채희상, 〈문화적 수행으로서의 e스포츠 팬덤에 관한 연구 : 팬 심층 인터뷰 분석을 중심으로〉, 《미디어, 젠더 & 문화》, 18호, 2011, pp.5~39.

• 강신규, 〈게임화하는 방송, 플레이어로서의 시청자 : 인터넷 게임방송과 리얼 버라이어티 쇼를 중심으로〉, 2016 문화/과학 국제 컨퍼런스, 2016. 11.

• 산업연구원, 《e스포츠 산업의 경제적 효과분석 – 프로구단 운영 및 대회개최의 수익성 분석을 중심으로》, 2007.

• 이상우, "스타크래프트2 대전서 '프로게이머' 꺾은 인공지능", 더 기어, 2019. 1. 27. URL: http://thegear.net/16584

• 김미희, 스타리그 연대기 1부, e스포츠의 태동기를 말하다, 〈게임메카〉, 2010. 5. 9. URL: http://www.gamemeca.com/feature/view.php?gid=124981

• 악어, 《BJ로 산다는 것 : 악어편》, 몬스터, 2015.

• 양띵, 《BJ로 산다는 것 : 양띵편》, 몬스터, 2015.

• 오정연, 〈게임 그 이상, 새로운 스포츠 장르 e스포츠〉, 《NCA Issue Report》 제17호, 2006.

• 윤선희, 〈PC방과 네트워크 게임의 문화연구 : 스타크래프트를 중심으로〉, 《한국언론학보》, 제45권 2호, 2001, pp.316~348.

• 원태영, "한국 e스포츠의 명과 암", 시사저널e, 2017. 1. 11. URL: http://www.sisajournal-e.com/biz/article/163322

• 이경혁, 《게임, 세상을 보는 또 하나의 창》, 로고폴리스, 2016.

• 이명국, "다시 돌아온 추억의 스타, 3040 아재도 PC방 컴백", 〈국방일보〉, 2017. 4. 5. URL: http://kookbang.dema.mil.kr/kookbangWeb/view.do?parent_no=1&bbs_id=BBSMSTR_000000001183&ntt_writ_date=20170406

• 전경란, 〈디지털 게임 팬덤에 관한 연구〉, 《게임산업저널》, 19호, 2008, pp.26~45.

• 정철운, "요즘 세대에게 게임은 삶이다", 《PD저널》, 2010. 8. 7. URL: http://www.pdjournal.com/news/articleView.html?idxno=28601

• 채희상·강신규, 〈e스포츠의 스포츠 범주화에 대한 탐색적 연구〉, 《한국게임학회 논문지》, 제11권 제3호, 2011, pp.85~95.

• 한국e스포츠협회·한국게임산업진흥원, 〈e-Sports 기초연구조사〉, 2006.

• 한국콘텐츠진흥원, 《2010 대한민국 게임백서(상)》, 2010.

• 한국콘텐츠진흥원, 《2018년 이스포츠 실태조사》, 2018.

• 한국콘텐츠진흥원, 《2018 대한민국 게임백서(상)》, 2019.

• 「게임산업 진흥에 관한 법률」.

• 「이스포츠(전자스포츠) 진흥에 관한 법률」.

• Newzoo, 2017 Global eSports market report, 2017.

• Johnson, J., Esports get physical in VR challenger league, 2017. 11. 23. URL: https://iq.intel.com/vr-esports-get-physical-vr-challenger-league/

• Portafolio, Los E-sports ¿Pueden ser un deporte importante los videojuegos? 2017. 11. 10. URL: http://www.portafolio.co/innovacion/los-e-sports-pueden-ser-un-deporte-importante-los-videojuegos-511549

• Wiseman, L., The future of esports marketing. Venturebeat, 2017. 11. 9. URL: https://venturebeat.com/2017/11/09/the-future-of-esports-marketing-2/

• 아프리카TV e스포츠(http://esports.sports.afreecatv.com/).

• 한국 트위치 페이스북 페이지(https://www.facebook.com/TwitchKR/).

• 대도서관 유튜브 채널(buzzbean11) (https://www.youtube.com/user/BuzzBean11).

• 양띵 유튜브 채널(양띵 유튜브) (https://www.youtube.com/user/d7297ut).

• 이영호 유튜브 채널(이영호FlaSh) (https://www.youtube.com/channel/UC4TDU9SEVB0EgslnTI2O9IQ).

• 이윤열 유튜브 채널(NaDa나다) (https://www.youtube.com/channel/UCikKJvpU0Ylua4hRW6faQRg).

• EXO 유튜브 채널(EXO) (https://www.youtube.com/user/EXOK).

4부

게임과 사회

10

게임과 테크놀로지 :
놀이, 기술, 노동의 아상블라주

신현우

주요 개념 및 용어 : 기술코드, 놀이노동, 사회적 공장, 탈숙련화

컴퓨터 발명 이전의 놀이와 그 이후 디지털게임의 근본적인 차이는 무엇일까? 광의의 의미에서 놀이는 그 자체가 목적이자 즐거움을 추구하는 인간 활동 일반을 일컫는다. 반면 오늘날 오로지 순수한 즐거움을 위해 게임을 하는 사람은 별로 없다. 게임의 존재론이 테크놀로지와 테크놀로지를 진보시키는 자본주의 동력에 의해 과거와 완전히 달라졌기 때문이다. 즐거움을 위해 게임을 하지만 즐거움이 아닌 고된 노동으로 느껴지는 경우도 늘어만 간다. 게임을 통해 돈을 버는 것도 더 이상 놀랄 일이 아니다. 게임을 제대로 즐기기 위해 게임 속에서 많은 돈을 지출하는 것도 일반적인 현상이다.

e스포츠가 만들어지고 게임 아이템을 거래하는 시장이 활성화되었다. 게임 아이템과 화폐를 만들기 위한 '작업장'과 '게임노동자'들이 생겨났다. 게임을 하는 것이 아니라 '시청'하게 되고, 스트리머들은 자신의 게임 플레이를 방송해서 돈을 번다. 게임을 대신 해주거나 교육하는 업체도 만들어진다. 제작사가 콘텐츠를 만들고 소비자가 이를 구매하는 전통적 문화산업의 논리로는 이런 구조가 잘 설명되지 않는다. 영화나 방송 프로그램, 애니메이션 등을 보는 것은 소비행위지만 노동은 아니다. 반면 '게임을 한다'는 '노동을 한다'와 일맥상통한다. 게임에 투여되는 테크놀로지는 게임 플레이를 다양한 방식으로 가치화한다.

이 장에서는 게임이 놀이-기술-노동의 구성물이 되어가면서 발생하는 역사적 변화를 1) 놀이의 기계화 2) 놀이의 노동화 3) 사회적 공장화라는 세 가지 측면에서 알아본다.

1. 놀이, 기술, 노동

컴퓨터 연산 처리속도의 기하급수적인 발전은 인터넷과 미디어의 연쇄적 진보를 촉진시켰다. 급진적인 컴퓨터화의 물결 속에서 놀이의 성격도 변화했다. 디지털 컴퓨팅은 온갖 종류의 시각기술과 상호작용, 컴퓨터 연산을 접합시켰으며, 이는 '게임'이라는 기술 놀이의 탄생으로 귀결됐다. 오늘날 게임을 하지 않는 사람을 찾아보기 어려울 만큼 게임은 현대적 삶의 일부가 되었다. 〈2016 게임 이용자 실태조사 보고서〉에 따르면 10~65세 국민의 게임 이용률이 67.9%일 정도로 많은 비중을 차지하고 있다.[1] 또한 2016년 한국 게임 시장의 규모는 약 11조 원으로 영화산업 규모의 5배를 상회한다.[2] 게임은 이제 사람들이 여가시간을 보내는 주요한 유흥수단 중 하나가 된 것이다.

그러나 기술의 진보에 따라 게임 플레이의 맥락이 변하고 있다. 일반적으로 스포츠 활동을 하거나 영화관람, 음악감상 등을 할 때는 그것을 고된 일이라고 느끼지 않는다. 말 그대로 흘려보내는 시간이거나 여가·소비활동인 것이다. 그러나 게임을 할 때는 상당수의 사람들이 피로감을 얻거나 또 다른 노동이라고 느낀다. 게이머들의 은어인 '노가다'라는 단어에서 알 수 있듯이 캐릭터의 경험치를 올리고 아이템을 수집하는 과정은 힘들고 지난한 것이 되었다.

---

1) 〈2016 게임이용자 실태조사 보고서〉, 한국콘텐츠진흥원, 2016.
2) 《2017 대한민국 게임백서》, 한국콘텐츠진흥원, 2017.

놀이는 목적 지향적 활동이다. 오로지 재미와 유흥을 위해 인간이 문명의 시작부터 해온 행위이며, 그렇기 때문에 호이징하의 유명한 명제에 따르면 인간의 본질은 도구적 인간(호모 파베르)이 아니라 놀이하는 인간(호모 루덴스)이다. 놀이에 따른 보상이나 승패와 관계없이 놀이 자체에서 순수한 재미를 추구할 때 인간은 가장 인간다울 수 있다는 것이다.

〈월드 오브 워크래프트〉나 〈리니지〉와 같은 온라인 RPG 게임을 즐길 때 플레이어는 상당 시간을 노가다에 쏟아 붓는다. 캐릭터가 최종 레벨에 도달해야만 게임의 최종 보상을 얻을 여건을 갖출 수 있기 때문이다. 최종 레벨이 된 뒤에도 게임을 즐기는 데 드는 각종 아이템을 마련하기 위해 반복적인 작업이 강요된다. 한 장소에서 반복적으로 몬스터를 사냥하거나, 약초나 광석을 채집하거나, 이미 정복한 던전을 수십 번씩 다시 들어가야 하는 것이다. 다수 플레이어가 이런 과정을 피로하게 여기자 노가다를 대신해주는 다양한 수단이 등장했다. 아이템이나 게임 화폐 또는 완성 수준에 도달한 캐릭터 등을 돈을 주고 사고파는 것이다. 이런 현상은 점점 가속화되어 '게임을 즐기기 위해' 게임을 구매할 뿐 아니라 게임 내부의 재화를 구매하는 행위도 당연한 것이 되었다. 만약 그것이 싫다면 열심히 노가다를 하거나 게임을 하지 않으면 그만이다.

'게임을 잘하는 것'이 중요한 가치가 되는 청소년 커뮤니티의 경우는 어떨까? 너도나도 게임을 하기 때문에 특히 1인칭 슈터, AOS 등 경쟁적인 게임의 경우 게임 내에서 실력에 따라 나뉘는 등급 rating이 매우 큰 의미를 지닌다. 게임 플레이로 묶인 또래집단에서 등급은 주요한 동질감의 지표가 되므로 게임 자체를 즐기기보다는 그 결과물인 등급을 위해 수단적 플레이를 하는 경우가 다반사다. 대리게임(자신의 게임 아이디를 실력이 뛰어난 타인에게 돈을 주고 맡겨서 등급을 올리는 행위)이 이루어지고 전직 프로게이머로 구성된 게임교육업체 등이 생겨나는 것은 지극히 자연스런 현상이다. 게임의 승패에 따라 발생하는 등급점수의 증감은 동기부여가 아니라 기회비용이 된다. 종종 게임업체들은 이런 심리를 이용해 경쟁에서 이길 수 있는 특별한 수단, 즉 캐릭터의 능력치를 업그레이드하는 아이템 등을 상품화해서 판매하고, 플레이어들은 기회비용을 줄이기 위해 기꺼이 이를 구매한다. 한국의 게임 아이템 시장은 이미 1조 5천억 원 이상의 규모로 성장했으며, 〈리니지〉의 특정 아이템은 기본 2,500만 원에서 수억 원을 호가하는 등 게임 플레이의 상품화는 놀랄 일이 아니다.[3]

　게임은 본래 상품이다. 그러나 플레이, 놀이 요소 같은 게임 내부가 상품화되기 시작한 것은 최근이므로 더 이상 기존의 문화 콘텐츠나 문화산업이라는 개념만으로는 이해할 수 없다. 오늘날 게임은 인간의 놀이, 노동, 무엇보다 첨단기술이 집약된 문화적·사회적 구성물인 것이다.

---

3) "커지는 게임아이템 시장…SBI인베스트먼트의 베팅", 《서울경제》, 2017. 12. 12.

2. 놀이의 기계화

철학자 한나 아렌트는 《인간의 조건》에서 인간의 행위가 크게 세 층위, 노동·작업·활동으로 구분된다고 정의했다. 노동labour은 인간의 신진대사를 위해 하는 육체적 수고로 생존에 필연적인 행위에 해당한다. 과거에는 채집, 수확, 사냥, 노예 노동이 주를 이루었고 근대 이후에는 임금 노동이 핵심이 된다. 또한 노동의 결과물은 생존을 위해 즉시 소비된다. 작업work은 노동에서 한층 진전된 행위로서 그 결과물은 즉시 소비되지 않고 사용되며 지속 가능성을 띤다. 크게는 의복, 주거, 나아가 삶을 지속하게 하는 다양한 도구와 물질적·비물질적 생산물을 만드는 행위가 이에 해당한다. 활동action은 인간의 언어에 기반을 둔 것으로서 공동체적 의사소통 행위 일반을 일컫는다. 정치공동체의 구성단위이자 실존으로서 활동은 인간의 삶을 다원성, 다수성, 복수성의 세계로 이끌고 나아가 더 나은 세계로 가기 위한 토대로 작동한다.

'호모 루덴스'는 디지털게임의 국면에서 어떻게 변화했을까? 게임이 등장하기 이전에는 놀이가 분명히 활동의 층위로 규정할 수 있는 준거를 가지고 있었다. 너무 옛날로 거슬러 올라가지 않더라도 보드게임의 경우 참여자의 소통을 근간으로 한다. 바둑판이나 장기판에서 말을 놓는 행위 하나하나가 상대와의 대화다. 게임의 룰에는 당대 사회의 이념과 공통의 가치가 담겨 있다. 체스에서 폰이 상대편 최상단에 도달했을 때 발생하는 승급promotion에는 전쟁의 근간이 국가나 지도자가 아니라 민중이라는 믿음이 내재되어 있다. 상대편 킹을 직접 잡는 것이 아니라 체크메이트 시에 스스로가 왕을 쓰러트림으로써 게임을 종결하는 룰은 경쟁이 상대방을 말살할 때까지 지속되지 않아야 한다는 것을 암시한다. TRPG^{table-talk role playing game}는 엄격하고 복잡한 대화 룰이 주어지지만, 플레이어들이 능동적으로 서사를 만들어내고 대화함으로써 참여적이고 결속력 있는 게임 플레이를 창조해낸다.

반면 게임은 디지털로 이루어져 있다. 게임은 코드로 만들어지며, 코드는 2진수 숫자의 복합물이다. 놀이와 마찬가지로 게임 플레이 또한 언어행위이다. 그런데 그 언어는 우리가 육성으로 발화하거나 글로 쓰거나 동작으로 전달하는 '수행언어'가 아니다. 코드는 '실행언어'[4]이다. 코드는 입력하는 것이고, 설계하는 것이며, 기계를 실행하기 위한 명령어이다. 예를 들어 바둑과 체스를 컴퓨터 게임으로 즐긴다고 하자. 실제 바둑판 위에서는 사람들이 대화를 통해 한 수 무르거나 가끔은 흥분해서 판을 뒤엎어버릴 수도 있다. 그러나 모니터 앞의 플레이어들은 프로그래머가 그런 명령을 설계해놓지 않은 이상 키보드를 집어던지는 행동만 할 수 있을 뿐이다. 바둑알을 가지고 오목을 두거나 땅따먹기를 할 수 있는지의 여부도 비슷한 맥락에서 이해된다.

---

4) "알렉산더 갤러웨이는 '코드는 언어이지만 매우 특별한 언어이다. 코드는 기계에서 실행 가능한 유일한 언어이다'라고 강조했다. 키틀러의 말처럼 '일상어에서는 그 어떤 단어도 자신이 말하는 바를 행할 수 없다. 기계에 대한 그 어떤 서술도 기계를 작동시키지 못한다'. … 디지털코드의 실행 가능성이 인간 언어의 수행성과 혼동되어서는 안 된다. 코드는 '의미를 행동으로 전환시키는 기계이다." – 마이클 하트·마테오 파스퀴넬리 외 저/연구공간L 엮음,《자본의 코뮤니즘, 우리의 코뮤니즘》, 난장, 2012, p.184.

TRPG에서와 달리 CRPGcomputer role playing game에서 플레이어는 등장인물의 성격이 맘에 들지 않아도 이를 마음대로 바꾸거나 창조할 수 없으며, 정해진 스크립트 외의 대사를 생성해낼 수 없다. 게임에서의 소통은 인간과 인간 사이가 아니라 코드와 코드 사이에서 먼저 이뤄진다. 인간은 마우스를 클릭하거나 키보드를 눌러 명령을 입력하고 피드백을 주고받는 외부적 요소가 된다. 간단히 말해 게임은 '놀이'가 아니라 '놀이 기계'에 더 가깝다고 할 수 있을 것이다. 이 기계는 톱니바퀴와 크랭크, 실린더로 이뤄진 물질 기계가 아니라 코드로 이뤄진 비물질 기계이다. 컴퓨터의 발명과 함께 등장한 게임은 '놀이의 기계화' 국면이라는 새로운 역사적 변화를 야기했다.

이 변화는 매우 중요하다. 왜냐하면 놀이와 기계의 목적은 본질이 엄연히 다르기 때문이다. 놀이는 언어를 주고받는 소통 과정이며, 놀이의 즐거움 자체에 집중하는 '활동'에 더 가까운 행위이다. 반면 기계는 어떤 목적을 위해 만들어지고 수단으로서 작동한다. 기계를 만들거나 조작하는 행위는 그 쓰임새에 따라 작업이나 노동에 더 가까워질 것이다.[5] 따라서 놀이의 언어가 코드화된다는

---

5) 18세기 프랑스의 발명가인 자크 드 보캉송이 만든 자동기계들이 좋은 예제이다. 보캉송은 최초의 자동기계인 '플루트 연주자'를 제작했다. 파이프와 풀무로 이뤄진 기계장치에 플루트를 연결시켜 만든 이 자동인형은 12곡을 연주할 수 있었고, 관람료가 비싼데도 사람들로부터 폭발적인 인기를 끌었다. 이후 보캉송은 루이 15세의 부름을 받아 프랑스 국영 섬유공장 감독관을 맡게 되었고, '쓸모 있는' 기계를 만들라는 명에 따라 직조기를 처음 만들었다. 직조기가 나오자 생산력이 급격히 증대되었으나, 보캉송의 재미난 발명품에 환호하던 사람들은 직조기를 불태워버리거나 살해 협박을 가하는 등 일제히 등을 돌렸다. 이후 길드와 장인 중심의 수공업이 공장 중심으로 바뀌고 기계제 대량생산이라는 물적 조건이 갖춰지면서 생산양식의 혁신(산업혁명)이 이행되기 시작한다. 산업혁명으로 인해 생겨난 임금노동은 인간이 생존을 위해 하는 노동의 핵심 조건이 되었다.

것, 즉 놀이가 기계화된 결과물인 게임은 자본주의 사회의 새로운 축적 양상 중 하나라고 볼 수 있을 것이다. 놀이의 기계화 국면은 크게 두 단계의 전환을 거쳐서 오늘날에 이르렀다. 컴퓨터와 인터넷의 발명이라는 커뮤니케이션 환경의 기술적 변화가 이를 가능케 했다.

1) 1차 컴퓨터적 전환 : 최초의 게임에서 게임산업의 태동에 이르기까지

핵물리학자였던 윌리엄 히긴보덤은 1958년 〈테니스 포 투〉라는 기계장치를 만들었다. 냉전 시기에 돌입한 이후 미국 정부는 핵 프로그램의 개발에 몰두했고, 히긴보덤이 연구원으로 근무하던 브룩헤이븐 국립연구소도 그중 하나였다. 다른 연구소처럼 브룩헤이븐 연구소도 매해 민간인들에게 시설 내부를 개방하는 '방문자의 날'을 개최해오고 있었다. 히긴보덤은 어떻게 하면 시설물의 외부 노출을 줄이고 지루한 행사에 흥미를 더할 수 있을까 고심한 끝에 오실로스코프 장치와 진공관 컴퓨터 일부를 활용해 〈테니스 포 투〉를 만들었다. 사람이 컨트롤러를 조작하면 테니스공을 주고받을 수 있는 전자신호를 처리하고, 그 결과를 디스플레이 장치(오실로스코프)에 출력하는 기계였다. 이는 최초의 게임이 탄생하는 순간이었다.

몇 년 뒤인 1962년, 미국의 방공망 프로젝트에 종사하고 있던 MIT 대학원생 스티브 러셀은 미국 정부의 기밀인 PDP-1 컴퓨터를 이용해 〈스페이스워!〉를 발명했다. 〈테니스 포 투〉가 각각 다른 장치를 따와서 게임만을 위해 고안한 최초의 비디오게임이었다면

〈스페이스워!〉는 군사용 컴퓨터를 바탕으로 만들어진 코딩의 결과물로서 최초의 컴퓨터게임이었다. 플레이어는 조이스틱을 이용해서 우주공간에 놓인 적들에게 미사일을 발사할 수 있고, 화면 가운데에는 블랙홀이 있어 탄도가 왜곡되는 등 난이도를 부여해 한층 복잡한 플레이를 구현했다.

아이러니하게도 히긴보덤과 러셀은 모두 미국의 군사 프로그램 종사자인 동시에 반전 평화주의자였다. 두 개발자는 자신의 발명품을 특허로 등록하거나 판매하는 것을 꺼렸다. 당시에는 컴퓨터라는 기술 자체를 국가가 개발하고 전유했기 때문에(세금으로 만들어졌기 때문에) 엔지니어들은 공적인 마인드로 컴퓨터를 대했다. 또한 서구를 뒤흔든 68혁명, 그로 인한 공유·저항문화의 확산 등 이들의 마음 한편에는 컴퓨팅에 대한 공리주의적 시각이 자리하고 있었다. 특히 러셀은 대학 축제 때 방문자들에게 〈스페이스워!〉를 전면 공개하고, 수많은 문의자들에게 기꺼이 소스코드를 제공함으로써 오늘날 오픈소스의 기초 개념을 수립하는 데 크게 기여했다.[6]

잘 알려져 있다시피 최초의 컴퓨터는 철저히 군사적 목적으로 개발, 사용되었다. 앨런 튜링Alan Turing 이후 빠르게 연구가 진전되면서 컴퓨터는 무기의 탄도를 계산하는 데 쓰였으며, 그 결과 자동

---

6) "MIT에서 PDP-1에 대한 접근은 엄청난 감시 하에 있었다. 이 컴퓨터에 접근하는 것은 MIT 공대생들의 모임 '기술모형철도클럽'의 목표이기도 했다. 여기에 모인 학생들은 자신들이 하는 일을 '해킹hacking'이라고 부르기 시작했다. 이들은 정치적인 활동가와는 거리가 멀었지만, 그럼에도 불구하고 협동적인 사회와 재산권과 상관없이 정보를 공유하는 유토피아적 세계를 믿었다." – 닉 다이어-위데포드·그릭 드 퓨터 저/남청수 역, 《제국의 게임》, 갈무리, 2015, p.75.

제어장치와 사격통제장치가 만들어졌다. 에니그마^{enigma}는 독일의 암호를 해독해 제2차 세계대전의 종전에 결정적 역할을 했으며, 존 폰 노이만^{John von Neumann}의 컴퓨터 매니악^{MANIAC}은 1953년 수소폭탄 실험에서 우라늄과 플루토늄의 비율을 계산하는 데 처음 사용되었다.

중요한 것은 일련의 역사적 사건들이 게임이라는 독특한 기술적 발명품을 만들어내는 동시에 놀이의 '컴퓨터적 전환'을 몰고 왔다는 사실이다. 컴퓨팅 기술의 성격이 급진적으로 변화하기 시작한 것도 이러한 전환 이후의 일이다. 〈스페이스워!〉의 성공을 눈여겨본 전자공학도 놀란 부쉬넬^{Nolan Bushnel}은 게임이 군사용 기술이 아니라 새로운 문화산업의 기수가 되리라는 것을 예측하고 즉시 상업용 게임의 개발에 착수했다. 몇 차례의 시행착오를 거친 끝에 부쉬넬은 전문 경영진과 대대적인 마케팅을 앞장세워 게임회사 '아타리'를 만들었다. 아타리사에서 1972년에 개발한 게임 〈퐁〉이 공전의 히트를 기록하면서 게임회사들이 우후죽순 격으로 생겨났고, 1970~80년대에 엄청난 양의 비디오게임 시장이 형성되면서(일본의 닌텐도가 만들어진 것도 이 시기이다) 게임은 경제호황기의 대표적 문화상품으로 자리를 잡기에 이르렀다.

2) 2차 컴퓨터적 전환 : 플레이 연산의 자동화와 내부화

아타리, 닌텐도 등을 위시한 게임산업이 양적으로 팽창하는 가운데 퍼스널컴퓨터의 전면적인 보급이 전 지구적으로 이뤄지고 있었다. 짧은 시간 동안 큰 호황을 누린 게임회사들이 일제히 몰락하던 시기에[7] 게임 개발자들은 비로소 게임의 내적 요소인 GUI, 메카닉스 등에 관심을 가지기 시작했다. 그중 하나가 CRPG였다.

서구 서브컬처의 원천 가운데 하나인 TRPG를 컴퓨터게임으로 구현해내는 일은 개발자들의 오랜 숙원이자 도전이었다. TRPG는 매우 복잡한 메카닉스를 기반으로 했기 때문에 〈D&D〉와 같은 룰에 숙달되지 않은 사람은 좀처럼 접하기가 어렵다는 단점이 있었다. 주사위와 차트, 연필과 계산기가 동원되며 대화적 상상 속에 구현되는 판타지 세계는 컴퓨터의 연산과 GUI를 통해 새로운 차원으로 도약될 것이었다.

CRPG에서 플레이어들은 주사위를 던지고, 룰 북을 확인하고, 캐릭터가 주는 데미지와 체력회복을 계산하고, 아이템마다 부여된 수치를 기록하는 등의 복잡한 계산을 더 이상 하지 않아도 되었다. 화면 속의 캐릭터를 움직이고 명령만 내리면 되었기 때문이다.[8] 게임의 룰과 서사를 관장하는 마스터는 사라지고 같이 즐기는 동료들도 컴퓨터 속 NPC none player character로 대체되었다. 쉽게 말하면, TRPG 플레이의 메커니즘이 알고리즘으로 대체되면서 대화주의적인 구조가 코드화된 것이다.

---

7) 이른바 '아타리 쇼크'로 불리는 1980년대 초반에 발생한 게임산업 인플레로 게임판 '대공황'과 같은 사건이다. 아타리는 게임산업의 호황에 힘입어 〈팩맨〉 게임팩을 1,200만 장이나 생산했으나 판매량은 60% 수준에 머물렀다. 질이 떨어지고 비슷비슷한 게임이 무차별적으로 과잉생산된 탓에 게임회사의 이윤은 갈수록 떨어졌고, 1985년부터는 각 회사와 투자사들의 주식이 폭락하면서 줄줄이 파산했다.

8) 이는 마치 일일이 명령어를 입력해야 했던 도스 시절에서 윈도 운영체제로 넘어간 것과 비슷한 맥락이다. 직관적인 명령(마우스 클릭, 단축키 등)과 GUI를 결합시킨 윈도 덕분에 사람들은 복잡한 컴퓨터 명령어를 공부하지 않아도 컴퓨터를 작동시킬 수 있게 되었다.

이제 게임은 더 이상 누군가와 함께 하는 것이 아니라 혼자서도 할 수 있는 것이 되었다. 컴퓨터 앞에 홀로 앉은 플레이어는 대화하기를 멈췄고, 플레이는 집단적인 것이 아니라 고독한 것이 되었다. 내러티브의 능동적 생산자였던 플레이어가 문화 콘텐츠의 소비자로, 언표행위이던 놀이가 알고리즘(정보기계 또는 추상기계) 속으로 결합되기 시작한 것이다.

더 거대한 변화는 인터넷이 발명되고 10여 년 뒤인 1990년대에 일어났다. 〈울티마 온라인〉, 〈바람의 나라〉, 〈에버퀘스트〉 등의 MMORPG가 등장하면서 플레이의 공간성이 사라졌을 뿐만 아니라 새로운 시공간이 발생했다. 컴퓨터 연산 처리능력과 더불어 진보한 네트워크 기술로 4~7명의 플레이어가 즐기던 TRPG를 넘어 수천 명의 플레이어가 한 공간에서 게임을 즐길 수 있게 된 것이다. 이는 게임 플레이의 패러다임을 송두리째 바꿔버렸다. 수십 명이 함께 던전을 탐험하는 레이드raid, 대도시 군중, 게임 내 플레이어 공동체(길드, 클랜), 무기나 아이템을 거래할 수 있는 경매장, 플레이어 대 플레이어 전투PvP의 등장은 단순히 많은 사람이 한곳에 모인 결과물이 아니라 게임 속 사회가 형성되는 계기가 되었다.

MMORPG에서 게임은 이제 최종 보스나 내러티브를 끝으로 종결되는 것이 아니라 지속 가능한 사회를 구조화했다. 이 거대하고 복잡한 플레이 상호작용의 구조는 게임이 사고파는 상품이라는 위상을 넘어 실재의 영역에서 주체와 교섭하기 시작한 것이다. 이제 플레이어는 게임을 플레이하는 것이 아니라 게임 속에서 '살아가게' 되었다. 이것은 가상-현실이라는 이원화된 놀이의 세계관을 무너뜨렸다. 인간 사회에서 각 개인이 자아를 실현하고 진정성을 추구하듯이 플레이어의 사회 속에서 플레이어도 그것들을 추구한다. 더 나은 아이템을 얻고 더 강한 캐릭터로 거듭나기 위해 반복적으로 플레이를 지속하는 것이다.

3. 놀이의 노동화

게임 내 사회를 유지하는 데 가장 중요한 경매장(시장)의 존재 때문에 게임 속 아이템은 실재에서의 재화와 마찬가지로 교환가치화할 수 있었다. 수십 명의 플레이어가 참여하는 콘텐츠의 희소성과 교환 가능성은 플레이 과정에서 획득된 아이템에 가치를 부여한다. TRPG에서 게임 화폐는 아이템의 능력치나 가치를 표시하는 단위 정도에 불과했다. CRPG에서도 플레이는 아직 1인 세계의 단계에 머물러 있었기 때문에 게임 속 화폐는 가치가 없었다. 그런데 MMORPG를 비롯한 다수의 플레이어가 접속하는 모든 형태의 온라인게임에서 게임 플레이는 '사회적'이기 때문에 실재에서 화폐로 교환할 수 있을 만큼 가치 있는 것이 된다. 게임에 참여하는 수많은 사람들이 아이템을 원하기 때문이다.

그리하여 그 아이템을 얻는 과정이 얼마나 고되고 어려운가, 아이템의 희소성이 어느 정도인가에 따라 가치가 사회적으로 측정된다. 마르크스가 과거 산업기계의 시대에 예견했던 것처럼 '자본주의적 생산양식이 지배하는 사회에서' 부가 '거대한 상품 집적'으로 나타나고 상품이 부의 기본 형태로 나타나기 시작한 것이다. 이제 골드, 아덴, 실링 등 이름만 다른 다양한 MMORPG 게임 화폐들이 실재에서도 구매력을 행사하기 시작한다.

교환관계 내에서는 어느 하나의 사용가치란 그저 적당한 비율로 존재하기만 하면 그 밖의 다른 사용가치와 똑같은 것으로 간주된다. (…) 사용가치라는 면에서 각 상품은 일단 질적인 차이를 통해서 구별되지만 교환가치라는 측면에서는 오로지 양적인 차이를 통해서만 서로 구별되며, 이 경우 거기에는 사용가치가 전혀 포함되지 않는다. 이제 상품체에서 사용가치를 제외시켜버리면 거기에 남는 것은 단 하나의 속성, 곧 노동생산물이라는 속성뿐이다. (…) 그것들은 이미 서로 구별되지 않는, 즉 모두가 동등한 인간노동인 추상적 인간노동으로 환원된다.[9]

하나의 상품이 나오는 과정에 가격을 매길 수 있는 이유는 바로 상품 생산 과정에 투여되는 노동이 양적으로 측정되기 때문이다. 원료의 희소성, 가공에 드는 노동시간, 운송에 드는 시간이 계산되어 '사회적 필요노동시간'의 계산, 즉 '추상노동'이 도출된다. 상품이 나오기까지 들어간 노동자의 기쁨, 고통 등 질적 요소들은 추상노동에 포함되지 않는다. 단지 얼마의 시간이 투여되고 시간당 몇 개의 상품이 만들어지며 몇 개가 팔리는지가 중요하다. 그래야 노

---

9) 카를 마르크스 저/강신준 역, 《자본 I-1》, 길, 2008, pp.90~91.

동을 하는 사람에게 임금(시급·주급·월급)을 줄 수 있기 때문이다. 사회적 필요노동시간의 계산은 자본주의 사회가 노동과 임금을 조직화하는 데 필수적인 요소 가운데 하나이다. 자본의 제1 목표는 기본적으로 유용한 상품의 생산 이전에 잉여가치의 축적이기 때문이다. 기계(생산수단)를 통해 상품을 더 적은 비용(임금)을 들여 대량생산해서 더 많이 팔아 이윤을 남기는 것은 자본의 필연적인 운동이다.

놀이의 기계인 게임에서 '사회적 필요 플레이 시간'의 출현은 이미 CRPG의 출현에서부터 결정되었다. 플레이의 모든 요소가 이미 숫자로 연산된 것이다. A라는 보스가 가진 체력 양도 플레이어가 가하는 데미지도 회복수치도 B라는 아이템이 가진 능력치는 선험적으로 숫자화되어 있다. 그것은 게임이기 이전에 컴퓨터이고, 컴퓨터이기 이전에 계산기이며, 모든 상호작용은 언어이기 이전에 코드이다. 보스가 변덕을 부려 플레이어를 한 번에 죽이는 일은 발생하지 않는다. 마찬가지로 플레이어가 갑자기 신의 기운을 받아 보스를 한 번에 죽이는 일도 일어나지 않을 것이다. 프로그래머가 비밀스럽게 남겨놓은 코드(치트키)를 실행하거나 해킹하지 않는 한 말이다.

이제, 재미를 추구하는 플레이가 아이템을 얻는 데 투여되는 사회적 필요노동시간, 즉 추상노동이 되면서 노가다라고 표현한 플레이가 시작된다. 게임 속 아이템만을 전문적으로 취득하는 플레이어들이 생겨난 것이다. 이런 전도현상이 가속화하면서 이른바 '작업장'이라고 불리는, 오로지 게임 속 재화의 생산과 판매를 통해 이윤을 축적하는 디지털 공장이 등장했다. 작업장은 플레이 노동 자들에게 임금을 주고, 플레이 노동자는 반복적으로 몬스터를 사냥하거나 채집활동을 해서 작업장에 생산물을 넘긴다. 그러면 작업장은 재화를 경매(시장)에 내놓고, 벌어들인 게임 화폐를 '아이템 베이'와 같은 게임 내 화폐거래소에 다시 팔아 실재 화폐를 벌어들인다. 게임 내부(경매장)와 외부(거래소)의 시장에 대량으로 유통된 아이템과 화폐, 그리고 그것을 둘러싼 경쟁으로 인해 게임을 플레이하는 과정 자체가 상품으로 전화한다.

반복적이고 지루한 사냥이나 채집을 하지 않으려면 결국 플레이어는 어떻게든 시장에 참여할 수밖에 없다. 돈을 지불하고 아이템을 구매하거나 노가다를 해야 하는 것이다. 그러나 혼자 노가다를 해서 열심히 벌어들인 아이템을 경매장에 내놓는다 해도 대량생산 시스템을 갖춘 작업장과의 가격경쟁에서 밀리고 말 것이다. 게임 아이템에는 수제나 유기농 같은 것은 존재하지 않기 때문이다. 이는 게임에서 임금노동과 자본, 자영업, 무엇보다 놀이노동playbour[10]이 발생하는 중요한 순간이다.

생산자들은 자신들의 노동생산물을 교환함으로써 비로소 사회

[10) 놀이노동은 놀이play와 노동labour의 결합어로 게임 플레이가 '즐거움을 추구하는 활동'이 아니라 자본주의적 생산 또는 판매행위와 뒤섞이는 과정을 분석하면서 닉 다이어-위데포드와 그릭 드 퓨터의 저서 《제국의 게임》에서 처음 제안된 개념이다. 그러나 이 글에서는 놀이노동을 이 정의와 다르게 게임 내 공간을 실재/가상현실, 물질노동/비물질노동으로 따로 구분하지 않고 실재의 연장선상에서 정의하고 있다는 점을 밝혀둔다. 게임은 곧 현실이며, 게임 속 노동은 현실에서 벌어지는 노동과 똑같은 실재인 것이다.

적으로 접촉하기 때문에 그들의 사적 노동이 지닌 특수한 사회적 성격도 역시 이 교환 속에서 비로소 나타나게 된다. 달리 말해서 사적 노동은 교환을 통하여 비로소 사실상 사회적 총 노동의 한 부분임을 보여준다. 그러므로 생산자들에게는 그들의 사적 노동의 사회적 관계가 사실 그대로, 즉 그들이 노동을 통해서 맺는 사람들 간의 직접적·사회적인 관계로서가 아니라 오히려 사람들 간의 물적 관계 또는 물적 존재들 간의 사회적 관계로서 나타난다.[11]

놀이에서 놀이노동으로의 포섭이 이루어지면 놀이의 1차 컴퓨터적 전환기까지도 이어지던 최후의 활동영역, 의사소통 행위가 식민화된다. 접속된 플레이어와 주고받는 커뮤니케이션이 기계적으로 변하고 노동에 포함되기 시작하는 것이다. 여기서 기계적으로 변한다는 것은 대화가 즐거움을 위한 협업 또는 경쟁이 아니라 경쟁을 위한 협업 또는 생산행위로 발화되는 것을 뜻한다.

인간노동에서 의사소통은 큰 비중을 차지하며, 특히 기계를 효과적으로 작동시키고 생산을 늘리기 위한 중요한 관리 요소이다. 만약 첨단기계와 노동자들이 있어도 효율적인 분업과 위계가 없다면 기계는 없느니만 못한 것이 될 것이다. 누군가는 컨베이어벨트 앞에서 생산물을 거둬들이고 누군가는 포장을 한다. 누군가는 버튼을 누르거나 기름칠을 하고 또 누군가는 이 모든 과정을 관리·감

---

11) 카를 마르크스 저/강신준 역, 《자본 I-1》, 길, 2008, p.135.

독해야 할 것이다. 의사소통의 효율을 극대화하면 할수록, 구성원 간의 피드백이 늘수록 생산력은 증대된다.

비물질 노동은 무엇보다도 사회적 관계를 생산하며 (…) 소비자/ 의사소통자communicator를 구축하고, 또 그것을 '적극적인 것'으로 구축한다. (…) 사회적 의사소통의 과정은 (그리고 그것의 주요한 내용인 주체성의 생산은) 여기에서 직접적으로 생산적이 된다. 왜냐하면 그것은 일정한 방식으로 생산을 '생산하기' 때문이다.[12]

게임 플레이가 점점 반복적이고 고된 노동이 되면서 플레이어와 엔지니어들은 이를 절감하기 위해 게임 내부에 다양한 기술을 첨가하게 된다. 플레이는 공장처럼 철저히 분업화가 이루어져간다. 탱커(방어) – 딜러(공격) – 힐러(지원)처럼 기존의 RPG에서 개성을 부여하기 위한 장르적 문법이 게임 플레이의 효율을 극대화하기 위해 기술적으로 개량된다. 참여자를 효과적으로 통제하기 위해 시간당 데미지 수치 표시기 DPSdamage per second, 아이템 레벨 표시기, 보스의 공격 패턴을 분석해 알려주는 경보기 등을 필연적으로 이용할 수밖에 없다. 실수로 발생하는 파티 전체의 죽음 그리고 재도전은 곧 기회비용이기 때문이다.

플레이어들은 서로의 플레이 문제점을 개선하기 위해 끊임없이

12) 마우리찌오 랏짜라또 외 저/조정환 편, 《비물질 노동과 다중》, 갈무리, 2005, p.19.

피드백을 주고받는데, 이는 품질관리만큼이나 엄격하며 경쟁적이다. 분당 보스에게 주는 데미지 미달, 실수로 인한 죽음 등 플레이어들 스스로 정해놓은 표준에 누군가가 못 미치면 그는 파티에서 가차 없이 열외(해고)가 된다. 특정 레벨 이상의 아이템을 갖추지 못하면 처음부터 파티에 참여할 수 없다는 사회계약이 생겨난다. 이러한 표준을 통과하기 위해 플레이어들은 스스로와 상대에 대한 검열을 전혀 주저하지 않는다.

온라인게임 회사는 이러한 '플레이의 가치화'를 이용해 더 나은 플레이를 가능하게 하는 아이템을 개발·판매하거나 놀이노동의 경쟁을 더욱 심화하는 방향으로 게임을 설계한다. 이른바 '현질'이라 불리는, 게임 아이템이나 캐릭터를 구입해 빠르게 게임에서 우위에 서는 플레이가 보편적이 된다. 이를 겨냥한 아이템 판촉 전략이 만연한 것은 놀랄 일이 아니다. 기간제 아이템, 확률형 아이템처럼 단기간에 확실한 매출을 보장하는 비즈니스 모델은 오늘날 게임에서 보편적인 것이 되었다. 자유시장에서 이윤을 확대하려면 경쟁에서 승리해야 한다. 경쟁에서 승리하려면 생산단가를 절감해야 한다. 생산단가를 절감하려면 더 싼 원료를 사용하거나 노동을 절감하면 된다. 가치는 인간노동에서 비롯되기 때문이다. 새로운 게임을 만드는 것보다 게임에 몇 가지 코드를 집어넣고 수익을 얻는 것이 훨씬 큰 이윤을 남기는 이유는 노동력이 훨씬 덜 들어가기 때문이다.

게임을 돈 주고 사는 것은 당연하다. 게임을 만드는 데 들어가는 프로그래밍·디자인·서사창작·일러스트·저작권 등 모든 요소는 기술집약적 노동의 결과물이기 때문이다. 게임 속에서 아이템이나 게임 화폐 그리고 표준 이상의 게임 플레이를 돈 주고 사는 것도 당연하다. 게임 플레이도 노동이 되었기 때문이다. 놀이노동은 놀이의 목적 지향적 속성을 겉에 분칠해놓은 정보자본주의 국면의 독특한 노동 가운데 하나이다. 예를 들어 한 상점에서 1,000원짜리 옷 A를 구매하는데 주사위를 굴려서 숫자 6이 나와야만 살 수 있고, 주사위를 한 번 굴릴 때마다 500원을 내라고 제안했다고 하자. 그러면 아무도 A를 사려고 하지 않을 것이다. 건너편 가게에 가서 1,000원을 내밀면 내밀면 순순히 주거나 그보다 더 싼 가격에 살 수도 있을 것이기 때문이다. 그러나 B게임에서 판매되는 옷 아이템은 C게임에서 사거나 할 수 없다. 게임 내 아이템은 게임개발사의 독점적 권한이기 때문에 임의로 적정가격이 매겨질 수는 있어도 가격경쟁은 있을 수 없다.

한편, 운적인 요소를 즐기는 알레아alea는 호이징하가 정의한 놀이의 4가지 본질 중 하나이다. 인류가 즐겨왔고 즐기고 있는 수많은 놀이에서 주사위나 카드가 큰 부분을 차지하는 이유다. 백화점 매장에서 옷을 구매하는데 주사위를 굴리라고 하면 다들 의아해하겠지만, 게임 속 상점에서 주사위를 굴리라고 하는 것은 '게임의 일부'로 느껴진다. 놀이노동은 놀이를 매개로 하기 때문에 혹사노동sweatshop labour과는 달리 착취를 대전제로 하지 않는다. 착취를 하려면 임금을 줘야 하지만 놀이노동은 어떤 경우 임금노동의 형식을 띠기는 해도(MMORPG의 경우 전형적인 디지털 혹사공장이라 할 수 있겠지만) 대부분은 임금이 아닌 플레이라는 가면을 쓰며 착취exploitation가 아닌 전유appropriation의 방식을 취한다. 플레이어는 자신의 게임 플레이가 가치생산 행위가 되고 있다는 것을 좀처럼 눈치채지 못하며, 설사 부당하게 착취를 당한다고 느껴도 '싫으면 게임을 안 하면 되니까'라는 사고를 통해 불만을 스스로 파기할 것이다.

정리해보면 다음과 같다. 놀이노동은 놀이의 기계화에서 필연적으로 발생할 수밖에 없는 역사적 과정이다. 기계화는 단일 물건이나 장소를 자동화하는 것이 아니라 가치생산에 관련된 사회 전체의 기술을 혁신하는 프로세스이다. 놀이에서 놀이기계가 된다는 것은 놀이에 들어가는 수고를 절감하는 동시에 놀이를 대량생산할 수 있는 가능성을 의미한다. 놀이의 대량생산(게임)은 필연적으로 노동을 발생시키는데, 그것을 만들어내는 데는 고도의 컴퓨팅 기술과 노동력이 투입된다. 놀이기계인 게임은 놀이라는 연료를 소모해 작동하는 거대한 자본의 기관이 되었다. 그러나 놀이는 본래 노동이나 작업이 아니라 재미를 추구하는 활동이기 때문에 이 놀이기계는 형식은 놀이이면서 내용은 노동인 놀이노동, 즉 새로운 혼합연료를 만들어낸 것이다.

4. 사회적 놀이공장

기계의 발전은 언제나 사이버네틱스cybernetics 기술의 혁신을 통해 이뤄져왔다. 사이버네틱스가 혁신된다는 것은 '자동화'와 '네트워크화'가 수반된다는 것을 의미한다. 산업혁명기 기계에서 오늘날의 자동화 공장에 이르기까지 기계의 발전은 자동화된 동력 장치의 개발과 그 개별 동력 장치들이 끊임없이 하나로 결합하고 네트워크화된 과정이라 할 수 있다. 또한 기계발전에 의한 생산력의 증대는 중앙집중형으로 이뤄져왔다. 기계들이 모여 있는 공장은 동력 기술과 인간의 노동력을 효과적으로 집중·분배하는 시공간으로서 자본주의 사회를 조직화하는 시스템 그 자체라 할 수 있다. 공장에서의 분업은 관료주의를 낳았고, 관료주의는 근대사회의 위계질서(인종·계급·성별·세대)를 공고화하는 한편, 근대 국민국가를 재구성했다. 불과 20세기 후반까지만 해도 인간 사회의 알고리즘은 중앙집중형이면서 유기체적인 공장사회라 할 수 있었다.

그러나 사이버네틱스가 비가시 영역에서 끊임없이 발전한 결과 혁신된 것은 컴퓨팅의 영역이었다. 공장, 도로, 텔레커뮤니케이션, 정보의 생산과 재생산 방식의 변화, 이른바 정보화 혁명은 가시 영역까지 혁신시키고 있다. 인터넷의 노드를 따라 정보가 병렬화하는 방식은 중앙집중형이 아니라 탈집중형, 나아가 리좀rhizome[13]형 체계로 변화하고 있다.

---

13) 들뢰즈와 가타리가 《천 개의 고원》에서 제안한 개념이다. 리좀적 체계는 선형적이고 중앙 집중적인 사유의 체계인 '수목적 체계'의 반대편에 있다. 통상적으로 수목은 뿌리, 줄기, 이파리, 열매, 씨앗 등 선형적인 생성과 연결의 원리를 가지고 있으며, 각 부분은 전체의 확실한 위계와 기능에 따라 분절된다. 반면 리좀은 뿌리, 줄기, 이파리 등의 부분과 전체가 구분되지 않는다. 그것은 특별한 본질이나 중심논리(뿌리) 없이 수평적 접속의 원리를 통해 증식하고 다원화된다. 이러한 특징 때문에 리좀적 체계는 하나의 중심적 위계로 조직화되지 않으며, 이질적인 것들을 반복적으로 접속시키고, 부분과 전체를 항시 변화하는 유동적 상태로 배치시킨다.

산업자본주의 국면에서 인간의 삶과 시스템은 공장을 중심으로 전개되었다. 공장이 만들어지면서 산업혁명이 이행되고, 국가교육과 복지체계가 설립되었으며, 출퇴근 시간과 휴가가 생산과 소비의 시공간을 만들고 사회의 위계는 조직의 질서와 분업을 반영했다. 그런데 이제 공장이 사라지고 있고, 그 자리를 대신하는 것은 '굴뚝 없는 공장', 자동차나 전자제품을 만들어내는 공장이 아니라 문화 콘텐츠를 만들어내는 공장이다. 과거 공장에는 거대한 자동화 설비와 기계가 가득했지만 굴뚝 없는 공장에는 추상 기계, 즉 눈에 보이지 않는 기계인 알고리즘, 검색엔진, 게임, 온라인 플랫폼, 데이터, 운영체제, 개발 툴 등이 가득 차 있다. 굴뚝 없는 공장은 물리적 공간을 필요로 하지 않기 때문에 어디에나 있다. 컴퓨팅 이전의 사회가 공장사회였다면 오늘날의 정보·데이터 사회는 어디에나 있는 추상기계와 그것에 종사하는 사람들도 어디에나 있는 사회적 공장이라 할 수 있을 것이다.

놀이의 컴퓨터적 전환, 놀이의 기계화, 놀이노동의 등장을 통해 사회적 공장은 육체·정신노동을 흡수해 가치를 만들어낼 뿐 아니라 노동력이 아닌 놀이력에서도 가치를 뽑아낼 수 있다는 것을 증명했다. 앞에서 우리는 게임 플레이가 상품이 되어가는 역사적 과정을 분석했는데, 이제 사회적 공장이라는 국면에서 게임 플레이가 상품인 동시에 생산수단 또는 지대가 되어가는 현상을 확인할 수 있다.

놀이노동이 가속화됨에 따라 놀이의 기계화 과정인 자동화는 극적인 양상을 띤다. MMORPG의 작업장들은 이윤율을 높이기 위해 임금이 싼 지역, 주로 중국이나 중남미 노동자를 고용하거나 새로운 기술을 도입해왔다. 이른바 '매크로'라 불리는 자동 작동 프로그램을 통해 한 명의 플레이어가 동시에 여러 대의 컴퓨터를 조작·관리할 수 있게 된다. 매크로를 사용해 캐릭터가 정해진 장소에 가서 정해진 동작(몬스터 사냥, 채집)을 자동으로 수행할 수 있고, 동시에 여러 명의 캐릭터를 조작할 수 있게 된 것이다.

한편, MMORPG를 포함한 온라인게임 전체에서 개발사들이 자동사냥을 정식으로 게임에 도입하는 경우가 보편화한다. 이제 플레이어들은 힘들여 키를 누르거나 화면에 시선을 고정하지 않아도 된다. 주머니 속에서 그리고 부재중인 거처의 켜져 있는 컴퓨터에서 캐릭터는 자동으로 돌아다니며 전투를 펼치고 경험치를 쌓는다. 플레이어는 가끔 화면을 켜서 이를 확인하고 아이템을 수거해 판매하는 관리자가 되어간다. 게임의 필수적인 요소였던 성장 과정(레벨업)도 무의미해졌다. 사이버네틱스가 발전하면 발전할수록 인간의 손이 들어가는 숙련노동은 기계류에 흡수되어 탈숙련화한다. 놀이기계의 발전은 인간의 손이 조작하는 능력, 플레이의 숙련도 또는 플레이 과정 전체를 알고리즘에 결합하는 수준에 이미 도달했다. 플레이의 탈숙련화가 일어나고 있는 것이다.

정보사회 이전 자본주의 역사에서 고도의 기술 발전에 따른 탈숙련화로 인해 역설적으로 숙련 노동이 고가치를 창출하기 시작한 시기는 서구의 1960년대이다. 생산이 아니라 소비가 중심이 되는 사회, 생산량이 소비를 상회하기 때문에 질적 소비가 삶의 표준을 결정하는 사회에서 인간의 손으로 만들어진 상품에 오히려 비싼 가격이 매겨졌다. 수제 가방, 수제 자동차, 수제 옷, 수제 음식, 유기농 식재료 등 '수제'가 붙는 상품들은 세련된 고급 취향과 기호를 생성해냈다. 게임의 경우에는 수제가 존재하지 않는다. 모든 게임은 키보드와 마우스를 조작하는 손으로 이뤄지기 때문이다. 그러나 수제 게임 플레이는 존재한다. 숙련된 플레이어의 동작은 그렇지 못한 사람들의 경외감을 불러일으키고, 그 자체로서 스펙터클이 된다. 오락실의 아케이드 게임 세대에게는 이런 스펙터클이 익숙할 것이지만, 오늘날의 정보 자본주의 양상에서 이 스펙터클은 인터넷과 방송을 통해 어디서나 구경할 수 있는 유비쿼터스적인 것이 된다. e스포츠산업은 이런 스펙터클을 스포츠의 문법과 결합해 효과적으로 이윤을 창출하는 창구이며, 여기에 1인 미디어 플랫폼이 결부되면서 놀이노동은 플랫폼 자본주의라는 또 다른 영토로 확장 중이다.

숙련된 게임 플레이가 1인 미디어 플랫폼을 통해 송출되면서 자본-임노동과는 전혀 다른 축적 양식이 자리를 잡았다. 임금을 받고 정해진 시간 동안 노동을 한다는 것은 분업 속에서 구체노동이 추상노동(사회적 필요노동시간)으로 환원되는 것을 의미한다. 그러나 1인 방송의 경우 시급을 받지 않고 시청자들의 후원을 받아 수입을 챙기며, 수입에 대한 수수료를 플랫폼에 지불하는 방식으로 운영된다. 수수료는 스트리머의 등급(분야의 전문성 또는 인지도)에 따라 구분되며, 대표적인 플랫폼인 아프리카TV의 경우 20~40%를 지불하는 것으로 알려졌다.[14] 세계적으로 유명한 프로게이머인 이상혁(페이커) 선수의 경우 첫날 방송 기준 243,375명의 시청자들에

게 3시간 25분 28초 동안 227회의 후원을 받았고, 총 후원금액은 100만 7천 원이었다.[15]

이는 매우 큰 액수로 주 50시간 방송을 한다고 가정하면 월수입 5천만 원, 연간 6~7억 원의 수입을 얻을 수 있다는 계산이 나온다. 그러나 국내외 최고 스타인 이상혁 선수의 유명세를 간과해서는 안 된다. 그는 이미 연봉 30억의 공인이며, 수십만의 시청자를 거느린 스트리머는 매우 드문 케이스이다. 평범한 스트리머의 경우 고정 시청자를 500~1,000명으로 잡으면 평균값이 이상혁 선수보다 훨씬 밑돌 것이다. 거기에 방송후원뿐만 아니라 팔로워 수에 따른 구독료, 동영상 업로드 시 발생하는 광고수익 등 다양한 지대 형식의 이윤추구 주체가 여기에 뒤따른다.

지대 이윤의 다이나믹스 속에서 플레이어는 스스로의 게임 플레이를 상품화하기 위해 '게임 속 게임'을 수행하게 된다. 스트리머는 시청자의 후원을 끌어내기 위해 게임 속에서 시청자가 주는 다양한 미션을 클리어하거나 스스로 미션을 부여하기도 한다. 게임 속 게임, 플레이 속 플레이가 생성해내는 것은 바로 지대 이윤이다. 수수료의 일부를 떼어가는 플랫폼의 수입은 어마어마하다. 플랫폼은 노동을 하지 않고 대신에 노동을 할 수 있는 디지털 토지를 제공한다. 이 디지털 토지에서 사람들은 자신이 자유롭게 놀듯 돈을 번다

---

14) "카카오TV 아프리카TV 트위치TV 유튜브 … '별풍선' 후원금 수수료 가장 적은 곳은?", 《키뉴스》, 2017. 3. 2.
http://www.kinews.net/news/articleView.html?idxno=104132
15) "비하인드 LCK '30억 원의 사나이' 페이커, 스트리밍 하루 수입은", 《OSEN》, 2017. 3. 16. https://post.naver.com/viewer/postView.nhn?volumeNo=6826190&memberNo=11936256

고 인식하지만, 놀이노동은 이윤 축적의 또 다른 형식에 지나지 않는다. 목장주와 양치기, 소작농들은 방목하는 양에게서 젖을 짜고, 털을 깎을 것이며, 곳곳에 울타리를 칠 것이다. 놀이노동은 게임에 국한되지 않고 다른 문화산업 분야의 이윤 형식과 끝없이 접속하면서 자본과 노동이라는 영토에서 탈주해 나간다. 놀이노동은 게임, 음식, 연예, 정치, 음악, 인문학을 아우르며 인간의 정동과 관련된 삶, 활동 전반으로 편재하고 있는 것이다.

5. 결론 : 놀이기술의 역설계를 위하여

기술비판이론의 선구자인 앤드류 핀버그Andrew Feenberg는 일찍이 '기술코드'라는 개념을 통해 기술이 중립적이고 순수한 무엇이 아니라 사회적 구성물, 즉 기술의 디자인과 기능이 이미 당대 사회의 정치·문화·경제적 양식으로 구성된다고 보았다. 기술설계는 개별적 기술대상이 지닌 사회적 의미에 대응할 뿐만 아니라 사회적인 가치에 대한 포괄적인 가정을 포함하고 있으며, 기술발전은 경제학, 이데올로기, 종교, 전통에서 유래한 문화적 규범에 제약을 받는다.[16] 그리하여 한 시대의 기술에는 디자인과 설계 층위에서부터 사회의 지배적 관점과 정치경제·언어·생산양식·노동이 포함된 기술코드가 내재된다. 그러나 핀버그에 따르면 기술코드는

---

16) Andrew Feenberg, 《Questioning Technology》, Routledge, 1999, p.86.

사회가 그러하듯 고정적이지 않고 언제나 유동적인 상태이다. 미셸 푸코가 "지배가 있는 곳에 저항이 있다"고 적었듯이 기술코드 또한 사회의 피지배·비주류·소수 행위자들에 의해 끊임없이 문제가 제기되고 재구성되기 때문이다. 이들은 기술코드의 '역설계 reverse engineering'를 통해 기술의 선로를 좀 더 해방적이고 실천적인 방향으로 바꾸고자 노력하며, 경제적 이익보다는 문화·정치적 실천을 중시한다. 기술의 역설계에서는 경제적 효율성보다는 예술적 상상력이 더 큰 가치를 지닌다. 여기서 예술은 형식으로서의 예술이 아니라 삶으로 동화된 예술을 의미한다.

기술의 진보는 기술코드를 둘러싼 권력투쟁 결과의 역사적 연속체였다. 기술을 경제적 효율성과 발전주의 이데올로기라는 축으로 고정시키고자 하는 자본·국가의 지배와 기술의 끝없는 노동력 포섭과 탈숙련화의 굴레에서 인간을 해방시키려 하는 행동주의자들의 투쟁 속에서 사회는 새로운 물적 토대와 문화적 상상력을 결합시켜왔다. 발터 벤야민Walter Benjamin은 사진과 영화가 처음 대두되었을 당시 "기술의 성격 그 자체가 변화했다"고 지적하면서 기술복제라는 새로운 변화가 과거의 권력이 지닌 폐쇄성과 신비를 무너뜨리고 새로운 민주적 상상력을 결집시킬 것이라고 믿었다.

오늘날 인간의 놀이는 어떻게 변화했을까? 사고하는 장인의 손과 상상하는 예술가의 두뇌는 무자비한 기술의 진보 과정에서 누락되고 있는 것은 아닐까? 분명한 것은 기술놀이를 하다가 게임을 만들어낸 최초의 개발자들은 오늘날 게임의 모습을 그다지 긍정적으로 받아들이지 않았을 것이라는 사실이다.

프랑스 철학자인 앙드레 고르^{Andre Gorz}는 이미 자본주의의 성장 동력이 한계에 다다랐다고 경고하면서 파산 선고를 내린 바 있다. 자본주의적 생산과 노동은 착취와 파괴를 기반으로 하기 때문에 언젠가는 자연을 소모하고, 과잉생산의 위기에 직면하게 되며, 점점 금융자본화한다는 것이다. 그러나 금융자본은 실체가 없는 허구 자본이기 때문에 주객이 전도되어 실물경제가 허구경제를 유지하기 위해 출혈하는 기이한 구조로 나아간다.

2008년 서브프라임 이후 지속되는 불경기와 실업에 대한 고르의 답은 '탈성장'이다. 자연을 수탈하고 인간이 스스로 노동력을 상품화하지 않으면 생존할 수 없는 시스템은 언젠가 공멸하게 된다. 그는 성장이라는 강박에서 벗어나 재화의 풍요로움을 전제로 한 새로운 노동, 활동, 생산, 소비, 공동체, 분배, 거버넌스를 재발명하고, 경제성장 없이 인간의 삶을 진보시킬 수 있어야 한다고 주장한다. 이것은 가난해지자거나 자연으로 돌아가라는 상투적 생태주의가 아니라 오히려 정보기술의 발전으로 인해 정보환경의 재화들이 '풍요재'가 되고 있는 상황에서는 불가역적 변화라 할 수 있다.

게임과 플레이는 부족재인가, 풍요재인가? 풍요재에 더 가깝다. 놀이가 예전에 풍요재였듯이 게임도 여전히 풍요재적 성격을 지니고 있다. 컴퓨터는 광석과 반도체 공정을 거치지만, 알고리즘은 자연을 수탈하지 않아도 만들 수 있다. 최초의 게임 개발자들도 그렇게 생각했다. 그렇기 때문에 국가의 세금으로 개발된 컴퓨터를 해킹해 사람들을 위한 게임을 만들고, 그 설계도와 방법까지 세계와 공유할 수 있었다.

인간의 놀이 능력과 본능은 먹고 잠을 자는 것처럼 자연적인 생리현상이며, 그것을 노동과 돈이 멈출 수는 없다. 인공지능과 빅데이터, 플랫폼과 놀이노동이라는 기술과 자본의 겨울이 몰려오고 있는 지금, 풍요를 위한 기술코드의 재발명에 대해 전면적으로 재사유하는 과제가 모두에게 주어지고 있다. '어떻게 성장할 것인가'가 아니라 '어떻게 지속 가능할 것인가'로, '어떻게 가치를 창출할 것인가'가 아니라 '어떻게 놀아야 할 것인가'로 말이다.

1. 2000년대 이후 온라인게임 플레이 경험에서 어떤 것이 플레이, 어떤 것이 노동인가?

2. 기술의 발전이 인간의 삶을 윤택하게 하는지 황폐하게 만드는지 생각해보고, 기술의 올바른 방향이 잘못된 방향을 바로잡은 경우를 예로 들어보자.

3. '놀이노동'의 게임 플레이적 요소가 다른 문화 콘텐츠 영역으로 확대되는 예를 분석해보자.

4. '놀이노동'이나 '놀이기계'가 아니라 대안적인 '기술놀이'의 가능성에 대해 자유롭게 상상해보자.

참고자료

• 닉 다이어-위데포드 · 그릭 드 퓨터 저/남청수 역, 《제국의 게임》, 갈무리, 2015.

• 마우리찌오 랏짜라또 외/조정환 편, 《비물질 노동과 다중》, 갈무리, 2005.

• 마이클 하트 · 마테오 파스퀴넬리 외 저/연구공간 L 엮음, 《자본의 코뮤니즘, 우리의 코뮤니즘》, 난장, 2012.

• 안토니오 네그리 저/워너 본펠드 편/김의연 역, 《탈정치의 정치학》, 갈무리, 2014.

• 카를 마르크스 저/강신준 역, 《자본 I-1》, 길, 2008.

• 백욱인, 〈한국 정보자본주의의 전개와 정보자본주의 비판〉, 《문화과학》, 75, 2013. 9, pp.23~44.

• 신현우, 〈게임텍스트의 재현양식 비판과 놀이공간(Spielraum)의 전망〉, 한국예술종합학교 예술전문사 논문, 2014.

• 조동원, 〈이용자의 기술놀이〉, 《언론과 사회》 22(1), 2014. 2, pp.223~272.

• Christian Fuchs, *Reading Marx in the Information Age*, Routledge, 2016.

• Nancy Kranich&Jorge Reina Schement, "Information Commons," *Annual Review of Information Science*, 2009, 547-591.

• Nick Dyer-Witheford, 《Cyber-proletariat》, Pluto Press, 2016.

• Yann Moulier Boutang, 《Cognitive Capitalism》, Polity Press, 2012.

• Carol. M. Rose, "The Comedy of Commons: Commerce, Custom, and Inherently Public Property", University of Chicago.

• Andrew Feenberg, 《Questioning Technology》, Routledge, 1999.

• 〈2016 게임이용자 실태조사 보고서〉, 한국콘텐츠진흥원, 2016.

• 《2017 대한민국 게임백서》, 한국콘텐츠진흥원, 2017.

• "카카오TV 아프리카TV 트위치TV 유튜브 … '별풍선' 후원금 수수료 가장 적은 곳은?", 〈키뉴스〉, 2017. 3. 2.

• http://www.kinews.net/news/articleView.html?idxno=104132

• "비하인드 LCK '30억 원의 사나이' 페이커, 스트리밍 하루 수입은", 〈OSEN〉, 2017. 3. 16.

• https://post.naver.com/viewer/postView.nhn?volumeNo=6826190&memberNo=11936256

11

게이미피케이션 사회

임태훈

주요 개념 및 용어 : 게이미피케이션, 통치성, 신자유주의

게이미피케이션은 게임이 아니다. 이것은 통치성의 문제다. 게이머가 이 문제를 고민한다는 것은 어떤 게임을 지지하고, 무엇을 게임이 아니라고 거부할 것인가의 기준을 정하는 일과 무관하지 않다. 이 글은 게이미피케이션을 게임문화의 비판적 자기성찰의 이슈로 제시하는 동시에 게이머의 임상적 분석 도구로 문학을 선용할 방법을 고민하려 한다.

---

1. 이것은 게임이 아니다

이것부터 확실히 해야 한다. 게이미피케이션은 게임이 아니다. 기업의 마케팅 기법에서 정부 정책 홍보, 교육, 강연, 금융거래와 군사안보에 이르기까지 게임이 아닌 것을 게임처럼 생각하고 재미있는 요소를 부여해 게임처럼 만드는 것을 '게이미피케이션 gamification'이라고 정의한다.[1]

게이미피케이션은 어떤 사람이나 사람들의 행동을 조성하고 끌어내며 행동방식에 영향을 끼치는 전략과 테크놀로지 및 프로그램의 일환이며, 통치성governmentality의 문제로 접근해야 마땅하다.[2] 게이머들의 순정한 놀이문화로 게임이 지켜질 수 있기를 바라는 이라면 게이미피케이션의 변용과 확산을 예의 주시해야 할 것이다. 이것은 우리 시대의 통치성에 대한 비판적 인식을 구하는 일이지만, 내가 좋아하는 게임이 간단치 않은 사회적 산물이라는 사실을 알게 되는 과정이기도 하다.

'순정한 놀이문화'라는 것은 이념적으로만 지향될 수 있을 뿐 현실에서는 거의 불가능하다. 우리 시대 게임문화에 대한 비판적 성찰은 게이머로 살아가는 일에 대한 철학과 원칙을 세우는 일에 얼마간 도움이 될 수 있다. 어떤 게임을 지지하고 무엇을 게임이 아니라고 거부할 것인가의 기준을 찾는 일은 게임뿐만 아니라 우리의 삶과 사회에 대한 기대치를 높이는 일과 무관할 수 없다.

인생은 너무나 복잡하고 아이러니해서 게이미피케이션으로 프로그래밍할 수 없는 스케일이다. 평범한 인간도 단순하고 평면적인 인간이 아니라 이 세계의 본래적 복잡성을 체현한 존재다. 정해진 동선과 움직임밖에 수행할 수 없는 게임 캐릭터는 인간을 닮은 척하지만, 그들이 가장 복잡하게 행동할 때조차 인간처럼 느껴지기에는 너무 단순하다. 그런데 문제는 현실이 게임을 닮고, 현실의

---

1) 이노우에 아키토 저/이용택 역, 《게임 경제학》, 스펙트럼북스, 2012, p.31. 참고.
2) 미셸 푸코 저/심세광·전혜리·조성은 역, 《생명관리정치의 탄생》, 난장, 2012, pp.470~471. 참고.

인간이 게임화된 세계에 적응해야 하는 사회적 조건이다.

　게이미피케이션은 인지노동자 스스로 자본의 신경에너지 착취에 순응하게 되는 통치전략의 일환이다. 게임의 승자가 되고 싶다면 게임의 규칙을 따라야 한다. 개인의 실패는 게임에 능수능란하지 못한 자신의 책임이지 게임 체제를 추궁할 수도 없다. 이런 게임에 몰입할수록 게이머는 시스템에 더욱 강하게 속박된다.

2. 신자유주의 게임 통치

　오늘날 게임계에서 벌어지고 있는 게이미피케이션 현상은 '결제의 놀이화'로 대표된다. 게임을 잘하고 못하고를 나누는 숙련도는 플레이 경쟁이 아니라 결제경쟁 속에서 결정된다. 게임에서 승리에 이르는 길이 결제를 통해 단순해지면서 놀이에서 배우는 경쟁의 의미는 퇴색했다.

　2015년 11월 4일부터 6주에 걸쳐 진행된 게임사회학 콜로키움 '이것은 게임이 아니다'(인문학협동조합·서울과학기술대 IT정책전문대학원 디지털문화정책 전공 공동주최)에서 게임비평가 이경혁은 현금 아이템 거래, 부주/대리게임, 캐시템, 확률형 아이템, 레벨업 부스터 등으로 대표되는 부분 유료결제 시스템의 문제점을 다음과 같이 비판했다.

　"확률형 아이템 때문에 현대 게임은 퇴보하고 있다. 과정의 서사를 확률로 압축하고 결과만을 제공한다. 경쟁의 과정이 주는 재미는 사라지고, 남보다 높은 레벨에 올라서는 권력구조의 쾌감만 남았다. 속도의 경제, 결과 중심의 세계관이 게임을 파친코로 만들어 버렸다."

파친코가 되어버린 게임은 플레이의 목적과 배경, 게임 속 시공간의 의미를 생각할 필요가 없다. 플레이어와 게임이 목표 달성을 위해 벌이는 상호작용도 필요 없다. 과정에 충실함으로써 느낄 수 있는 실패, 승리, 좌절의 의미는 사라지고 말초적인 흥분만 강화되는 추세다.

'이것은 게임이 아니다'의 또 다른 발표자인 미디어 연구자 신현우는 우리 시대의 게임문화를 더욱 비관적으로 진단했다. 신현우는 현대의 비디오게임은 역사적인 연원에서부터 전쟁, 자본의 기술코드를 내재하고 있다고 분석했다. 따라서 신자유주의 neoliberalism, neo-liberalism 사회의 무한경쟁을 내면화하는 훈육 장치로 비디오게임이 동원되고 있는 것도 새삼스러울 게 없는 현상이다.

그는 그 흐름을 '게임이 된 전쟁, 전쟁이 된 노동, 노동이 된 게임'이라는 악순환의 구조로 정리했다. 현대전의 시각 체계는 갈수록 비디오게임의 인지환경을 닮아가고 있는데, 그 변화는 전장을 넘어 일상 전체에 확장돼 있다. 노동환경 역시 전쟁화, 게임화되어 있다. 그리고 게임 플레이는 언제라도 전쟁과 자본에 동원할 수 있는 자원으로 인간의 삶을 포획하는 병참 전략이 되었다.

기업 경영의 최신 트렌드도 게이미피케이션을 좇고 있다. 예를 들어 미국의 온라인 증권사 TD 아메리트레이드는 고객들에게 〈다윈 : 적자생존〉이라는 게임을 무료로 배포하고 있다. 이는 고객들의 온라인 주식거래를 활성화하기 위해 개발된 게임이다. 세계에서 가장 큰 화장품 회사인 로레알 그룹도 온라인게임을 회사 경영에 적극 활용하는 곳으로 유명한데, 연구개발과 마케팅 비용 산출, 생산 비용 절감 방법에 이르는 경영 전반의 과제를 비디오게임을 활용한 시뮬레이션 실험으로 모색한다. 캐논은 애프터서비스 직원들을 수리 게임을 통해 훈련하고, 시스코는 모래 폭풍이 몰아치는 화성에서 네트워크 전산망을 정비하는 게임으로 직원들을 교육하고 있다. 고객과 노동자 모두 이런 게임을 하며 꽤 즐거워한다고 한다. 하지만 그 즐거움의 정체를 묻는 일이 노동 소외의 현실을 각성하는 문제와 다르지 않다는 점을 자각한 이들은 많지 않아 보인다.

신현우는 게이미피케이션 사회에 대응할 방법으로 "게임 기술에 대한 항구적 재발명을 통해 자본화된 지각-인지-육체의 변화"가 이루어져야 한다고 주장했다. 게임이라는 기계에 내재한 전쟁, 자본의 기술코드를 재설계해서 게이미피케이션 사회를 재발명하자는 비전이다.

우리가 사는 현실 세계는 의식주에서 TV 오디션 프로그램, 진학, 취업에 이르기까지 서바이벌 게임을 끝없이 반복하고 있다. 게임화된 스테이지를 지나 또 다른 스테이지로 옮겨가는 일의 쳇바퀴를 벗어날 수가 없다. 그러니 게임중독에 대한 논란은 문제의 핵심을 외면한 채 엉뚱한 방향으로 시선을 돌리게 만드는 기만적인 소실점이다.

사회 전반의 게임화가 신자유주의의 지구적 확장과 궤를 같이하고 있음을 직시해야 한다. 플레이스테이션이나 엑스박스를 구입해서 하루에 몇 시간이고 게임에 빠져 살지 않더라도 늘 게임 플레이어의 삶을 살 수밖에 없는 것이 우리의 형편이다.

게임중독자가 일종의 정신질환을 앓고 있기 때문에 삶을 게임에 탕진한다고 진단하는 것은 문제의 본질을 단순화하는 것과 같다. 게임중독자는 게임 바깥의 게임을 포기하는 사람들이다. 현실 세계에서 겹겹으로 수행해야 하는 게임의 룰, 즉 노동자 되기, 국민 되기, 납세자 되기 등에서 오직 하나에만 집중하기 때문에 이들은 게임 세계의 룰을 한층 더 강박적으로 따르게 된다. 그리고 게임 세계의 규칙에 능숙해지지 못하면 세계에서조차 낙오된다. 모든 책임은 게임 바깥의 세계에서와 마찬가지로 자기 자신에게 쏠린다. 이들의 진짜 문제점은 뇌에 이상이 생겼다거나 생활습관이 나쁜 것이 아니라 게임의 룰을 비판적으로 상대화할 능력을 상실했다는 데 있다. 자기 계발 이데올로기를 숭앙하는 체제순응자와 게임중독자는 쌍생아처럼 닮았다.

게이미피케이션 사회는 신자유주의 사회의 최종 진화형이다. 신자유주의에 최적화된 게임형 인간의 탄생은 이미 도래한 현실이다. 그래서 이들을 소설 속에서 만나는 일은 전혀 이상할 게 없다. 게임중독자를 손가락질하기 전에 우리가 놓여 있는 삶의 비참함에 눈떠야 한다. 더 나쁜 게임을 그만두는 실천이 절실히 필요한 시대다.

3. 게이미피케이션 사회의 임상기록

하루가 다르게 첨단에 첨단을 세우는 테크놀로지의 격변은 우리 삶 전체를 빠르게 뒤흔들고 있다. 그 영향 관계를 알려면 개별 장치들의 기능적 차원뿐 아니라 새로운 기술이 사회화되는 과정에서 벌어지는 구조적 변동과 인간의 인지능력에 끼치는 공죄功罪를 함께 따져봐야 할 것이다. 이를 위해 우리 시대의 변화를 반영한 게임과 문학을 일종의 임상기록으로 검토하고자 한다.

전통적 디스플레이 창인 종이책에 적힌 서사는 디지털 디스플레이 창에 출력되는 정보들과 새로운 계열을 형성하고 있다. 해가 갈수록 전자책이 대중화되면서 디지털 디스플레이는 게임과 문학 모두를 수렴하는 공동서식장소biotope가 되고 있다. 그럼에도 미디어 발달사의 어느 단계에서든 정보 네트워킹의 허브 역할을 수행하는 궁극의 장소는 인간의 몸이다. 게임과 문학은 디지털 디스플레이와 인간의 몸 양쪽에 긴박緊縛되어 있다. 게임과 문학이 우리 시대의 무엇을 문제 삼으며 미학적 성취를 이루었는지를 이해하려면 이 단단하고 복잡한 매듭을 주시해야 한다.

2010년대의 걸작 게임 중 하나이자 게이미피케이션 사회에 대한 게임계의 성찰을 집약한 〈더 스탠리 패러블〉(2013)은 플레이하는 내내 '게임에서 벗어나라'는 메시지를 반복한다.

당신은 정말로 해답이 있다고 믿고 있군요!
절박한 심정으로 해답을 찾으려고

이 부분을 도대체 몇 번이나 더 플레이할 건가요?[3]

박솔뫼 소설집 《그럼 무얼 부르지》(이하 《그럼》)와 김희선 소설집 《라면의 황제》(이하 《라면》)에서도 게이미피케이션 사회의 공통된 회로도를 발견할 수 있었다. 이들이 그려낸 인물들은 하나같이 서사의 명령어에 순응하며 정해진 사건을 출력할 수밖에 없는 존재다. 모든 사건은 이미 일어났거나 일어날 수밖에 없다. 결론이 정해져 있다는 한계 상황에 맞설 방법도 의지도 희박하다.

《그럼》에서는 '구름새 노래방'이 이런 특징을 대표하는 공간이다. 김희선의 경우 '역사'를 폐쇄된 큐브처럼 다루고 있다. 국민교육헌장과 페르시아 양탄자에 얽힌 알려지지 않은 근현대사의 사건을 좇는 《라면》의 방식은 적잖이 흥미로웠고 유쾌하게 읽혔다. 하지만 공식화된 역사의 수순과 역사화할 수 없었던 픽션의 겹을 돌아서 결국엔 아무것도 변한 게 없는 현실로 돌아오는 구조의 반복은 작가 자신도 어쩔 수 없는 이상한 폐쇄 감각에서 연유한 것으로 보였다.

박솔뫼는 이 문제를 풀어 나갈 좀 더 분명한 단서를 소설 속에 그려냈다. '구름새 노래방'은 세상이 암흑에 잠겨 갑자기 끝나버리지 않는 한 부조리한 규칙과 명령, 그것을 수행할 수밖에 없는 상황이 끝도 없이 반복되는 세계의 축소판이다. 노래방 기계의 화면 앞에 선 여자와 게임 캐릭터를 조종하듯 그녀를 희롱하는 남자가

---

3) 〈더 스탠리 패러블〉(2013) 중에서.

이곳에 갇혀 있다. 우리는 이 장소가 무엇과 꼭 닮았는지 이미 알고 있다. 박솔뫼와 김희선의 소설만이 아니라 2010년대 한국문학 전반에 침윤해 있는 기시감이다.

박솔뫼의《그럼》에 수록된〈그때 내가 뭐라고 했냐면〉과〈안 해〉의 무대는 구름새 노래방이다. 이곳의 사장인 검은 옷 사내는 손님으로 찾아온 화자 '나'와 여주, 주미를 감금하고 기준도 목표도 불분명한 '열심히'를 강제한다. 그들은 감금된 채 사내의 명령에 절대복종해야 한다. 그런데 검은 옷의 사내는 좀처럼 만족하는 법이 없다. 성에 차지 않으면 폭력을 행사하고 횡설수설 눌변을 늘어놓는데, 사내 역시 어떤 상태가 '열심히'에 해당하는지를 정확히 알지 못한다. 감금된 이들이 어설프게 굴 때 '열심히'의 경지에 미달한 상태가 확인된다. 그 목록이 늘어날수록 사내는 엄격하게 '열심히'의 기준을 강화한다. 피학과 가학의 매듭이 끝없이 교차하는 도착적 게임이 구름새 노래방에 세팅된 것이다. 검은 옷의 사내는 자신의 노래방에서 '굉장히 열심히 하는 사람'을 만났던 일을 간증하듯 이야기한다.

나는 또 생각나는 이야기가 있다. 어, 그건, 그건 긴장을 전혀 하지 않는 사람의 이야기야. 그 사람은, 그 사람은…… 내가 이렇게 문밖에서 쳐다봤는데도 즐겁게 계속 노래를 불렀어. 내가 문을 열고 들어왔을 때도 계속 즐거웠던 사람이었어. 그리고 말을 걸었다. 어떻게 오셨어요? 같이 부르실래요? 이렇게 말을 거는 사람이었어. 그리고 굉장히 열심히 하는 사람이었다. 즐거운 얼굴로 엄청나

게 열심히 하는 사람이었다!! 그 사람은 그렇게 생각지도 못한 모습을 보여주었지. 나는 감동을 받았다. 감동을 받았다. 너라도 그랬겠지? 너라도 그랬을 거야. 너는 아무 생각도 없지만 그 자리에 있었으면 너도 분명 그랬을 거다. 나는 그렇게 생각해. 그 사람이 생각이 나. 이렇게 하루하루를 살고 사람들을 만나고 손님을 받고 살다가도 그 사람이 갑자기 생각이 나. 왜 생각이 날까? 감동을 주었기 때문에? 갑자기 그때와 똑같은 크기의 감정이 순식간에 나보다 커져서 쿵! 하고 떨어지는 것. 그렇게 돼버리고 마는 거야. 너는 절대로 알지 못하겠지만 나는 매일매일 듣는 말이 있어. 매일 듣고 또 실제로 사람들이 말하지 않아도 들리는 말들이 있어. 그러니까 나는 매 순간 그 이야기를 듣는 거야. 그건 아주 (…) 노래를 시키면 정말로 좋아하는 노래를 열심히 부르면 되는 거야. 그러면 됩니다. 정말 그러면 돼. 기억해둬. 그건 꼭 기억해둬. 아까 말했던 긴장을 하지 않는 사람처럼 말이다. (…) 나는 열심히 하지 않는 사람들이 싫다! 제일 싫다! 이렇게 크고 분명하게 그렇게 말해주었다. 그렇게 말해주고 있어. 제대로 된 대답이야. 그렇지? 너도 그렇게 생각하지?[4]

그가 말하는 '엄청나게 열심히'의 순간은 사실일 수도 있고, 환상에 불과할지도 모른다. 그보다 중요한 문제는 그가 감격해 마지않는 그런 일이 자신이 통제하는 영지領地에서 일어나기를 바란다는

---

4) 박솔뫼, 〈그때 뭐라고 했나면〉, 《그럼 무얼 부르지》, 자음과모음, 2014, pp.131~133.

것이다. 물리적 의미뿐 아니라 영적 차원에서 이 장소에 대한 진정한 통제력을 가지기 위해서는 '열심히'의 사건이 얼마든지 재현될 수 있어야 한다. 그런데 정작 그 자신이 '열심히'를 체현하는 자가 되려 하지는 않는다는 점은 매우 중요한 단서다. 그가 바라는 것은 그 일을 관조하고 명령할 수 있는 자로 군림하는 일이다. 그래서 이 남자는 자신의 왕국에 걸맞은 신민臣民을 직접 훈육하겠다고 결심했는지도 모른다.

이런 유의 망상가가 빠져들기 쉬운 성적 환상을 발견할 수 없다는 것은 뜻밖이다. 오히려 그의 일면은 인간의 자유의지를 거부하고 신의 예정설을 신봉하는 장세니스트janséniste 성직자처럼 보일 지경이다. 노래방도 철저한 숙명론에 바탕을 둔 종교적 수행 장소로 변용된다.

검은 옷을 입은 사내의 훈육은 효과가 있었을까? 그는 자신의 신민을 제조하는 일에 성공했을까? 〈안 해〉에서 화자인 '나'와 여주는 가까스로 검은 옷의 사내를 제압한 뒤 노래방에서 탈출한다. 그러나 그들은 경찰서로 향하지 않는다. 여주와 헤어진 뒤에도 '나'가 가장 급하고 간절히 원하는 일은 잠을 자는 것이었다. 그다음에 해야 할 일의 우선순위는 정하지 않는다. 나중 일은 아무래도 좋다는 태도다. '나'의 이런 선택은 검은 옷의 사내가 강요했던 '열심히'의 정반대편으로 철저히 도망치려는 것으로 읽힌다. 이를 두고 이른바 무위無爲의 저항이라 평할 수 있을까. "앞으로 뭐든 열심히 안 해야지", "지금까지 열심히 한 적도 없지만 앞으로 안 한다. 안 해 절대 안 해" 하는 결심을 검은 옷의 사내가 길들이지 못한 '나'의 진귀한 특이성이라고 생각할 수 있을까?

　내가 몰라서 안 한 게 아니야. 스스로에게 다짐을 받듯이 몰라서 안 한 게 아니라니까 그러네 하고 중얼중얼거리다 고개를 푹 숙였다. 그러고 보면 아무것도 한 게 없지. 남자는 살아 있고 앞으로도 잘 살 것이며 노래방은 불에 타지도 부서지지도 않았고 나는 피곤하기만 하다. 그런데 피곤하기만 한 것은 자꾸만 잠을 자게 하니까 뭐 좋다. 그러니까 지금처럼 으음 앞으로 뭐든 열심히 안 해야지. 아 잠만 열심히 자야지. 열심히 안 해 아무것도. 지금까지 열심히 한 적도 없지만 앞으로도 안 한다. 안 해 절대 안 해.[5]

　결과적으로 '나'는 구름새 노래방에서 똑같은 감금과 폭력이 반복되도록 방조한 셈이 됐다. 선후관계가 모호하긴 하지만 〈안 해〉에서 벌어진 일이 〈그때 내가 뭐라고 했냐면〉의 주미에게 닥치는 것을 보노라면, '나'의 무기력하고 무책임한 태도를 너그럽게 이해하기는 쉽지 않다. 노래방을 탈출하기 전 '나'는 검은 옷의 사내를 제압한 상태에서 노래를 시키고 폭력을 퍼부었다. 그가 했던 짓을 '나'도 한 것이다. 검은 옷의 사내가 만들어낸 것은 복종하는 신민이 아니다. 피학과 가학의 관계가 뒤집힌 상태에서 자신을 닮은 정신적 쌍생아를 확인한 것이다. '나'의 무위도 동전의 양면을 닮았다. 검은 옷 사내의 '열심히'와 양극으로 짝패를 이루는 행동 능력

---

5) 《그럼 무얼 부르지》, pp.69~70.

의 구성에 '나'의 무위는 고정돼 있다. 피학과 가학의 게임이 반복되는 폐쇄회로에 머무를 때와 달리 게임 바깥에선 철저히 무기력한 존재가 되어버린다.

검은 옷의 사내도 '나'와 다를 바 없다. 구름새 노래방 밖에선 그 역시 '나'와 다를 바 없는 사람일 것이다. 구름새 노래방에서 벌어진 이 압축적 구도는 신자유주의 시대의 일상을 이루는 기초적 설계도이기도 하다. 엄연히 게임 바깥세상은 존재하지만, 정작 그곳에 닿으면 뭘 해야 할지 알 수 없고 뭘 해야겠다는 의지도 희박해진다. 작가가 아무리 발버둥을 쳐도 현대소설 또한 게임화된 사회의 한 겹이라는 사실에서 벗어날 수 없다.

구름새 노래방을 무대로 한 이 소설들은 등장인물의 감금이나 탈출에 대한 이야기가 아니다. 오히려 이야기가 끝나야 할 자리를 망설이는 이야기다. 〈안 해〉에서는 노래방 바깥의 어느 거리에서 이야기가 멈춘다. 〈그때 내가 뭐라고 했냐면〉에서는 노래방 기계 앞이다. 그 자리에서 찾을 수 없었던 희망을 소설 속 다른 순간, 다른 위치에서 구할 수 있을까? 그런데 이 소설들은 그것을 가늠하는 일이 애당초 불가능했다는 것을 확인하는 시도다. 이 사실을 아는 일은 결코 헛수고가 아니다. 진정으로 소설 속의 인물을 구하고 싶다면, 닥쳐오는 파국을 원인 단계에서부터 막고 싶다면 소설 밖에서 해결책을 찾아야 한다. 현실에 존재하지 않는 희망의 좌표가 소설 속에 있을 리 없기 때문이다. 현실을 바꾸면 소설도 바뀔 수 있다. 그 반대의 주장을 하는 문학주의로는 우리 시대가 겪고 있는 변화의 소용돌이를 감당할 수 없다.

4. 인간형의 개량

이 사회에서 벌어지고 있는 게이미피케이션의 역사를 가늠하기 위해서는 파시즘의 역사부터 되짚어봐야 한다. 김희선의 《라면》에 수록된 〈페르시아 양탄자 흥망사〉와 〈교육의 탄생〉은 이 문제에 대한 흥미로운 관점을 제시한다.

〈페르시아 양탄자 흥망사〉는 아버지의 가업을 이어 세탁소를 운영하는 막내아들이 오래전부터 보관하고 있던 페르시아 양탄자에 얽힌 사연을 〈이제는 말할 수밖에〉라는 TV 프로그램에 제보하면서 시작된다. 〈교육의 탄생〉은 박정희 정권의 국민교육헌장 배포가 특수한 파동을 일으키는 소리의 조합을 통해 인간의 무의식을 조정하려 한 심리전의 일종이었다는 이야기를 담고 있다. 이 기술은 아이큐 215의 천재 최두식이 고안한 것으로 본래는 우주비행사의 불안증세를 해결하기 위한 방법이었다. 이 흥미진진한 사연을 추적하는 사람은 〈미스테리 월드〉라는 대중잡지의 기자로 설정되어 있다. 미디어가 〈페르시아 양탄자 흥망사〉와 〈교육의 탄생〉의 공통 요소다. 두 소설은 흩어져 있던 과거 사건의 파편들이 대중 미디어의 매개를 통해 조합돼 유사類似 역사의 면모를 갖추게 된다는 서사 전략을 채택하고 있다.

미디어 아카이브는 역사 서사의 담수조 역할을 하고 있다. 오늘날 대중은 각종 미디어를 통해 그 어느 시대의 사람들보다 역사를 대량으로 소비한다. 그러나 손쉬운 소비는 있을지언정 사유는 찾아보기 힘들다. 페르시아 양탄자, 국민교육헌장, 전직 대통령의 성생활, 친일파와 독립투사의 비포 앤 애프터에 이르기까지 레퍼토리는 다양하다. 인터넷 쇼핑몰에서 원하는 아이템을 고르듯 인물과 시대, 사건을 무맥락적으로 옮겨 다닐 수도 있다. 이러한 역사소비는 지금의 뉴스가 소비되는 방식과 꼭 닮아 있다.

앞서 논의한 박솔뫼의 소설과 마찬가지로 〈페르시아 양탄자 흥망사〉와 〈교육의 탄생〉도 이야기가 어디에서 멈춰 서는지 살펴봐야 한다. 주인공들은 미디어 관계자에게 자신들이 믿는 이야기가 사실이라는 것을 인증받기 위한 절차를 밟는다. 두 작품 모두 바로 이 지점에서 이야기를 멈춘다.

김선호 옹은 아들을 통하여 아부 알리 하산의 말을 전해 들었다. 그는 그 페르시아 양탄자가 진짜든 가짜든 이제는 상관없다고 말했다. 그러나 아들인 김영식 군의 생각은 좀 달랐다. 그는 아버지의 기억은 결코 헛되지 않으며, 따라서 그것이 진짜 호라산에서 온 최고급 카펫임을 확신한다는 목소리에 힘을 줬다. "아버지는 아무것도 모르는 분이었어요. 오직 세탁하는 일밖에 말이에요. 그런 아버지가 정확하게 기억하는 세탁물이라면, 그건 정말로 진실인 겁니다." 그는 촬영팀에게서 헤라트 카펫 혹은 그 모조품을 돌려받았다. 그런 다음에 그 둘둘 말린 카펫을 다시 옆구리에 끼고 좀 힘겹게 걸어 나갔다. 역광 때문인지 25세 젊은이의 뒷모습이 아주 작게 보였다.[6]

---

6) 김희선, 〈페르시안 양탄자 흥망사〉, 《라면의 황제》, 자음과모음, 2014, pp.37~38.

바로 전화를 걸었으나 큰손넘버원이라는 남자, 아니 어쩌면 과거의 최두식일 수도 있는 그 사람은 전화를 받지 않았다. 나는 후배가 적어준 남자의 이메일 주소를 유심히 들여다봤다. 얼마 전 후배는 데스크 한쪽 구석에 후지 방송국에서 구한 어린 시절 최두식의 흑백사진을 붙여놓았다. 사진 속 아이는 눈을 둥그렇게 뜬 채 분필을 꼭 쥐고 복잡한 수학 방정식이 잔뜩 적힌 칠판 앞에 부동자세로 서 있었다. 조만간 그에게서 답신이 올지도 모른다고 생각하며, 나는 이런 인사말로 메일을 쓰기 시작했다.

"초면에 이런 질문을 드려서 죄송합니다만, 혹시 1961년 4월 12일 텔레비전 방송에 출연했던 천재 소년 최두식 씨 맞습니까?"[7]

김희선 소설이 성취한 진실로 놀라운 성과는 미디어 아카이브의 입력창 앞에서 역사로 편입되기를 바라는 파편화된 이야기 풍경을 그려냈다는 데 있다. 대중의 구미를 당길 만한 별별 이야기들이 과거에서부터 모조리 소환되고, 미디어 자본으로부터 상품성을 인정받는 심사를 받는다. 이 시스템에서는 역사마저 게임화된다.

아이작 아시모프Isaac Asimov의 기념비적인 SF 《파운데이션》에는 가상의 과학인 '심리역사학psychohistory'이 소개되어 있다. 기체 입자 하나하나의 행동은 알 수 없지만 그 전체적인 움직임은 비교적 정확히 계산할 수 있는 것처럼, 똑같은 방식을 빌려 인간 집단의 전체적 행동 패턴을 계산할 수 있다는 발상이다. 아시모프의 심리

---

7) 〈교육의 탄생〉, 《라면의 황제》, pp.70~71.

역사학에 따르면 역사법칙 자체는 물리법칙처럼 절대적인 것이라고 전제한다. 그럼에도 역사법칙의 오차가 상대적으로 더 큰 이유는, 역사가 다루는 사람들 수가 물리학이 다루는 입자 수만큼 많지 않아서 개개인의 편차 효과가 크게 작용하지 않기 때문이라고 설명된다.[8]

그런데 이 계산을 좀 더 단순하게 만들 방법이 있지 않을까? 이를테면 복잡다단한 대상에 정밀하게 겨냥된 계산법을 고안하기에 앞서 되도록 많은 인구를 '평균인'의 전형적 사본의 삶에 포획하는 방식이다. 지난 백 년의 역사를 지나 21세기의 오늘에 이르기까지 자본주의적 삶은 사실상 이 과정의 연속이었다. 디지털화된 알고리즘에 맞춰 디자인된 제한적 동작, 동선, 리듬에 맞춰 움직일 수밖에 없는 게임 캐릭터는 이 체제가 품종개량을 하고 있는 인간형의 프로토타입이다.[9]

대한민국 인민의 삶은 어처구니없을 만큼 일찍이 게임형 인간을 닮아 있었다. 2010년대 대한민국의 삶은 정치·경제적으로나 미학적으로 행동 능력의 범위가 극도로 위축된 환경에 갇혀 있다. 이런 사회에서 심리역사학의 SF는 현실이 되고도 남는다. 이대로라면 현실은 과거의 구조적 반복 순환에 갇히고, 미래는 현재의 패턴 변주에 불과하게 된다. 체제의 한계선 바깥으로 뚫고 나가려는 인간을 죽게 만드는 사회, 누구도 그런 일을 하지 않는 사회에서는 지

8) 톰 지그프리드 저/이정국 역, 《게임하는 인간 호모루두스》, 자음과모음, 2010, pp.189~199. 참고.
9) 임태훈, 《검색되지 않을 자유》, 알마, 2014.

금보다 더 나은 미래를 좇는 역사를 생성할 수 없다. 그런 사회에
는 물리법칙과 품종개량이 된 인간을 다루는 사육 백서만 있을 뿐
이다.

....

1. 게임문화의 반지성주의는 자본과 국가의 통치전략에 어떻게 이용당
   하는가?

2. 게이머의 비판적 자기성찰의 도구로 문학은 어떻게 선용될 수 있는
   가?

3. 게임중독 담론은 게임을 둘러싼 정치경제의 실상을 어떻게 은폐하
   고 축소하는가?

4. 게임비평이 게임문화에서 해야 할 역할은 무엇인가?

5. 게임 커뮤니티가 온갖 혐오문화의 온상이 된 원인은 무엇인가?

....

참고자료

• 권보연, 《게이미피케이션》, 커뮤니케이션북스, 2015.

• 닉 다이어-위데포드·그릭 드 퓨터 저/ 남청수 역, 《제국의 게임 : 전 지구적 자본주의와 비디오게임》, 갈무리, 2015.

• 마이클 슈월비 저/노정태 역, 《야바위 게임》, 문예출판사, 2019.

• 마크 피셔 저/박진철 역, 《자본주의 리얼리즘》, 리시올, 2018.

• 미셸 푸코 저/심세광·전혜리·조성은 역, 《생명관리정치의 탄생 : 콜레주드 프랑스 강의 1978~79년》, 난장, 2012.

• 이노우에 아키토 저/이용택 역, 《게임 경제학》, 스펙트럼북스, 2012,

• 켄 S. 매컬리스터 저/남청수 외 역, 《게임 : 언어와 권력과 컴퓨터게임 문화》, 커뮤니케이션북스, 2008.

• 콜린 고든 외 저/이승철 외 역, 《푸코 효과 : 통치성에 관한 연구》, 난장, 2014.

• 톰 지그프리드 저/이정국 역, 《게임하는 인간 호모루두스》, 자음과모음, 2010.

놀이에서 **디지털게임**까지

게임의 이론

초판인쇄 2019년 03월 25일 | 초판발행 2019년 03월 30일

지은이 **이동연·신현우·강신규** 외

펴낸이 **박진영** | 편집 **황운순** | 디자인 **프레임**

펴낸곳 **문화과학사**

등록 1995년 6월 12일 제406-3120000251001995000032호

주소 경기도 파주시 심학산로 12 302호

전화 031-902-0091 | 팩스 031-902-0920

이메일 moongwa@naver.com

값 20,000원

ISBN 978-89-97305-16-2   93680